中央编译局比较政治与经济研究中心　清华大学凯风发展研究院　主办

China **Governance Review** | 中国治理评论 第**7**辑
●俞可平/主编　　　　　　　　　　　　　　　2015年 第1期

中央编译出版社
Central Compilation & Translation Press

主办单位

中央编译局比较政治与经济研究中心
清华大学凯风发展研究院

编辑委员会
（以姓氏拼音排序）

陈国权	浙江大学	王绍光	香港中文大学
褚松燕(女)	国家行政学院	王正绪	英国诺丁汉大学
丁元竹	国家行政学院	吴建南	西安交通大学
龚维斌	国家行政学院	徐 勇	华中师范大学
何增科	中央编译局	薛 澜	清华大学
黄卫平	深圳大学	燕继荣	北京大学
姜晓萍(女)	四川大学	杨大利	芝加哥大学
景跃进	清华大学	杨光斌	中国人民大学
蓝志勇	美国亚利桑纳州立大学	杨雪冬	中央编译局
	中国人民大学	余逊达	浙江大学
马 骏	中山大学	赵树凯	中国发展研究基金会
米加宁	哈尔滨工业大学	周光辉	吉林大学
浦兴祖	复旦大学	朱光磊	南开大学
王长江	中央党校		

编委会主任、主编
俞可平

编委会副主任
何增科　张小劲

执行主任
褚松燕

执行单位
清华大学政治发展研究所
清华大学政治学系

赞助支持
凯风公益基金会

出版单位
中央编译出版社

目录

001 特稿

002 参与式预算对基本服务的影响：市政实践和田野证据／[英] 伊夫·卡巴纳 著
　　　胡淑佳　严海兵　译

039 国家治理

040 现代国家建设与现代国家治理／燕继荣

069 国家治理现代化的建构路径
　　　——作为治理主体的灵巧型政府实践／臧雷振

091 治理理论与实践

092 治理之儒家义理、中国传统及其重建／姚中秋

123 比较视野中的中国社会团体
　　　——基于中国社团调查（2001—2011）的国际、地区、年度比较／

　　　　　　［日］辻中丰　［日］小桥洋平　著　黄媚　译
161　美国社会消防治理体系及其借鉴／司戈
189　成功的医改需要法治思维与善治思维
　　　　——基于健康权三维理论的思考／黄清华

227　**治理案例**
228　治理现代化的浙江探索／蓝蔚青

245　**书刊架**
246　中文论文
251　中文书目
255　英文论文
260　英文书目

264　**《中国治理评论》约稿函**

Contents

001 Special Article

002 The Impact of Participatory Budgeting on Basic Services: Municipal Practices and Evidence from the Field / *Yves Cabannes*

039 National Governance

040 Building of Modern State and Modern State Governance / *Yan Jirong*

069 An Approach to State Governance Modernization—Experiences from "Smart Government" / *Zang Leizhen*

091 Governance Theory and Practice

092 Confucian Doctrines on Governance, Chinese Tradition and Its Rebuilding / *Yao Zhongqiu*

123 China's Social Organizations in Perspectives—Findings from China Social Organizations Survey (2001 – 2011) / *Yutaka Tsujinaka and Yohei Kobayashi*

161 US Socialized Fire Protection Governance System and Its Merits / *Si Ge*

189 Successful Healthcare Reform Requires Two Thoughts of the Rule of Law and

Good Governance—A Thinking Based on the Theory of Triple Attributes of Right to Health / *Huang Qinghua*

227 **Governance Case**
228 Governance Modernization: Experiences from Zhejiang Province / *Lan Weiqing*

245 **Latest Books and Articles**
246 Chinese Articles
251 Chinese Books
255 English Articles
260 English Books

264 **Invitation of Articles to *China Governance Review***

特稿 | Special Article

中国治理评论 | China Governance Review

参与式预算对基本服务的影响：
市政实践和田野证据

[英] 伊夫·卡巴纳 著　胡淑佳　严海兵 译

摘　要：在 2013 年，40 多个国家的逾 1700 个地方政府一直在实行参与式预算，参与式预算需要公民为他们的社区或整个城市议定部分当地政府预算的优先顺序，并帮助监督项目落实。本文研究了位于不同大洲中的 20 多个城市中的参与式预算的情况，这些城市包括一些小型城市中心，也有像中国成都这样拥有超过 1700 万居民的大城市，本文还考察了 2 万个最近投资的总价值超过 20 亿美元的项目。研究发现，参与式预算使基本服务的提供和管理得到了显著改善，由于社区控制和监督的作用，这些项目通常会更加便宜和优质。虽然在大多数情况下，参与式预算会改善治理和服务的提供，但它通常不会从根本上改变当地政府和公民之间存在的权力关系。本文还讨论了参与式预算的有效性和扩大其规模面临的挑战，以及相应的解决方案。

关键词：基本服务　预算　民主管理　财政　创新　参与式预算

一、引言

在过去的 25 年中，某种形式的参与式预算（participatory budgeting, PB）的实施，从巴西的两个地方政府扩展到了 40 多个国家的至少 1700 个地方政府。在那里，公民为他们的社区议定部分当地政府预算的优先顺序并帮助监督那些优先项目的实施。基于对20个城市地区中的参与式预算的分析和对关键知情人士的访谈，本文[1]回顾了这些地区的优先项目和投资规模。本文对2万多个项目进行了分析，这些项目的投资总额超过20亿美元。

本文使用的参与式预算的概念是由参与式预算的创始人之一德·苏萨（Uribatam de Souza）在巴西的阿雷格里港（Porto Alegre）的案例中提出的："它是一种机制（或过程），人们通过它界定公共资源的一部分或总体的目标。参与式预算是一种普遍和自愿的直接民主过程，人们通过它可以讨论和界定公共预算和政策。参与式预算结合了直接民主和代议制民主。"

大多数现有的关于参与式预算的著作和研究把重点放在其对社会正义和参与民主的政治和社会的贡献上。本文评估了参与式预算给公民的日常生活带来的实质性好处，特别集中评估了其对基本公共服务的提供和管理的贡献。为此，我们邀请来自非洲、拉丁美洲、北美洲、欧洲和亚洲的20个城市的团队记录了他们在这方面的经验（见附录1）。

本文基于对上述20种经验的分析以思考参与式预算是如何被组织起来的，哪些人会参与，以及其对公民和当地政府的关系又有哪些影响。本文考察了政治和社会变化，以及公民切实的日常利益，从而思考参与式预算的过程如何让公民区分基本服务、（本地和外部的）可用资金、PB的使用效率以及它对地方政府在透明度、问责性和现代化等方面的改变的优先次序。本文还对动员了额外资源的参与式预算案例进行讨论，包括那些在项目实施和维护过程中，公民和社区做出了贡献的案例。本文还讨论了对参与式预算的有效性构成挑战的因素，以及如何克服这些挑战，从而增加参与式预算规模和范围的方法。

我们的分析集中在七大类基本服务上[2]：

·供水，包括水提取和处理，也包括给那些没有水管供水的家庭提供公共产品（储水塔、电话亭）；

·卫生设施，包括下水道的连接线、坑式厕所或化粪池的排空和公共厕所；

·暴雨和地表水的排水；

- 固体废弃物的收集、处理和处置；
- 公共交通和流动；
- 公路和小路；
- 电力和能源（如果需要当地负责的话）。

分析对象还包括为地方经济发展提供的基础设施与服务、社区设施、区域卫生设施、新的居民区、教育设施和公园，因为在一些城市中，这些要素对参与式预算是重要的。

二、研究方法

本研究选择的20个城市并不能充分代表1700多个参与式预算流程的广度与深度，但它们在人口、国家和地区（见表1）以及创新和巩固过程的许多方面代表了很多不同的城市或城区。总而言之，它们被证明是世界上最先进的PB过程。

表1 每个地区参与的城市和居民人口

人口	欧洲或美国	亚洲	非洲	巴西	拉丁美洲	总数
大于1000万		成都				1
100万—400万				阿雷格里港、贝洛奥里藏特、瓜鲁柳斯	罗萨里奥（阿根廷）、伊斯塔帕拉帕（墨西哥）、麦德林（哥伦比亚）	6
50万—100万	塞维利亚、卡斯卡伊斯			卡诺阿斯、保利斯塔		4
5万—50万	芝加哥第49街区		吕菲斯克东部、雅温得第6社区、栋多		拉塞雷纳（智利）、圣安东尼奥（智利）、基约塔（智利）、伊洛（秘鲁）	8
小于5万			安帕西			1
总数	3	1	4	5	7	20

资料来源：地方研究报告

为了建立参与式预算的档案（profiles），每个城市的研究人员使用了扩展式问卷调查[3]，这和在研究21世纪初的30个城市中使用并在后来用于调研大量城市的问卷是同一个。[4]该档案包括四个维度：资金和财政、参与、治理和法律框架、空间/领土，并分析了参与式预算对上述基本服务的提供和管理的贡献。数据收集长达至少三年，并且因此包括不同的参与式预算周期。本文的作者还采访了12位研究PB的著名专家以及地方政府、非政府组织、基层组织、大学、研究中心和地方政府协会中的实践者。[5]对每一个城市的相关文献和纪录片也进行了考察。

三、20个城市

这20个城市，大多数位于拉丁美洲和非洲，有2个分别位于亚洲和北美，还有2个位于欧洲，从人口不到1万的小城市（Ampasy Nahampoana，安帕西）到人口超过170万的大城市（成都）都有。并不是所有这些城市都是根据人口和政府来选择的。选择标准还包括：

·在矿产城市郊区的乡村政府（rural municipality）：安帕西，马达加斯加（Madagascar）；

·相对较小的城市中心：栋多（Dondo），莫桑比克（Mozambique，7万居民）；

·首都和国际大都市的周边城市：葡萄牙的里斯本都市圈中的卡斯卡伊斯（Cascais），巴西阿雷格里港（Porto Alegre）都市圈中的卡诺阿斯（Canoas），巴西圣保罗都市圈当中的瓜鲁柳斯（Guarulhos）和保利斯塔（Várzea Paulista），智利的瓦尔帕莱索（Valparaiso）大都市圈中的基约塔（Quillota）和圣安东尼奥（San Antonio）；

·不同大小的地区首府：阿根廷的罗萨里奥（Rosario），哥伦比亚的麦德林（Medellín），秘鲁的伊洛（Ilo），西班牙的塞维利亚（Seville）和智利的拉塞雷纳（La Serena）；

·大都市：中国成都[6]；

·被挑选的次级市政区域：墨西哥城联邦地区的伊斯塔帕拉帕（Delegación Itzapalapa），以及首府的社区型郡（communes d'arrondissement of capitals）：雅温得第6社区（Yaoundé Commune 6）（喀麦隆）、吕菲斯克东部（Rufisque Est）（塞内加尔达喀尔）和芝加哥第49街区。

大约有一半参与式预算的资金用于基本服务项目，如供水、卫生设施、排水、垃圾收集、公共交通、公路和人行道以及电力等相关领域。几乎所有剩下的资金都投入到了为地方经济发展提供的基本设施和服务、街道级设施、区域卫生设施、新的居民区、教育设施和公园当中。在成都的案例中，有4万个参与式预算支持的项目，这里只分析了其中的10%。[7]

这些城市的地域分布大致相当于参与式预算在全世界的地理分布：3个位于欧洲和北美；4个在非洲；1个在亚洲；12个在拉丁美洲，其中有5个在巴西。图1给出了参与式预算在每个城市的时间表——它从何时开始并且已经维持多久。

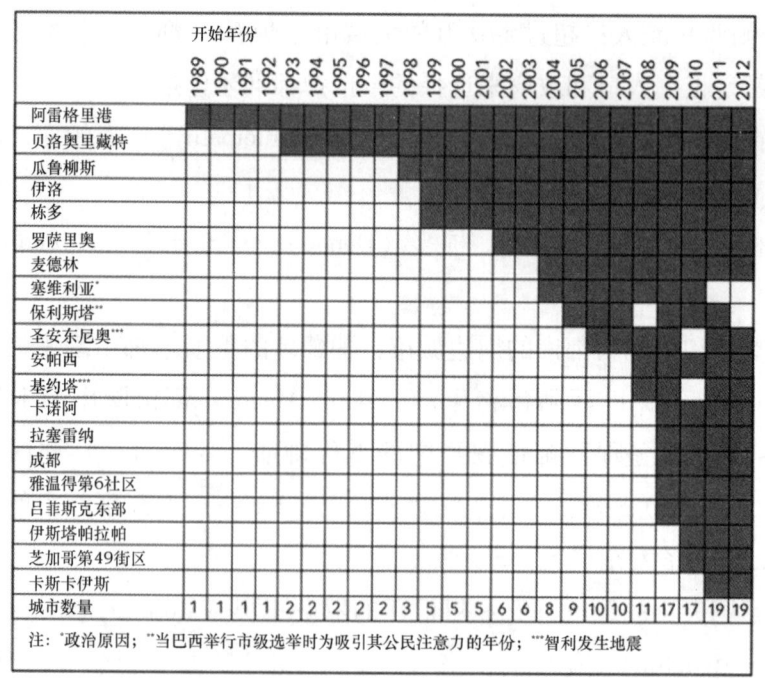

图1　20城市的PB时间表

资料来源：Compilation and processing: Cabannes, Y. and C. Delgado (2013) from local studies.

这20种经验展现了PB从巴西扩张到世界其他地区的各个阶段。阿雷格里港是第一个在1989年巩固了参与式预算的城市。PB在巴西的第一次扩张是在1993年的贝洛奥里藏特（Belo Horizonte）和1998年的瓜鲁柳斯。莫桑比克的栋多（1999）、秘鲁的伊洛（1999）和阿根廷的罗萨里奥（2002）是参与式预算从巴西向外扩张的先行者。有时，与伊洛类似，有些城市设计它们自己的规则，没有过多地参考阿雷格里港。其他城市，如西班牙的塞维利亚和哥伦比亚的麦德林，也可以认为是在20世纪90年代末和21世纪初期参与式预算传出巴西的第一阶段中的一部分。

随后的扩张发生在巴西的一些城市，如保利斯塔（2005）以及最近的如卡诺阿斯（2009）。参与式预算实践在其他地区的增长包括了芝加哥第49街区（2010）和中国成都（2009）这些先驱。一些PB实践因为政治原因而被中断（塞维利亚，2012），也有一些PB实践因为海啸和地震的影响而中断，比如智力的圣安东尼奥和基约塔（2010）。

四、结论和成果

参与式预算是地方政府之间一个重要的共享机制，但其在20个城市各自进行的优先排序是每个地方所特有的。74个PB程序经过一年一次或两次周期性的投资建立了2万个项目，这些项目显示了PB作为一种机制，对市政服务的重要性。对于大多数城市，这些被分析的项目持续进行了三年；在有些国家，持续了更多时间：贝洛奥里藏特6年（2009—2014），塞维利亚8年（2004—2011），以及阿雷格里港9年（2004—2011）。在阿雷格里港的案例中，我们将所有项目，包括计划在2004年之后两年内实施的项目都视为是从2004年开始实施的。我们观察的城市中只有个别项目持续不到三年的。[8]

第一个也可能是最重要的发现是PB总是支持并且能够实现基本服务

项目的优先化，并且在地方层级中，PB对于基本服务的提供来说是一个强大的机制。2010年人口普查数据表明，在巴西的阿雷格里港，超过99%的家庭通了电、拥有充足的供水并享受生活垃圾收集服务，并且94%的家庭有足够的卫生设施。这些骄人的成绩，是在巴西的第一个PB实施20年后取得的，这有赖于市民的优先选择权以及让市民和当地政府共同遵守这些优先事项所进行的动员。

第二个发现是，所有项目中，这七个主要类别的基本服务项目超过了总体的三分之一，并且用于这七个类别的项目的支出达到总支出的一半以上。每年有成千上万的基本服务项目作为PB程序的成果被实施。

第三个发现是，20个城市之间基本服务项目占总体项目的比例差别很大。2009—2011年，有四个城市的基本服务项目占所有项目的比例为90%—100%；四个城市为50%—80%；五个城市为20%—40%；还有六个城市为10%—20%。在那些基本服务保持优先权的贫穷城市和最近实行PB的城市，这七大类基本服务项目往往会更多。许多参与型城市，如阿雷格里港或贝洛奥里藏特，早年都主要优先支持基本服务项目，这些需求得到满足后，才开始支持其他项目。大部分基本服务项目比例很低的城市（比如智利的三个城市）并不把重点放在那七大类项目上。

到目前为止，最经常通过PB得到资助的基本服务项目有**公路、小路、小巷的开辟和街道的铺设**（图2和图3）。在18个有完整数据的城市中，有17个城市将上述项目放在第一或第二优先级。**废水的管理和处理、能源和公共照明**并列第二位，有13个城市将它们放在第一或第二优先级。**风暴和雨水的排泄**排名第四（图4），其中有11个城市提到了它们。

交通和增加的流动性排名第五，18个城市中有10个提到了它们。然而，这一类别和公路与小路类之间的差异，有时并不清晰——例如，塞维利亚的自行车道（图5）应该被归于哪种类别之下呢？

图2 一个正在施工阶段的由社区参与的 PB 资助项目
ⓒ Guarulhos Municipality, Brazil

图3 2011 年被批准、2012 年正在建设的排水管道项目
ⓒ Cascais Municipality, Portugal

图 4 正在中心社区建设的长达数公里的排水管道
ⓒ Dondo Municipality, Mozambique

图 5 塞维利亚的自行车道
ⓒ Seville Municipality, Spain

注：这个全市范围的（超过160公里）自行车道是通过 PB 资助的延续数年的一个关键项目，该车道采用了非常创新的设计，价值超过200万欧元。

饮用水供应是第六个优先级（图6），18个城市中有9个投资该项目。在一些城市中该项目是由中央政府投资的，而在其他一些城市，饮用水几乎被普遍提供，所以在这些地方，社区层面没有表达这方面的需求。但是在三个城市，供水排名第一或第二。

图6 这个PB批准的项目建成了第一个自来水龙头，为5万社区居民供水
© Yves Cabannes, Nkolo Neighbourhood, Yaoundé Commune 4（2010）

对于固体废物的收集和管理有关的项目，18个城市中只有5个通过PB进行投资，虽然在其中三个城市，它们的排名是第一或第二。

一些城市，如阿雷格里港，投资了所有七类项目；有其他城市投资了其中六类（瓜鲁柳斯和栋多）；有些城市只投资了一两类——例如吕菲斯克东部（卫生和公共照明）、保利斯塔（公路和小路）、基约塔（能源与公路）或伊洛（卫生和供水）。

虽然PB是一种应用于世界各地的工具，它仍然有能力促成适合于当地的具体情况和需求的项目，在每个基本服务类别中，事实上被实施的项目是多种多样的，这种情况反映了这一点。实施的举措可能是非常直接和简单的基本服务项目或具有相当的技术复杂性的项目。人们的满意和项目的价值无关，但在一定程度上，它回应了人们的要求。PB批准的项目在规模和成本上可以十分有限，比如提供一个公共水龙头（图7）或沟渠上的小桥。这些项目对于人们的意义从访谈和更广泛的分析中体现出来。对于具有更长PB经验和巨大投资能力的城市来说，举措可以大得多（图8）。

图7　多年来PB程序促使各种供水设施得到了安装
ⓒ Dondo Municipality, Mozambique

图8　PB程序投票建设的水处理设施
ⓒ Porto Alegre Municipality, Brazil

五、市政融资和资源动员

1. 市政预算中的差异

在一些城市,参与式预算为社会服务打开了一条前所未有的预算通道。至少在三个城市(可能更多),PB 帮助增加了财税收入。PB 超越严格界定的公共预算,创造了许多财政和非财政资源——包括社区资源和志愿工作。在一些城市,配套资金要通过与其他各级政府磋商得到。而一些有长期 PB 经验的城市已经通过协商从国际援助机构获得支持,另外,民营企业也能资助一部分。在更深入地探讨这些资源之前,我们先考虑了这 20 个城市在预算和投资能力上的巨大差异(图9)。

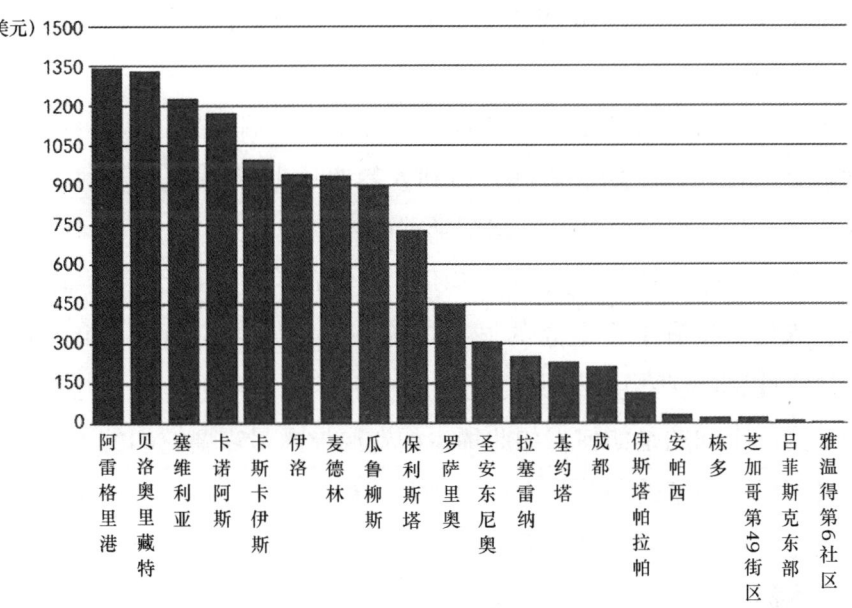

图9　20 个 PB 城市每位居民每年的市政预算情况

资料来源:Compilation and processing:Cabannes,Y. and C. Delgado (2013) from local studies。

在比较这些城市时，我们必须谨慎。有效的预算数据涉及计划或预期预算（通常是PB讨论之内的预算），实际的预算（特定城市可以依靠的比预期更少或少得多的资源，主要是因为从中央转移到各级政府的资源总是少于原本计划的数量），或者已经实施或执行的预算（实际支出或至少是承诺支出的资金）。尤其是在PB实施的头几年，人们还在学习如何商议新的招投标规则时，执行的预算会比实际的预算少很多。对于那些经常被选中的小项目而言，这会非常棘手。私营部门习惯于更"舒服"的合同，这可以勉强应对一些更小的项目的要求，特别在当地居民监督下实施的项目。这是解释为什么即使有城市资金库的财力，预算仍不能被执行的众多阻碍因素中的一个。

我们当前的比较，考虑用最后可用的已执行预算来更准确地描述一个城市已经获得的真正的利益和服务。这种比较会受到事实限制，因为它们并不发生在同一年（2010年2个城市，2011年10个城市，2012年8个城市），并且这种比较还受到当年美元汇率的影响。[9]

最引人注目的发现是城市之间市政资源的极端差异。低到少于人均5美元的雅温得或吕菲斯克东部，高到人均超过1000美元的巴西城市如阿雷格里港、贝洛奥里藏特、卡诺阿斯或塞维利亚。这引出了一个更具普遍性的问题：一个投资能力人均每年不足1美元的城市（大多数非洲城市）和那些人均每年有1万美元的城市难道一样么？对于预算如此有限的城市，PB可以将这些极其稀少的资源优先用于提供基本服务，这是十分关键的。另一个问题是**如何**将如此稀少的资源导向最需要它们的人和地方。

许多巴西城市的预算比10年前第一次研究时要高得多，主要是因为巴西货币相对于美元的增长优势以及其汇率的演变。巴西城市的人均预算与那些欧洲的城市持平，甚至比它们还要高。

市级以下的地方当局（如在芝加哥第49区或大约有200万居民的墨西哥伊斯塔帕拉帕）只能获得城市总体或联邦区预算的一小部分。在伊斯塔帕拉帕，一些影响基本服务供应的参与性项目由联邦区政府直接执行。这种情况与芝加哥类似，这里考虑的第49区的预算只是那部分由市议员处置的自由资源（untied resources）。

伊洛和安帕西是受益于采矿税收的矿业城市，所以它们的市政资源比大多数其他马达加斯加或秘鲁的城市要高得多——尽管依据国际标准，它们远远未达到富裕。

2. 用于投资的资本预算的变化

PB 的支出有三种指标——不仅仅是人均总预算，还有分配给投资的那份预算的比重和由 PB 决定的这个投资预算的比例。

20 个城市中最富有的城市并不一定具有最强的投资能力。例如，如表 2 所示，雅温得第 6 社区和吕菲斯克东部的人均预算很低，但超过 15%的资源用于投资。投资能力最强的是作为矿业城市的伊洛和安帕西，它们有超过正常预算的额外预算转拨（extra-budgetary transfers）。

表 2 所选 10 个城市中投资预算占总体预算的比例

城　　市	数值（%）	参考年份
伊洛	241	2011、2012 年平均值
安帕西	56.3	2010、2011 年平均值
圣安东尼奥	23.5	2011、2012 年平均值
雅温得第 6 社区	17.2	2009、2010 年平均值
吕菲斯克东部	15.3	2009、2010、2011 年平均值
塞维利亚	15.2	2008、2009、2010、2011 年平均值
卡诺阿斯	7.9	2011、2012 年平均值
基约塔	7	2011、2012 年平均值
罗萨里奥	4.2	2011、2012 年平均值
拉塞雷纳	1.5	2011、2012 年平均值

资料来源：Compilation and processing: Cabannes, Y. (2013) from local studies。

用于投资的那部分预算的比例对于任何 PB 分析都是重要的，因为它是参与式预算所讨论的资源的来源。这一比例年复一年发生着显著变化。一般情况下，资本预算变化幅度是从面上的 0%（即没有投资能力）到超过整体预算的 50%。

通过PB讨论确定的投资预算的比例也相差甚远——从将所有投资预算交给PB决定的城市（如伊洛）到那些只让PB决定少量投资预算的城市都有。在麦德林，它"不少于投资预算的5%"；在智利，依照关于PB的国家法律，3%是符合规定的。

人均每年这个数值可能是评估参与式预算的预算维度的最佳指标，即使一美元在一个非洲城市的购买力与在中国和欧洲城市不同，它也能允许我们进行比较。它也能使我们可能理解为什么PB在一些城市能够决定数百万美元的投资用于水厂或垃圾处理厂，而在另一些城市PB只能仅限于决定一些小规模的且便宜的投资。图10和图11清楚地表明了这种巨大的差异。

在20个城市中有3个城市（伊洛、阿雷格里港和瓜鲁柳斯），人们能决定非常庞大的金额，人均每年超过120美元。据我们所知，这些都是个案；他们不仅为PB投入大量资源，而且其持续的时间也是最久的——阿雷格里港有25年，伊洛和瓜鲁柳斯有15年，并且在基本服务的提供和生活质量上已经取得了相当大的改善。

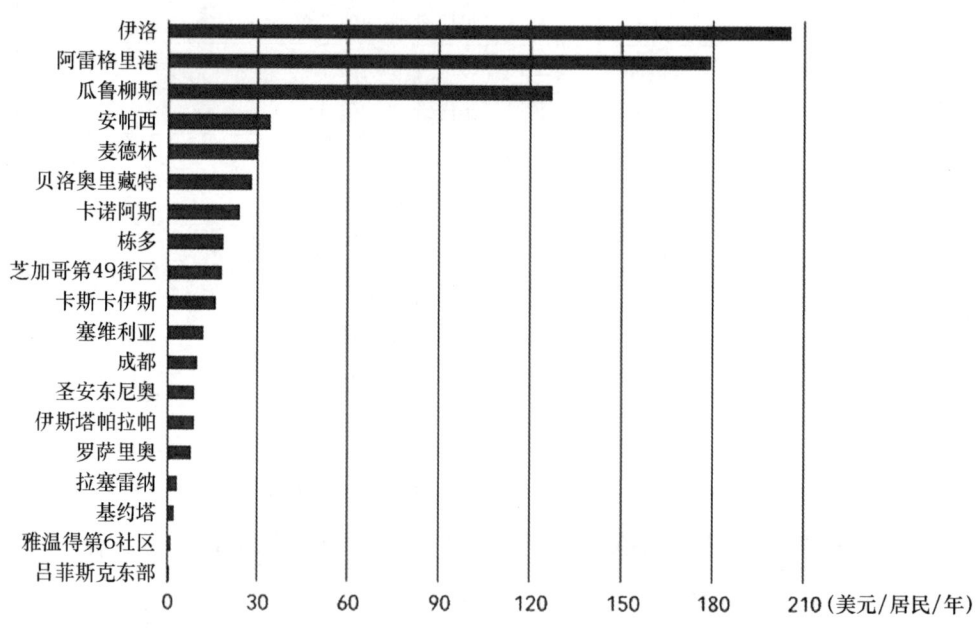

图10　通过参与式预算决定的市政预算的数值

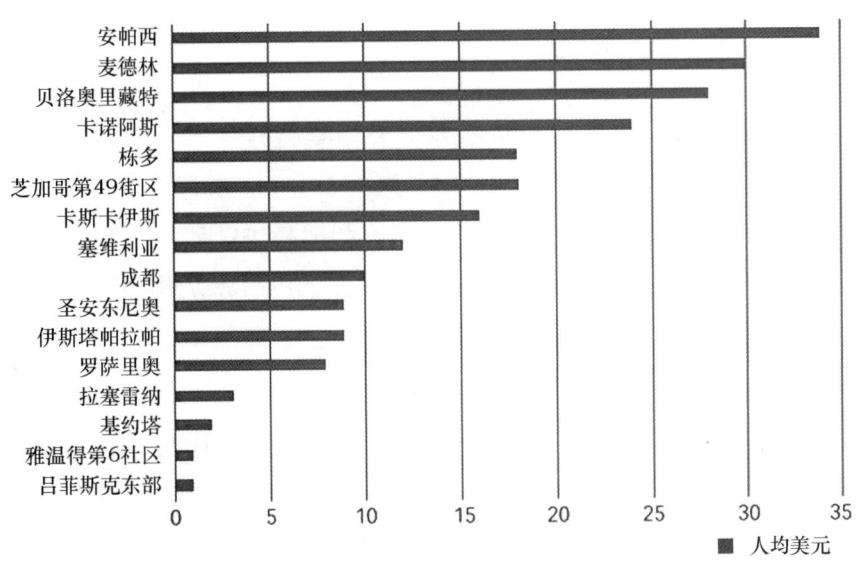

图 11　通过参与式预算决定的市政预算的数值（人均 35 美元以下的城市）

大多数城市处于人均 2—35 美元的范围：

·安帕西的市政预算有限，但总预算中资金预算的比例很大，且相当大比例的资金预算由 PB 决定用途。

·麦德林的人均市政预算本身就很高，且总预算中的资金预算的比例也较大，但只有较小比例的资金预算由 PB 决定用途。

·贝洛奥里藏特的预算资源很可观，但是资金资源占总资源的比重小并且资金资源中只有很小一部分是交给 PB 决定用途的。这解释了它与阿雷格里港在人均预算支出上的差距。

·卡诺阿斯预算资源也很可观，并且资金资源占总资源的比重相当大，但是与麦德林一样，只有较小比例的资金预算由 PB 决定用途。

四个城市的居民每年人均分配到不足 5 美元的原因是不同的：雅温得第 6 社区和吕菲斯克东部的居民人均总预算很有限，但是这些预算中很大一部分用于投资并且相当大一部分是由 PB 决定用途。

基约塔和拉塞雷纳的预算资源有限，总预算中的资金预算也不多，并且只有很少比例的资金预算由 PB 决定用途。

3. 资源动员的意义

对PB最常见的批评就是认为对资源用途的讨论并没有什么意义——在大多数情况下，市政的资金预算本身就少，而且一般只占城市总体预算的一小部分。因此，它们与改善基本服务和提高生活质量所需的资金水平还相差甚远。本文认为，大部分城市的市政公共预算是相当可观的。但是经过对所指出问题的探索研究，我们也考虑到了资源动员。

一个反复出现的主题是：PB资源虽然有限，但却能满足那些真正的需求，否则这些需求就不会予以考虑的。来自巴西PB网络和瓜鲁柳斯市政当局的卡蒂亚·利马（Kátia Lima）注意到："有时候人们可能认为PB是在海洋中的一滴水，因为瓜鲁柳斯有321个贫民窟，在服务不足的环境下，这个数额的确很小。但PB大会的请求能满足人们的需求。在城市层面，其影响是非常大的；比如，我们可以从铺设沥青道路上看出来。"贝希尔·卡努特（Bachir Kanouté）来自于一个叫恩达的非政府组织（the NGO Enda），他认为："如果这些程序不存在，特别的需要将永远不会被考虑。PB要求地方政府反转它们的优先级，以使那些在政策上被认为是边缘化的直接投资投到满足公民需要的项目上。"纳尔逊·迪亚斯（Nelson Dias）是一位非洲城市的实践者，他认为虽然金额很小，但"相对于它们带来的改变是物有所值的，并且我们不能只通过数学视角来评估财政数量（financial volume），因为这种影响是性质上的。事实上，我们用很少的钱，却改变了方向并满足了人们真正的需要。"

庄明是一个学者，也是来自汇智NGO（the NGO HuiZhi）的成员，他承认在成都虽然PB投资的绝对数量非常大，但与其他城市区域相比是微不足道的。但在这里，如同在其他城市，PB关注人们的需要并把它们视为地方投资的一部分。

这些款项也是重要的，因为它们带来了市级财政的变化。通过打开预算渠道，它们可以触发额外的渠道，以获得用于基本服务的公共或私有资源，这些资源比PB实际分配的更多。Jules Dumas Nguebou是来自喀麦隆的非政府组织的实践者，他指出："这些过程不能被认为是微不足道的，因为在 PB 引入之前，对基本服务的计划几乎没有。我们看到了 2006 年以来城市预算的转变。PB 打开了为社会服务和基本服务而设的预算渠道，这种渠道是前所未有的，并且如果没有 PB 现在它也不可能存在。"

PB 也会影响其他的资源分配。乔瓦尼·阿莱格雷蒂（Giovanni Allegretti）是一位广泛参与世界各地 PB 过程的学者和实践者，他指出："如果 PB 只讨论已经存在的公共资源和财富，它的作用太小，微乎其微。但如果 PB 能够讨论额外的资源，比如国外的投资、援助、公共的/民营的合作关系，那么它将变得完全不同。这是一个挑战。"

4. 资金来源和 PB 的催化作用

在每年用于讨论的人均预算资源如此有限的情况下，人们可能会奇怪，这些城市如何能做这么多，以至于有效地提供基本服务并在较短时间内提高人们的生活。答案是，PB 本身动员了远远超过严格的"公共"预算的财政和非财政资源。下面的一些例子说明了动员能力的广度和深度。这是本研究的一个主要经验，值得更深入地研究。

基约塔包括了一个在实物或现金上作为 PB 过程的一部分的固定的社区对应资源，为此至少花费了总成本的 3%。在其他案例中这个比例是不固定的，但可能会非常高，尤其是在那些互助和集体志愿工作仍然存在的地方。

各级政府的配套资金的数量也可能是可观的——如同在成都，转移到村政府的区政府和乡政府的资源匹配达到 20% 之多。中央政府可以支持那些人们需要的但地方政府投资不起的项目。在巴西的城市里，大量的资源可用于低收入住房项目或社区改善。

在过去 10 年中的一个重大变化是，PB 城市已经学会利用国际援助或融资为已经被社区和公民所计划、决定和优先选择的项目筹措资金。非洲城市在这方面走在最前沿，因为对他们而言调动除了他们微薄的地方财政预算以外的资源至关重要。国际资金主要投入到了基本的服务项目里。在栋多，PB通过的排水、公路和小路项目的投资有一半来自援助。雅温得第6社区以及喀麦隆首都和其他城市的社区，它们通过PB选择的项目，是由各种多边和双边捐助者捐助或者通过分散的合作（城市对城市或地区对城市）资助的。吕菲斯克东部的公共照明项目由非政府组织恩达和联合国人居署（UN-Habitat）资助的。有趣的是，超国家的资源渠道的开发不仅发生在南半球，塞维利亚的各种项目也得到了欧盟的支持。

我们也有私营部门做出贡献的一些例子——比如在吕菲斯克东部，SOCOCIM公司资助了一个卫生站项目。近年来，在阿雷格里港，企业和"私营部门"正在资助一些PB选择的项目，虽然这些项目的规模是相当小的。

5. PB会影响当地的财政收入吗？

PB过程对公民和企业交税的倾向和意愿的影响（因此对地方财政收入的影响）并没有被太多的探讨。20个城市的报告表明，对于许多团队来说，这个问题是新的，他们缺乏数据，也没有展开对于这个问题的具体研究。一些团队，特别是主要在拉丁美洲的团队认为，因为PB程序，地方财政收入没有增加。

然而，在三个城市，财政和税收收入增加了，这些城市的团队表示这与PB相关。这与10年前研究的研究成果一致，这表明PB和地方财政收入的增长呈正相关。在卡诺阿斯，有研究团队认为"当那些被期盼许久的工程得到支持并付诸实施时，PB提升了公民的纳税责任感"。市政府的月税收收入在2008年到2012年间几乎翻了一番。在雅温得，PB增加了当地企业家在地方当局面前的信心和他们对市政预算的贡献。在吕菲斯克东部，PB指导委员会与市长一起确认居住在本行政区内的每个纳税人的身份。

6. 成本的降低和更低的维护成本

无论是地方团队还是12个接受采访的专家都认为，PB主要是通过社会控制和监督来降低公共工程的费用的，它还可能做得更好。来自瓜鲁柳斯的卡蒂亚·利马认为，对建设成本的控制依赖于监督委员会的力量。J. D. Nguebou 认为，喀麦隆的监督委员会不仅削减了实施成本而且保证了更好的建设质量。"通过 PB 资源资助挖一口井和通过其他资源赞助挖一口井之间的成本差异可高达 50%……一个关键因素是在投标过程中的透明度。另一个因素是为大型项目而设置的跟踪委员会和挖井的管理委员会。"

塞尔吉奥·阿马拉尔（Sergio Amaral）是一位 PB 的早期活动家，他指出，在阿雷格里港，"很显然，公民更加尊重 PB 项目了；他们更尊重卫生中心和其他已执行的要求"。其他受访者举出了通过 PB 资助的广场、公园和小型公共空间得到良好维护的例子。来自智利 PB 网络的胡安·萨利纳斯（Juan Salinas）认为："人们在项目上的拨款越多，这些项目就能得到更好地维护。例如，在智利的布因，一个七年前通过 PB 投资、围绕圣母岩洞（Virgin Mary grotto）[宗教场所]建造的公共空间，至今保持完好，没有涂鸦，什么也没有。"关于非洲，J. D. Nguebou 指出："社区管理和维护着通过 PB 资助的项目，因为他们觉得那些项目是自己的。"贝希尔·卡努特指出："如果这是一个 PB 项目，公民会更'尽责任'地维护它。这一点在公共水龙头和学校项目中更显而易见。"

然而，诸如英国的杰兹·霍尔（Jez Hall）的一些观点表述得更加细致。"目前的趋势是基层的事务将会得到有效管理。小额资金（micro finance）更为有效。" PB 是一个完善管理和维护的好方法，但它不一定是唯一的途径。庄明表示，对于成都周边的村庄和农村社区来说，也许可能存在低成本实施和维护的技巧。

六、PB 对地方政府民主化的贡献

1. 公民授权和社区组织的加强

实地考察和访谈表明，PB 改变了当地政府和民众的关系，产生了公民授权和地方治理的新形式。无论是预算决策过程（周期1）还是履行情况（周期2）都触发了新形式的社区和人民组织。通过创造公共机构和社会组织之间新的对话空间，以及常常创造新的联合决策机构，PB也加强了**社会治理**。这些或多或少已经制度化的新的空间，有助于在公民的支持下转化（有别于反转）为权力之间的平衡，甚至在极少数情况下有益于大多数被排除在外的社会团体。

PB过程可以促进公民的集体反权力意识的出现。本文的分析指出了自2000—2003年的研究以来的一些微妙变化，并帮助更新了其结论。在大多数情况下，仅仅由公民组成的机构专门用于管理、规制和经常做出最终的预算决定。但是在今天，这没有10年前那么纯正了。

为PB程序专门设置的参与式预算委员会，继续成为体现公民权力的主要参照。参与式预算委员会的成员是从代表中选出的，这些代表是从各种本地和专题集会中选出的。成员的数量，性别的平衡，以及保证弱势群体、少数族群或被排斥群体（如某些城市的移民或无家可归者）代表性的配额，这些因素在不同城市之间有很大的差距。当委员会仅仅是"区域性的"，并且不讨论在城市层面的具体部门时，它们是由选举产生的社区代表组成的。这些委员会成员不包括地方政府或者像住房、医疗或教育这些具体部门的代表，他们的权力和责任随着城市的不同而有所变化——小到简单的咨询作用，大到决策权。组成人员会被定期更新，用来管理成员行为的规范在几年内会不断被修改和调整。

麦德林的委员会以对农村地区（哥伦比亚的西班牙语称为"*corregimentos*"）的重视和授权而著称。这个委员会对计划更加负责，并且在预算执行和计划实践之间进行了更好的衔接。

在一些城市，公民委员会监督项目的实施，确保PB在第一个周期内实施的决定受到当地政府的尊重。在成都，负责项目执行的村委会从该项目成立起就设立了"资金监督组"，以控制预算资源的使用。

更近的一些PB举措没有设置正式的社区机构，它们主要集中在欧洲和北美的城市，如在葡萄牙的卡斯卡伊斯或在芝加哥。设立在芝加哥第49

街区的"领导委员会"仍然是一个非正式机构，那些参与 PB 过程的志愿者和想更积极地投身其中的人都可以加入。

在 2000 年代初期，有一些将机构建立在现有的社会组织及其功能之上（如蒙得维的亚的 Consejos Vecinales）或建立在政治功能上的（如昆卡的 Juntas Parroquiales）的例子，这些机构也扮演了和 PB 相似的职责。在过去的 10 年里，公民社会组织、公共权力机构，以及有时是私营部门参与 PB（而不是仅仅由选举出来的公民组成的 PB 委员会）的现象已经越来越常见。这对于多元治理可能意味着新机构的建设。多元治理旨在通过所有与城市问题相关的行为主体建立更好的关系、对话和决策。

在一些城市，有来自公民社会和公众权力机构的代表共同组成的委员会。伊洛的地方协调委员会就是一个很好的例子。在其他国家，也有囊括许多不同主体的特设机构，如栋多市的协商市政论坛汇集了 75 个来自各个领域的人——社区领导人、宗教权威、诸如妇女或青年组织这类民间组织的代表、当地有影响力的人和来自城市市区及其 51 个农村区域的经济活动者。雅温得第 6 社区的参与式预算委员会，由市长主持，组成人员包括公务员、公民社会行动者和私营部门代表（反映了 PB 应该创造财富和促进经济发展的愿望）。

伊洛有一个关于新的治理形式的最复杂且最有趣的案例。那里建立了两个新机构，其成员代表了大约 400 个公民组织和草根团体。第一个机构是 PB 的管理小组，由公民组织选举的六人组成。第二个机构是 PB 监督委员会，也由六名民选成员组成。还有其他两个机构被建立起来以分别决定项目和规则：一个是为参与式计划而设立的混合治理主体——省级协调委员会（CCLP），他们在那里做出最终的 PB 决定；另一个是 PB 的常设委员会，有 13 个成员，其中一些成员来自 CCLP，一些来自上文提到的管理和监督小组，一些来自伊洛省级和地方级的民选领导，还有一些来自 7 个社区和公民社会的代表。关键的一点是，前两个机构是纯粹的以社区为基础，它们转而会派代表到混合治理机构中去。这个例子和上面给出的其他例子是显示 PB 如何产生民主治理新形式的强有力的证据，这些民主治理的新形式让人们有更多的权力来决定和控制公共投资。

在贝洛奥里藏特，市镇住房委员会（Town Council on Housing）就是住房供给 PB 的决策机构（城市中的两个 PB 程序之一）。它由 20 名来自不同机构和团体的代表组成，包括工会、企业、法律机构和行政机构，其中还有 5 名有关住房的民众运动的代表。在之前的案例中，多个自治的和排他性的公民机构得以建立，尤其是由区域论坛（Regional Fora）和市镇住房委员会选出的代表组成的"Comforças"，以及伦理委员会（Ethical Commission），它是"Comforças"的分支，其主要作用是审查上报的可能发生在 PB 过程中的违规行为。

旨在对民主产生根本性影响的 PB 程序，带着"另一个城市是可能的"愿景，仿佛优先考虑公民/社区权力和自治，然而却建立了公共权力、企业、大学或工会也可以讨论问题的机构。这些论坛，就算曾经向公民开放，但如果他们不能将加强公民权利的类似目标囊括进来，去支持公民的自我表达并让他们的声音被听见，长远来看仍会削弱这种运动。在 PB 程序中，还具有这样的巨大危险，即公民代表被指派（co-opted）从而成为一个纯粹的为现存权力服务的"象征性的民主存在"。

在参与式预算委员会和多元主体说法的各种好处之中，其中一点尤其突出——那就是在公民之间和在民选代表（或公务员）与对政治家很少或没有信任的人们之间建立或重建信任和对话。上述的这些机构和制度可能会使对有限资源的决策不必要地复杂化。如果这些机构也不允许逐渐加大对公共的、私人的、地方的、国家的和国际的资源的控制，它们确实是"头重脚轻"。因此，问题的关键是在控制更多的资源上取得进步。

2. 地方政府的现代化

不同的城市组织和改造其制度结构以实施 PB 程序和交付公民选定的项目。PB 已经成为了一个现代化因素，在推动人们参与和决定预算上也已经成为一个必要组成部分，甚至在基本服务项目的交付上非常不同于传统的方式，它需要适应和快速回应公民和社区的监督、压力和游说。

在探索 PB 城市在公共管理上发生的变化之前，非常值得思考的是与居民人数相对应的公务员和公共部门雇员的人数（表3）。雅温得第 6 社区、吕菲斯克东部和芝加哥第 49 街区似乎是人员最不足的，但它们是城市内的行政区，更高层级的政府覆盖了它们的各种职能。它们开展 PB 程序的能力是有限的，这或许可以解释为什么它们实行外包制度以开展各种活动。与作为一个整体的市政当局和签约的非政府组织在这种政治层面进行协调是一个挑战。

表3 实行 PB 的被选城市中居民和公务员的数量

城市	居民总数	雇员人数	居民相对雇员的倍数
圣安东尼奥	83435	1843	45
保利斯塔	107089	2329	46
贝洛奥里藏特	2375151	47731	50
基约塔	88803	1763	50
瓜鲁柳斯	1222049	23000	53
卡诺阿斯	323827	5020	65
卡斯卡伊斯	206429	1700	121
塞维利亚	703021	5436	129
伊斯塔帕拉帕	1815786	12000	151
拉塞雷纳	210299	830	253
栋多	71573	258	277
伊洛	63780	218	293
安帕西	9600	29	331
麦德林	2393011	5029	476
雅温得第 6 社区	268971	134	2007
吕菲斯克东部	67438	30	2248
芝加哥第 49 街区	54991	6	9165

在麦德林，5029 名政府雇员为将近 240 万居民工作（每名雇员负责 476 人），相对于它所负担的责任之繁杂，这是一个相当精简的政府。这或许可以解释下文所述的协调和动员的独特创新模式，该模式被用于执行

PB的内部资源。

在另一个极端，大多数巴西城市及智利的一些中型规模城市，政府雇员相对于居民的比例很高。在巴西，这涉及基础教育和卫生保健的市有化（municipalization）。这些高比例的城市一般被分配的资金预算占总预算的比重较低，并且流通到PB的资源也更少。但许多这样的城市都合理配备了PB团队和服务，并且它们进行综合处理和提供服务的能力可能是相当高的，如果它们能在市政层面有效协调不同部门的话。

管理PB最简单并最为广泛使用的方法是，有一个单独的指挥部或部门来与其他部门保持联系。这些部门可能具有不同的准则。

可以有一个政治或行政上的主持部门，就如在罗萨里奥，PB部门设立于市政当局的总秘书处，连同其他部门一起，负责分权化过程。这有助于分权化的各市政单位之间建立更好的联系。与此同时，政治权力和总秘书处的驱动使其能够保持动力去执行经过相关部门批准的项目。雅温得第6社区设立了一个类似的与政治权力和市长密切相关的主持部门，其中三个团队中的一个小团队负责PB，并直接向市长报告。

一个**社会的主持部门**通常在社区或公民参与的部门，或在负责社会政策的部门或秘书处。在圣安东尼奥，例如，一个内部设有分管卫生、教育和社区发展的指挥部的技术单位执行PB，并与市政府内所有其他相关的指挥部相协调。这和智利的拉塞雷纳的情况很相似，在那里，PB在社会发展指挥部下属的公民参与和社区组织单位（Citizens' Participation and Community Organizations Unit）内实施。该单位在整个过程中和各有关公共机构协同行动。

还可以同伊洛一样设立一个**计划主持部门**，伊洛的规划局主导整个过程并且与公民参与单位（Citizens' Participation Unit）一起对参与者的动员进行协调。每个主持部门的方式都有其优点和局限性，值得更深入的评估。

一些城市的**一个市政结构中存在多个主持部门**。在阿雷格里港，PB享有"三个主持部门"的设置。来自政治协调与地方治理秘书处的公务员都参与了整个 PB 周期；当 4 月和 5 月区域性的专题集会开展时，来自其他部门的公务员也被动员起来登记参与者和提供官方文件。预算编制（取决于资金状况）内阁和地方治理干事也一起参与其中。

麦德林、基约塔的和贝洛奥里藏特可能是在整合和有效交付能力方面最先进的例子。在麦德林，PB 由规划部门和公民参与组织的干事共同实施。它的特别之处是技术联络委员会，其技术人员来自每个部门。此外，在其他不同城市，对社区的技术支持是由来自每个市政部门的分权化的行政单位（即"equipos zonales"）提供的。2005 年，这种设置通过一个市政法令实现了制度化。

2011 年，基约塔创建了一个由来自各个市政部门的代表组成的跨部门协调委员会。他们每个人都加入了一个或多个运作团队，运作团队一共有五个：协调和后勤支持、社区大会、项目制定、跟踪和控制以及动员和宣传。公务员受协调和后勤支持团队的邀请，参与市政机构的会议。在这里，PB 依靠公民和公务员的共同参与。

贝洛奥里藏特的 PB 管理团队下属于规划和管理秘书处支部，并与九个分散型区域组织相联系，这九个分散型区域组织中的技术和管理团队负责执行 PB 程序。该 PB 管理团体吸收了来自负责关于 PB 的制定、实施和后续跟踪的所有机构的代表，每月召开一次会议讨论和作出决定。

自 2000 年代初期的研究以来，PB 的一个显著进展是政府内部机制的发展，并通过相当高水平度化的行政机构使 PB 回归主流。这往往会增加地方政府的效率，并且部分解释了城市的服务能力，即使是在资金和人力资源有限的情况下。另一个清楚的发展是多元方法，通过这些方法，各级次市政（sub-municipal）行政机关一起努力贴近市民，组织动员并在街区层面执行 PB 程序。这在一定程度上反映了城市政府服务的分权化水平以及资源的分散性。有关通过 PB 过程使得行政结构现代化的研究特别欠缺。在城市何处设立 PB 以及如何设立 PB 的关键经验是可以学习的。虽然行政组织会随着时间变化，阿雷格里港或罗萨里奥就是这方面的有力证据，但这些变化带来的一些权衡取舍是可以通过战略思考来避免的。

3. 改变地方政府和公民之间的权力关系

12个PB方面的专家在采访中被问到：你认为PB在某种程度上已经改变了地方政府和公民之间的关系吗？这是否是有组织的？通过什么方法实现的？

改变需要时间，现在下定论还为时过早：纳尔逊·迪亚斯介绍了马普托（Maputo）的情况，在几年前一次失败的尝试之后，PB被重新发起："我们需要等待更久一些。许多被投票的PB工程并没有被执行，人们觉得自己被欺骗了，对此提出了严厉的批判。一个坏的PB可能使情况变糟（take you backward）。"当承诺不能兑现或者政府没有向人们解释这种承诺时，地方政府和公民之间的信任可能被侵蚀或丢失。

它赋予人们权力，并让他们得以发声：大多数受访者都清楚PB赋予人们一种声音和力量。庄明指出，成都的PB案例体现了这一点。关于非洲城市，贝希尔·卡努特援引了各种例子证明了公民得以发声——包括挑战市长。雅温得第6社区的J. D. Nguebou认为："PB改变关系。首先，预算决策取决于公民的决定。它对预算有影响。另一个主要变化是人们的声音变得有意义，并且被选出来的政治家会更多地倾听人们的声音。"PB确保民主并不是只有选票，而且还有声音。对民主的"声音"维度的修复可能是到目前为止许多PB流程被认识到的主要好处之一。

塞尔吉奥·阿马拉尔（Sergio Amaral）在早期PB运作时，就在阿雷格里港做基层领导，他指出PB完全改变了政府与民众的关系——即使引入PB的政党并不当权，其他政党也"无法取消PB。他们当中的每个人都在想办法改进PB……他们知道他们不能在没有咨询人民意见的情况下投资"。

乔瓦尼·阿莱格雷蒂（Giovanni Allegretti）表示，这种关系的变化"主要发生在地方政府和非组织公民之间，而与有组织的公民团体之间的关系变化较少"。在西班牙，一些组织抵制PB过程或没有承担对PB的责任。

限制和阻力： 来自智利市政协会的胡安·萨利纳斯（Juan Salinas）同意PB已经改变了现有的关系这一观点。他说，虽然权力关系没有改变，但是沟通渠道变得更加流畅并且信息的交换变得更好。来自葡萄牙卡斯卡伊斯市的保拉·卡布拉尔（Paula Cabral）指出："人们现在的感受是，公务员做得太少了。PB清楚地显示了那些专家们所做的工作是怎样的。那些参与PB过程的公民意识到市政工作人员的工作量。他们通过实践意识到市政人员工作中的困难，会更感谢他们的贡献，这往往会减少公民对当地政府的批评。"卡蒂亚·利马（Kátia Lima）是巴西PB城市网络的协调员，他指出："PB是一个改变政府与公民之间关系的强大工具……"并且要"防止PB成为一个被政治家控制的指派工具"。

这些变化的发生过程中并非毫无阻力。庄明指出，成都的PB"被人们和村民很好地接受，但村长和当局不一定接受"。J.霍尔（J. Hall），虽然注意到了PB给英国带来了积极的变化，但他还指出"那些高级开发部门的官员拒绝分享权力，这方面还需要做大量的工作"。

PB的目的主要是改善治理和服务的提供，而不是去改变现有的权力关系。[11]然而，一部分结论认为权力关系的确改变了。在一些地方，主要在中国和一些非洲城市，PB正在开启人们表达自己，使自己的意见被听到并被尊重的可能性，它不依赖于通常依据预算资源中非常少的一部分而做出的决策。变化是缓慢的，并且这种改变是进步还是后退取决于实际的过程；政府可以得到信心和信任，但如果承诺没有兑现，它也会失去人们对它的信心和信任。从长远来看，即使在权力关系没有显著改变的情况下，公民也能从政府当局获得更多的尊重；而当公民认识到PB过程中涉及的承诺和工作的程度时，公务人员也会因此得到他们更多的认可。

4. 透明度和问责性

研究结果表明，PB的问责性和透明度有助于社区、地方政府内部以及民间组织与地方政府之间的民主治理。主要变化包括更注重对有组织或无组织的公民进行授权，以及更注重地方政府内所有相关部门的人员招聘。

在PB程序中有三个关键性时刻能评价透明度和问责性：

·在程序开始的时候，通知并动员公民，让他们知道大会什么时候开始；

·做出最终的决定后，让公民知道PB项目的意义，这些项目会从何时开始，到何时结束，并且在哪里实施；

·当项目结束并发生作用时，公开工作的价值、各种货币性或非货币性的贡献和维护的成本，这一点对于基本服务项目来说尤其重要。

一些城市用于动员和通知市民的具体行为的广度和深度，可以从基约塔所用的通信工具的范围中得到很好的说明。在基约塔，宣传和推广委员会（Dissemination and Outreach Commission）的任务就是让公民了解情况；它在城市中的关键位置放置广告牌，在当地社区、促销海报、发布消息的社区板报和传单上展示和标记投票中心（那样居民就能知道他们要去哪里投票）。广播通知被放在当地最受欢迎的电台播放。社区领导提出的项目也能在广播中推广。在地方报纸上刊登和投放广告；用扩音喇叭在全镇各处通知投票的时间和地点；以及人们可以在市政官网（www.quillota.cl）上，市长的脸书和推特（Facebook and Twitter）上获得信息。在社区层面，则有不同部门举行的宣传游行、挨家挨户的家访、社区中心会议和项目的海报宣传。市政通信团队在国家电视台TVN频道制作了瓦尔帕莱索网络（Valparaiso Network）的24小时新闻节目的"Mi Ciudad"环节。

自从第一波PB在上述三个阶段中利用了信息通信技术和社会媒体，PB获得了重大扩张。关于这一点的政治和操作方面值得进行针对性的研究并另外写一篇文章。

六、在扩张上面临的挑战

PB在创新和改善城市的基本服务方面已经做出了显著贡献，在实现空间和社会正义、治理的民主化以及地方政府的现代化上的作用也已经被更好地认识。但是 PB 提供的这些好处应该被扩散，以满足所有低收入社区的需求，这对于那些刚开始进行 PB 程序或者资金投入程度低的 PB 城市来说是十分棘手的。

更多的财政分权和地方层面需要更多的资源：贝希尔·卡努特强调，对于非洲城市来说，资金是最大的挑战。权力下放还未延伸至财政资源领域，这引发了如何调动地方资源的问题。但是，财政能力有限并不是非洲城市才有的问题。庄明强调这个问题是 PB 走出成都，在中国扩展开来的首要挑战。这不仅意味着地方政府需要在中央政府资源中得到更大比例的份额，而且意味着地方政府需要具有提高其税费收入的能力。智利的埃贡·蒙特西诺斯（Egon Montecinos）注意到了"提高对地方政府转移支付的份额以实现更好的投资"的需要。PB 在那些既能从上级政府取得资金又能自己筹集财政收入的地方政府中运行得最好。

相关计划和参与式预算：在这个问题上，找到创造、加强或者有时是改变现存实践的方法和途径，是访谈中最频繁被提到的挑战。对于 J. D. Nguebou（喀麦隆）来说，这意味着改善"PB 和用于计划与管理基本服务的各种手段之间的关系，这需要在政治和技术层面上一起进行"。卡蒂亚·利马也坚持认为通过实体规划增强联系："我们需要深化对实体规划的讨论。如果 PB 只是为了'救火'服务（putting out fires）[apagar incêndios]，这会是一件遗憾的事情。"当通过 PB 进行的公共投资过多，而市政当局又不能征用更多土地去使用这些投资时，问题就出现了。"让社区讨论主要的计划是十分重要的。我们需要将关于计划的讨论与在 PB 过程中发生的讨论衔接起来，特别是在街区层面。"现存的计划需要恢复和更新，应该重视由 PB 产生的项目和人们对城市的新愿景。

胡安·萨利纳斯进行了进一步探讨，他发现扩展 PB 程序的其中一个主要挑战是建立对话和整合机制，不仅是通过部门规划和实体规划进行，还要从制度框架入手："一般情况下，由于缺少整合，就可能会产生重复工作。"乔瓦尼·阿莱格雷蒂强调，需要将 PB 和实体规划与财务规划相联系。

增强人民自治：埃贡·蒙特西诺斯评论道："在拉美，如果你要扩大并维持 PB 程序，缺少的是公民的自治……继续训练政治家是错误的。这种学习应设置在公民社会中。代表们应优先被训练。"来自阿雷格里港的草根组织"Solidariedade"（意味着团结）的 S. 阿马拉尔认为："如果没有自治，我们就没有机会去讨论和反对庇护行为（clientelism）[政治上的指派]。工党引入了一个政治维度以及一种被我们拒绝，但由于社区缺乏自治而又被允许的工具化的风险。"这种自治不仅是政治的和组织的，也是实际的——因为在一个地方，人们可以开会并讨论："我们依靠政府空间。我们仍然没有能让我们依靠的空间，在 PB 产生的 20 年后依然如此。"

地方政府的意识和态度需要改变：来自基层组织、非政府组织和当地政府的所有受访者都强调这一点。J. D. Nguebou 指出："地方政府拨出资源给 PB。然而，它们并非总是得到良好的管理。这为对手提供了一个机会。政客们可能像 PB 一样赞同这些资源所投资的项目，但他们本身并不是一个 PB 过程的结果。"来自当地政府内部的保拉·卡布拉尔（Paula Cabral）和 Nuno Piteira 指出："政治家还没有看到 PB 存在的潜力。"由于阿雷格里港的改变，以及工党政府转变为广泛的联合政府，S. 阿马拉尔指出："公务员们不是铁板一块（Civil servants do not speak the same language）。我们失去了与工人党的同质性。"

政治改变和支持：政治改变和支持对 PB 的扩张至关重要。在成都和中国的背景下，庄明尤其强调这一点，在那里，PB 需求来自城市和省一级的共产党领导们的支持。这些政治变革也包括权力下放的过程，特别是对非洲而言，正如贝希尔·卡努特指出的那样："去改善行政、政治和财政分权的框架是我们面临的一个挑战。"

变化的规模和范围：尽管 PB 已经取得了许多成果，但乔瓦尼·阿莱格雷蒂（Giovanni Allegretti）指出："我们需要一个飞跃，我们需要另一个层面的辩论，在另一种规模上。"这包括超出基本服务的议题。例如，在葡萄牙和大多数欧洲国家陷入深重危机的情况下，PB 是不够的。纳尔逊·迪亚斯指出："问题并不只有重新分配资源。创造就业机会的问题也必须解决。"到目前为止，PB被集中在基层政府范围内，而资源和权力集中在区域、国家和国际层面。

维护：PB可以为特定的基本服务项目显著降低维护成本。然而，在PB扩张的情况下，维护仍然是一个挑战。卡蒂亚·利马认为："人们想要的是公共工程。他们不讨论维护。"纳尔逊·迪亚斯指出，在马普托，"市政当局需要提高人们的认识和能力，例如，关于清洁和维护一个开放的雨水排水系统"。

结语：PB仍在追求公民拥有更美好生活的理想

在PB被创造出来的25年后，特别是它最近被引进的地方——中国和非洲国家，PB仍然致力于改变的理想。庄明认为："PB程序是中国地方民主的未来的开端，可能是经过30多年经济快速发展后社会发展的开始。"贝希尔·卡努特认为，下一步应该是"支持PB在大陆的主流化（广泛化）"。杜马斯（J. D. Dumas）认为：

> PB是非洲的希望，如果你想到为民主而进行的斗争，为经济、社会和文化的权利而进行的动员，以及最终因此而得到改善的生活水平，你也会这样认为。我说，这就是希望，因为我们同时拥有一个概念和一种工具，它们使得我们一起重新定义我们在一个政治共同体内部的关系以及我们在这个社会中各自的角色。这是让社会责任赋予公民权利一个新基础的工具。

考虑到PB在大规模提供基本服务上的能力有限，胡安·萨利纳斯指出："你需要从人民的视角去看待PB。批评的言论说它们微弱而没有影响，这反映了一种传统观点。但PB的确为人民解决了紧迫的问题。"塞尔吉奥·阿马拉尔更进一步指出，PB不仅提高了人们的生活，也改变了他们本身："我们的组织是PB的女儿。是PB改变了我们与世界的关系……参与PB的公民与政府、国家和政党发展了一种新型的关系……结果公民成为一个城市最好的资产。PB生成了一种服务于城市的机制，同时，公民与政府一起共事。"保拉·卡布拉尔指出，在葡萄牙，PB项目有助于产生一种集体意识，一种超出社区范围的责任感。PB在人们的头脑中产生的深刻变化以及PB追求公民拥有更美好生活的理想的能力，是能够帮助支持PB广泛扩大和传播现有经验的强大希望信号。

附录1 20个城市中的每个研究团队和作者

Quillota，Chile：Waleska Castillo López（PB Coordinator），Sol Beltrán Navarro and Sebastián Palma Ojeda，Municipalidad de Quillota

San Antonio，Chile：Claudia Roblero Acuña and Dania Contreras Jiménez，Municipalidad San Antonio

La Serena，Chile：Hugo González Franetovic and Millaray Carrasco Reyes，Municipalidad La Serena

Municipalidad Provincial de Ilo，Peru：Lic. Mario Villavicencio Ramirez（Coordination of Study），Eco. Roxana Jauregui Bruna，Cpcc Maribel Velasquez Ramos，Bach. Ing. Gonzalo Cardenas Cruz，Bach. Ing. Gonzalo Yañez Portales，Abog. Flavio Ñaca Flores，Ing. Gaudalupe Villanueva and Ing. Erick Gongora，Municipalidad Provincial Ilo

Rosario，Argentina：Pablo Torricella and Patricia Tobin，Intendencia de Rosario

Medellín，Colombia：Katherine Velásquez Silva（PB Coordinator）and Erica Avendaño，Municipio de Medellín

Seville，Spain：Vicente Barragán Robles，José Manuel Sanz Alcántara，Rafael Romenro Hernández and Virginia Gutierrez Barbarusa，Universidad Pablo Olavide

Delegación Iztapalapa，Distrito Federal，Mexico：Alejandro Luevano（PB Coordinator in 2010）

Porto Alegre, Brazil: Cézar Busatto (Coordinator), Cidriana Teresa Parenza, Jorge André Burger Carrion, Luciane Gottfried Adami, Rodrigo Rodrigues Rangel, Rogério Santos de Oliveira and Valéria Dozolina Sartori Bassani, ObservaPOA, Prefeitura Municipal de Porto Alegre. Paulo Silva, Ronaldo Endler, Indaiá Dillemburg, Daniely Votto and Rodrigo Corradi, Secretaria de relações Politicas e Governança

Guarulhos, Brazil: Kátia Cacilda Pereira Lima, Prefeitura Municipal de Guarulhos

Belo Horizonte, Brazil: Claudinéia Ferreira Jacinto, Prefeitura Municipal de Belo

Horizonte Canoas, Brazil: Celio Paulo Piovesan and Pollyana Perinazzo, Prefeitura Municipal de Canoas

Várzea Paulista, Brazil: Maria Alice Cotrim, Prefeitura Municipal de Várzea Paulista

Dondo, Mozambique: Anselmo Martins Figueira, Município da Cidade do Dondo

Cascais, Portugal: Equipe Agenda Cascais XXI and Pedro Marinho (comp), Municipio de Cascais

Chengdu, Sichuan, China: Ming Zhuang. With support from Li Liu, Director of Social Development, Chengdu Rural and Urban Balanced Development Committee, **Chengdu Municipality Chicago, 49th Ward, United States of America**: Cecilia Salinas, PB Coordinator, 49th Ward

Commune d'Arrondissement de Yaoundé 6, Cameroon: Achille Noupeou, Bertrand Talla Takam, Daniel Nonze, Jules Dumas Nguebou, Achille Atanga, Adjessa Melingui (Mayor) and Ndongo née Messi Yvonne

Commune d'Arrondissement de Rufisque Est, Senegal: Babacar Dieng, with the support and collaboration of Bachir Kanouté, Enda Tiers Monde

Ampasy Nahampoana, Madagascar: Andriamahasoro Rondromalala with the support of the Projet de Gouvernance et le Développement Institutionnel (http://www.pgdi2.gov.mg) financed by the World Bank Group and the Local Development Fund

【注释】

〔1〕 这篇论文是由一篇更长也更详细的工作论文精简而成，参见：Cabannes, Yves, "Contribution of Participatory Budgeting to Provision and Management of Basic Services: Municipal Practices and Evidence from the Field", IIED working paper, International Institute for Environment and Development, London, 2014, 66 pages。这篇文章可以通过以下网址免费下载：http://pubs.iied.org/10713IIED.html。

〔2〕 这些基础服务也是这份报告的重点：United Cities and Local Governments (UCLG), *Basic Services for All in an Urbanizing World: Third Global Report on Local Democracy and Decentralization*, Routledge, London, 2014。本文对上述研究的引用得到了UGLG的支持，这也是它对本文的贡献。

〔3〕 该调查问卷的条目可以在原稿的附录中找到，网址是：http://pubs.iied.org/10713IIED.html,20个城市的作者都已列在附件中。

〔4〕 Cabannes, Yves, Participatory Budgeting and Municipal Finance, Base document, Launch Seminar of Urbal Network No.9, Municipal Government of Porto Alegre, Porto Alegre, 2003.

〔5〕 Bachir Kanouté, Egon Montecinos, Giovanni Allegretti, Jez Hall, Juan Salinas, Jules Dumas Nguebou, Kátia Lima, Nelson Dias, Paula Cabral, Nuno Piteira Lopes, Sergio Amaral and Zhuang Ming.

〔6〕 参见 Cabannes, Yves and Zhuang Ming (2014), "Participatory Budgeting at Scale and Bridging the Rural-Urban Divide in Chengdu", *Environment and Urbanization*, Vol. 26, No. 1, pp. 257–275 for an analysis of this city's PB。

〔7〕 欲知详情，参见上一条注释。

〔8〕 葡萄牙的卡斯卡伊斯（2011,2012），是近期才开始有PB程序的；伊斯塔帕拉帕（Iztapalapa），只有一个PB周期已经实施至今（2011）；由于2010年地震，智利的基约塔和圣安东尼奥没有实现PB。

〔9〕 原稿当中有更多详尽解释并有一个展示所用美元汇率的数据表，参见http://pubs.iied.org/10713IIED.html。

〔10〕 参见注释4。

〔11〕 参见 Cabannes, Y. and B. Lipietz (in press), *The Democratic Contribution of Participatory Budgeting*, London School of Economics and Political Science。

【参考文献】

[1] Cabannes, Yves, *Participatory Budgeting and Municipal Finance*, Base document, Launch Seminar of Urbal Network No. 9, Municipal Government of Porto Alegre, Porto Alegre, 2003.

[2] Cabannes, Yves, "Contribution of Participatory Budgeting to Provision and Management of Basic Services: Municipal Practices and Evidence from the Field", IIED working paper, International Institute for Environment and Development, London, 2014, 66 pages, available at http://pubs.iied.org/10713IIED.html.

[3] Cabannes, Y. and B. Lipietz (in press), *The Democratic Contribution of Participatory Budgeting*, London School of Economics and Political Science.

[4] Cabannes, Yves and Zhuang Ming, "Participatory Budgeting at Scale and Bridging the Rural-Urban Divide in Chengdu", *Environment and Urbanization*, Vol. 26, No. 1, 2014, pp. 257–275.

[5] United Cities and Local Governments (UCLG), *Basic Services for All in an Urbanizing World: Third Global Report on Local Democracy and Decentralization*, Routledge, London, 2014.

（本文作者伊夫·卡巴纳为伦敦大学学院发展规划研究所所长；译者胡淑佳为华东政法大学政治学与公共管理学院研究生，严海兵为华东政法大学政治学与公共管理学院讲师）

Abstract

In 2013, over 1,700 local governments in more than 40 countries were practising participatory budgeting (PB), which entails citizens meeting to agree on priorities for part of the local government budget for their neighbourhood or the city as a whole, and helping to oversee project implementation. This paper reviews PB in 20 cities in different continents, ranging from small urban centres to

Chengdu, China, with over 17 million inhabitants, and examines 20,000 recently funded projects worth over US $ 2 billion. It finds that PB has contributed significantly to improving basic service provision and management, with projects that are usually cheaper and better maintained because of community control and oversight. While in most cases PB improves governance and the delivery of services, it does not often fundamentally change existing power relations between local governments and citizens. The paper also discusses challenges and solutions for PB's effectiveness and scaling up.

Keywords

Basic Services; Budget; Democratic Governance; Finance; Innovations; Participatory Budgeting

■ 国家治理 | National Governance

现代国家建设与现代国家治理

燕继荣

摘　要：什么是"现代国家"？"现代国家"与"古代国家"在国家治理方面有什么区别？本文引用现代化研究的一般结论和国家理论与历史研究的最新成果，说明"现代国家"的含义，阐述"现代国家"治理的基本逻辑和特点。本文认为，"现代国家"包含两重含义：一是国际政治意义上实现领土和治权统一的国家；二是政治发展意义上确立法治与民主问责制的国家。从政治发展的意义上说，国家治理者（统治者）本身是否受到宪法和法律的有效约束，是衡量国家现代与否的关键性指标。

关键词：国家治理　国家建设　法治　现代国家

中共十八届三中全会提出全面深化改革，推进"国家治理现代化"，四中全会又提出全面推进"依法治国"，建设法治国家、法治政府和法治社会。与此相应，学术界围绕如何推进国家治理体系和治理能力现代化以及如何推进依法治国的话题展开讨论和研究。这个话题实际上也可以转化为"国家建设"和"国家治理"的关系问题。从某种意义上说，"国家建设"的任务在于构建一个强大国家，而"国家治理"的任务在于构建一个合理的国家。"国家建设"与"国家治理"二者关系密切，不可分割，而且经常互为因果。

现代化的政治命题

"现代"与"传统"以及"现代化"是当代社会理论的核心概念。据考证,"现代"(modern)一词源于公元4世纪,被用来说明当时已经基督教化了的"现今时代",以区别于古罗马异教徒时代的"往古"。所以,它最早只是用来表示时间状态的一个概念。[1]

但是,在今天的理解中,"现代"一词具有两种含义[2]:第一种是泛指含义,被用来当作"目前"、"现在"、"今天"的代名词,泛指人们正在经历的任何一个当前的时间阶段。从这个意义上理解,"现代"概念具有时间不确定的相对意义。根据这个含义,人类任何一个"过去"的时段都曾经是"现代",而今天的"现代"也将成为将来的"过去"。所以,泛指意义上的"现代"概念是一个不具有特定指向的时间概念,它更体现"时髦"和"当下"的意思。

"现代"一词的第二种含义是特指含义,主要指人类历史演变过程中的某一特定时期,即大约从17世纪开始以来的历史演变时期。这也正是发展理论家们在研究中所理解的"现代"概念。根据这个含义,"现代社会"是一个与工业化、城市化相伴随的文明发展的特定阶段,它导致了社会结构的分化、权威的理性化和文化的世俗化。

发展理论家们基本上在后一种意义上使用"现代"的概念。例如,西里尔·E. 布莱克(Cyril E. Black)把"现代化"与"科学革命"联系起来,认为现代化的概念包括有关人类发展的一系列解释,它反映着人控制环境的知识亘古未有的增长,伴随着科学革命的发生,从历史上发展而来的各种体制适应迅速变化的功能完善的过程。[3]詹姆斯·奥康内尔把"机械技术"作为"现代化"的主要标志,认为现代化是指一种过程,在这个过程中,传统的社会或前技术的社会逐渐消逝,转变成另一种社会,其特征是具有机械技术以及理性的或世俗的态度,并具有高度差异的社会结构。[4]而在贝迪阿·纳思·瓦尔马给出的定义中,"现代化"是指一种特殊的社会变革，这种变革与个性化、都市化、大众教育、代议制政府、增加国民生产总值、增加各阶层收入、向伤残贫困者提供福利相联系。[5]

现代化理论的知名学者艾森斯塔特（Alfred Eisenstaedt，1898—1995）从历史解释学的角度做出定义："就历史的观点而言，现代化是社会、经济、政治体制向现代类型变迁的过程。它从17世纪至19世纪形成于西欧和北美，而后扩及其他欧洲国家，并在19世纪和20世纪传入南美、亚洲和非洲大陆。"现代化社会是从各种不同类型传统的前现代社会发展而来的。在西欧，它们发轫于封建或专制国家；在东欧，它们来自高度独裁而低等都市化的国家与社会；在美国和英属自治领（加拿大、澳大利亚），它们是经由殖民化和移民过程而形成的；在拉丁美洲，现代结构来自寡头政治的殖民征服社会；在日本，现代化过程起源于独特的中央集权的封建国家；在中国，现代化是在人类历史上最悠久的帝制制度崩溃以后形成的。[6]

当代发展理论家一般把现代化一词理解为从传统社会向现代社会（工业文明）转变的过程。20世纪70年代，美国哈佛大学教授塞缪尔·P. 亨廷顿（Samuel P. Huntington，1927—2008）从九个方面系统概括了这个过程的基本特点[7]：

（1）现代化是革命的过程。从传统性向现代性的转变必然涉及人类生活方式根本的和整体的变化。

（2）现代化是复杂的过程。现代化包含着实际上是人类思想和行为一切领域的变化。

（3）现代化是系统的过程。一个因素的变化将联系并影响到其他各种因素的变化。

（4）现代化是全球的过程。现代化起源于15世纪和16世纪欧洲，但现在已经成为全世界的现象。

（5）现代化是长期的过程。现代化所涉及的整个变化，需要时间才能解决。

（6）现代化是有阶段的过程。一切社会的现代化过程，有可能区别出不同水平或阶段。

（7）现代化是同质化的过程。传统社会以不同的类型存在，相反，现代社会却基本是相似的。

（8）现代化是不可逆的过程。虽然在现代化过程中某些方面可能出现暂时的挫折和偶然的倒退，但在整体上现代化是一个长期的趋向。

（9）现代化是进步的过程。从长远的观点来看，现代化不仅是不可避免的，而且是人心所向的。现代化增加了人类在文化和物质方面的幸福。

需要注意的是，如果说早期的现代化研究把现代化进程理解为一种线性的、单元的变化进程，因而经常被认为持有"欧洲中心论"或"西方优越论"的立场而遭受质疑和批判，那么，最新的现代化理论因为极大地修正了传统观点而使现代化研究得以复兴。正如美国密歇根大学罗纳德·英格尔哈特（Ronald Inglehart）所指出，现代化理论需要修正，因为：第一，现代化不是线性的，它不一定朝一个方向运动；第二，社会—文化变迁具有路径依赖，传统社会文化遗产会经久不衰；第三，现代化不是西方化，工业化过程始于西方，但西方工业化并非唯一标准版本；第四，现代化不会自动带来民主，从长远看，它只带来了使民主日益成为可能的社会和文化变迁：在初级阶段，工业化可能导向民主政治，也可能导向法西斯主义、神权统治以及其他极权或威权政治；但进入高级阶段，知识社会的出现提高了民主兴起的可能性。[8]

不管怎么说，在学术讨论中，现代化被认为是一个客观发展过程或趋势，它引发或决定了人们生活价值和理念的变化（文化变迁），从而进一步要求制度变迁和治理体系及能力的重新构建。那么，现代化给世界带来了哪些变化？回顾17世纪以来世界的新变化，可以对这些变化进行如下归纳：（1）世俗化和理性化（与市场交易相伴随的是契约精神、行为的世俗化和理性化）；（2）流动性（人口、物资、信息突破地域局限，在更大范围内流通，以至于全球化成为一种趋势）；（3）统一性（随着流动性的发展，管理、标准、规则日趋统一和一致，要求各国的管理规则尽可能对接）；（4）均等化（流动性带来了资源、服务分布的均等化，差异性在减少，与此相应，正如水往低处流一样，全球呈现拉平效应，所以才有人说"世界是平的"[9]）；（5）专业化（社会分工越来越细，生产专业化程度普遍提高，管理精细化要求日益强烈）。

从17世纪算起，现代化过程经历了300多年历史。上个世纪开始，人们已经注意到了后工业社会的来临。罗纳德·英格尔哈特考察现代化以来迄今为止的社会变化时指出，"实证证据表明，现代化的每个阶段都带来了人们世界观的不同变化"。根据他的观点，到目前为止的现代化实际上分为两个阶段，即工业化的现代化和后工业化的现代化。"工业化带来了一个重大的文化变迁过程，带来了官僚化、理性化、集权化和世俗化。后工业社会的兴起导致了第二个重大的文化变迁过程：新潮流指向日益强调个人自主和自我表达的价值观。两个文化变迁都改变了人们的权威取向，但是采取了不同的方式。现代化的工业阶段带来了权威的世俗化，而后工业阶段造成了从权威中解放出来"。"工业化社会注重不惜代价取得最大的物质产出，以此为人类福利最大化的最佳途径。这个战略在减少饥饿和提高预期寿命方面取得了巨大的成功，但是它在后工业社会中产生的回报越来越少。后工业的现代化带来了一种战略上的转变，从物质生活水平最大化转变为通过生活方式改变达到福利最大化"。因此，现代社会经济发展产生了两个主要维度的文化差异：与工业现代化相联系的是世俗—理性价值观的兴起，导致权威的合法性基础从传统宗教信仰转变为世俗—理性观念，与后工业现代化相伴随的是自我表达价值观的兴起，导致个人自主感的增强和从权威中解放出来的愿望。[10]

不管是工业现代化，还是后工业现代化，这个过程对于国家乃至全球政治会产生什么影响，对于国家乃至整个世界的政治制度提出了什么要求？这是政治学科力图回答的问题。从以往的经验来看，政治学基于现代化的研究形成了两大路径：即，观念导向的理想主义路径（ideal approach）和问题导向的现实主义路径（realistic approach）。前者基于启蒙运动的思想和观念，着眼于普遍人权的进步，从人的全面发展的视角出发，着重研究一个社会如何保障公民权利，因此，建立一个理想的自由民主的政体通常被认为是社会发展的总目标和总方向，而一切与这一目标和方向相悖的变化，都被判定为不具有合法性。后者基于既有的传统社会面对现代化冲击所遭遇的困境，关注如何重构稳定秩序的问题，因此，建立一个有效的权威秩序被认为是社会发展的首要任务和基本条件，而政府能力或国家能力通常在这种研究模型中会得到特别强调。

既有的学术研究对于理想主义路径的关注已经相当普遍，也形成了系统的研究成果，并确立了社会发展的基本信念。相对而言，对于现实主义路径的讨论一般穿插其间，通常散见于不同论述当中。现在，可能需要花一点精力去总结和概括这一研究思路的特点。

现代化研究的现实主义路径认为，现代化作为一种客观的趋势，扩大了人们的眼界，释放了人们的需求和欲望，增强了人们的行动能力，这一切变化对传统社会管理构成了挑战，通常转化为人们对于以往秩序和规则束缚的不满和抗议行为，从而造成社会不稳定。诚如亨廷顿所指出，现代性带来稳定，现代化造成不稳定；保持社会秩序的稳定性，积极的策略只能是通过制度的适应性变革，提高制度化水平，提升国家治理能力。正是基于这种认识和判断，一些政治学研究者试图构建"现代化"—"国家治理危机"—"制度变革"三者关系的理论模型。这一理论模型的直白表述就是：现代化转型引发国家治理危机，要求国家治理能力做出调整（制度需求）；政府（或执政者）只有通过制度体系的变革（制度供给）顺应这种趋势，才能化解和应对国家治理危机。

现代化研究的两大路径与现实的改革政策直接相关。换句话说，基于"国家治理效能"的改革与基于"自由民主权利"的改革存在些微的差别，正如基于"自由"的国家秩序观念与基于"治理"的国家秩序观念会有所差别一样。假如说存在不同的政治改革模式，那么，以"自由民主"为动力的政治改革和以"国家治理"为动力的政治改革，其侧重点可能会略有不同。前者——基于"自由民主"的改革——可能强调社会的公平性，站在保障个体权利的立场上，关注如何让公民有更大自由，如何让公民有更多民主参与机会，因此，改革的重点和路径通常是民主选举、言论自由等等；而后者——基于"国家治理"的改革——可能强调国家治理的有效性，站在国家整体绩效的立场上，关注国家总体竞争力，强调国家的自主性、统一性和一体化。

其实，上述两种路径的差别本质上反映的是对国家的不同态度。在政治学的学术传统中，国家既是个人自由与公民权利的保护和捍卫者，也是潜在的威胁和妨害者。这种态度体现在诸如早期"必要的恶"以及近期"诺斯悖论"（North paradox）的种种命题和表述当中。这些表述情境不同，但都揭示了现代国家面临的双重任务：国家构建与国家治理——前者强调建构一个有效国家、有为国家的迫切性，后者强调对国家权力（政府权力）进行控制和治理的必要性。国家必须足够强大，这样才能具有足够的能力去做该做的事情；但是，国家又不能过分强大，特别是作为国家代表的政府权力不能过于强大，以至于它可以取代社会，不受约束，滥用权力，任意践踏公民权利。如何让国家既有效又有限，这可谓现代化的政治命题。

古典国家与现代国家

马克思主义认为，国家是阶级矛盾不可调和的产物和表现，从本质上讲，国家是经济上占统治地位的阶级（即统治阶级）进行阶级统治的暴力工具，它是由军队、警察、法庭、监狱等强力机构组成的。应当指出，马克思主义关于国家本质的说明，强调的实则是国家统治的阶级属性，而非国家本身的自然属性。

关于国家自然属性的研究起源于国家自然说之倡导者亚里士多德（Aristotle，公元前384—公元前322）。亚里士多德认为"人生来就是政治的动物"。人类出于繁殖所需以及相互保全的欲求，自然而然地构成家庭，进而逐步形成自然村落。人类天性向往美好生活，为了满足这种本性欲望，继而在自然村落的基础上自发地建立共同体。这种顺乎人类"社会化"的自然需要而形成的共同体就是国家。

古典政治学有一个流行的说法，国家是自由人的联合体[11]。多少年来，人们坚持这个说法，把国家看作是一个联合体或共同体。这就形成了有关国家的古典概念，即，国家是指拥有共同语言、文化和历史的社会群体。由于人类社会群体傍水而居，在水源相对稳定，又适宜生存居住的地方，便形成较大的聚居地。由于人口较少，且能力有限，不同群体的生活也难有具体的边界。所以，最早的"国家"形式也难有特别固定的边界设定，这应该是可想而知的。

在政治学研究中，国家的起源有多种说法，其中包括社会契约论、水利工程论（或称灌溉论）、暴力强迫论等。相比较而言，暴力强迫论——"战争创造国家，国家发动战争"——对于国家最初的形成过程更有解释力。美国哈佛大学教授福山引述政治学家查尔斯·蒂利的论点指出，欧洲君主们发动战争的需求，驱动了欧洲的国家建设；虽然战争和国家建设的关联不是普世共有的，但许多国家形成的最重要动力就是战争。[12]

随着社会交往的扩大，不同的族群之间经常发生冲突，小到类似"部落械斗"，大到有组织的大规模的军事战争。经过不断反复的战争，不同的族群或部落之间，达成妥协，确定各自生活的地域范围，于是形成了对内具有统一政体、对外具有特定地理边界的国家概念。例如，1643年欧洲在经历30年战争之后通过威斯特伐利亚和会所建立的民族国家体系[13]。这种具有特定边界、统一主权的国家被认为是"现代国家"。今天人们所说的现代国家，一般就是指那些享有共同领土和政府的人民所组成的共同体，它们有的是由单一民族所组成的，有的是由多民族所组成的。所以，在人文地理的范畴之内，国家是指被人民、文化、语言、地理所区别出来的领土（country）；在社会科学的范畴之内，国家是被政治自治权区别出来的具有一块领地的共同体（state）。无论从哪一种意义上说，人们公认现代国家应该具有三个基本要素：领土、主权和人民。领土就是为一国所属的领地；主权就是统一的行政管理当局，其标志是拥有对内治理社会、对外行使管辖权的国家机构（政府）；人民就是被认定为国家所辖成员的国民。

中国古代意义上，最初的"国"是指城邑，一个城邑即是一国。商周时期，人们聚居的地方称作邑，《说文》中解释说："邑，国也。"西周时期，人们用"邦"来表示"国家"的意思。有研究认为，秦始皇统一六国，将华夏文明的地域以统一国家的形式组成一个整体，所以，中国最早在秦王朝时期便已经奠定了"现代国家"的基础。[14]甚至有人根据马克斯·韦伯关于制度化（institutionalization）、增补制（recruitment）和反应性（responsiveness）的标准，认为中国不仅是第一个发展成现代国家的社会，而且与其他国家相比，其机制化程度已经达到相当的高度。中国成功发展了统一的中央官僚政府，管理众多的人口和广阔的疆域；中国早已发明了一套非人格化和基于能力的官僚任用制度；"作为现代负责制政府的先驱，希腊和罗马非常重要。但在国家发展上，中国更为重要"；"中国国家早熟的现代化，使之成为社会中最强大的社会组织"[15]。

然而，一个具有"现代国家"特质如此悠久的国度，为什么还经常被人们当作"传统国家"来看待？要回答这个问题，恐怕不得讨论"现代国家"的含义。

如何界定"现代国家"？马克斯·韦伯（Max Weber，1864—1920）认为，国家是在特定领土上垄断合法使用暴力权的人类共同体。按照他对于国家的论述，领土、主权、合法性、公民权、科层制、暴力垄断权、权力的非人格化等是一个现代国家不可或缺的要素。一般认为，主权与合法性被认为是界定现代国家的关键词，而这两个关键词实际上隐含了现代国家的双重特性——民族—国家（nation-state）与民主—国家（democracy-state）的契合[16]。

考察今天的学术话语，"现代国家"实际上包含了两重含义：一是指具有特定领土疆域、统一主权并被国际社会所公认的国家，那与现代世界秩序格局的形成有关。据统计，目前，得到全世界各国普遍承认独立的国家有195个，其中192个是联合国会员国，另外2个（梵蒂冈、巴勒斯坦）属于联合国观察员国。二是指具有"现代性"（modernity）的拥有固定领土疆域、统一主权并被国际社会所公认的国家，那与基于现代工业文明的国内公共秩序的合法性构建方式有关。后者所具有的"现代性"与前文所言的特定历史阶段的文明形式（工业文明）密切相连，它在社会、经济、政治、文化等各个领域，都有与"前现代"国家不太相同的特征，其中，最主要的不同在于国家组织和治理方式的差别。

美国哈佛大学历史系教授孔飞力（Philip Alden Kuhn, 1933— ）在《中国现代国家的起源》（*Origins of the Modern Chinese State*）一书中，以政治参与、政治竞争、政治控制为主线，将中国现代国家形成与发展的"根本性议程"归结为三组相互关联的问题或矛盾：政治参与的扩展与国家权力加强之间的矛盾；政治竞争的展开与公共利益的维护之间的矛盾；国家的财政汲取能力同地方社会财政需求之间的矛盾。[17]实际上，他所提供的围绕政治参与、政治竞争、政治控制三个核心概念所形成的三组矛盾的理论架构，适用于所有国家的分析。但是，比较基于农业文明的"前现代"国家与基于工业文明的"现代"国家可以看到，它们在政治参与的范围和方式、政治竞争的领域和渠道、政治控制力的组织和实现方式方面会有差异。这些差异可以归结为国家治理方式的不同。

"精英政治"（贤能政府）是国家治理古往今来的原则，但在古代国家和在现代国家，其实现方式大不相同（见表1）。

表1 传统国家与现代国家精英治理之比较

精英治理	传统方式	精英产生方式：自封式
		权力更替方式：世袭制/禅让制
		公共决策方式：包办式
	现代方式	精英产生方式：竞争式
		权力更替方式：选任制/限任制
		公共决策方式：开放式

传统国家与现代国家具有不同的治理方式，这一结论得到了政治发展理论的支持。尽管现代国家治理方式从传统国家的治理方式中演变而来，但其不同的原则和特征已经相当清晰。传统国家治理的理念是统治者顺应天意，"替天行道"；现代国家治理理念则是统治要有合法性（有人表述

为"认受性",即认同和接受的程度),强调统治者要依靠公认的法律和规则行事。传统国家治理方式的权力继承采用世袭制或禅让制;现代国家治理方式采用竞争选拔制(包括选任制、考任制、委任制等)和限任制。在传统治理环境下,统治者为"王",公共决策和管理采用"包办"方式,一般任用大臣和地方大员治理国家,期间要么因为统治者个人力所不及,要么由于利益集团势力强大[18],国家难免陷入"王朝循环周期律";在现代治理环境下,统治者不仅本身受到选举、限任、决策、问责等制度框架的约束,其决策和管理行为也受到既有宪法和法律的限制,而且依靠民众、媒体以及其他互相制约的国家机关来监督各级官员,从而避免国家因为人为因素(如暴政、贪政、懒政)陷入混乱。

传统和现代治理方式的不同体现在许多方面,其中,治理者在多大程度上受到既定法律体系和司法体系的约束,通常被看作是最根本的差别。事实上,传统与现代是一个渐变的过程,在这个过程中,法律和司法对于治理者的限制性也呈现出一种渐变的光谱效应。一般认为,在传统治理方式下,皇帝的决定不仅是国家最高指令,而且既定司法体系也对其少有刚性约束;在现代治理方式下,立法、行政、司法的分权制度,使得即使国家最高领导人也很难突破既有法制体系的限制。

上述区别体现了不同的国家观念。现代国家治理秉持"天下为公"的思想观念,在这种观念下,国家主权不属于一个人或一个家族,而属于全体人民。那也就是说,私事、家事要与国事、天下事适度分离。国家治理的现代化,就是要通过施行完善的法治,使得个人、家族甚至党派的事情,不能轻易变成国家的事情,使得个人、家族甚至党派的变故,不能随便动摇国家的根基,变成国家的风险。

现代国家构建实则是共和理念由理想转化为现实的过程。这个理念就是"天下为公":大家共同组成国家,把"国"视为"家",有福同享,有难同当。因此,所有国民不仅应该共同分配国家的责任和苦难,还要共同分配国家的利益和繁荣。这种理念要转化为现实,需要有制度保障。什么样的制度?民主制度,责任制度,分权制度,法治制度,公民基本权利和义务制度，国家结构制度（央地关系制度）等等。因此，国家治理现代化其实就是要实现上述理念的现实转化：要让人民成为国家的主人，不仅为国家分忧解难（分配责任），而且要平等地分享国家利益（分配利益）。

孔飞力分析指出，"使得一个国家成为'现代国家'的，是它所面临的为我们所处的时代所特有的各种挑战：人口的增长，自然资源的短缺，城市化的发展，技术革命的不断推进，等等；而最重要的，则是经济的全球化"。对于同样的挑战，不同的国家由于不同的历史经验和文化背景而做出了不同的反应。[19] 从反应的实际效果来看，有些国家成功应对了挑战，走上持久繁荣之路，而有些国家因为应对失败而陷入混乱，走向长期衰败，还有些国家步入"王朝循环周期律"，其发展呈现时起时落状态。

现代国家治理的逻辑

如前文所言，政治学对国家起源多有论述，其中有人性说（如亚里士多德认为，人是政治动物，具有群体生活的天性）、需求说（如社会契约论者认为，人类联合"抱团"的需要，促成国家和政府的产生）、社会分化说（如卢梭认为，国家是人类不平等发展的结果，马克思主义学派认为，国家是阶级矛盾不可调和的产物）等。不管哪种说法，人类联合的范围越来越大。寡民小国，国事处理简单，尚未形成或无需形成长久制度，国家治理采用"现场办公"方式，要么依赖"头人"直接管理，要么随时召集"国民大会"集体讨论。随着国家之间的战争和兼并，国家领土不断扩张，人口不断繁殖和扩大，国家事务不再适合采用"现场办公"方式来处理，许多事情需要事先订立规矩和规则，于是，国家制度就逐渐形成并通过法律的方式确定了下来。

国家发展的历史也显示，随着社会的发展和教育的普及，以往的封建等级君主制以及形形色色的皇家统治逐渐遭到质疑，具有垄断性和专断性特点的世袭制度失去了合法性，因而也就不能成为解决政治竞争和政治冲突的框架,于是,具有开放性、竞争性和限任性的制度选择成为必要。所以,从根本上说,开放性、竞争性、限任性构成了现代制度与传统制度的根本区别。换句话说,现代国家治理的主要功能在于组织"竞赛",满足社会成员个人或组织之间的"竞争"需要,防止由于权力分配的不公平不公开而使社会成员走上军事政变、恐怖谋杀、种族屠杀、全面"武斗"和政治革命的轨道。

现代文献中最常见的关于国家的定性是把它解释成拥有使用合法暴力的垄断性权威的机构,它也通常被人们用霍布斯(Thomas Hobbes,1588—1679)所谓"利维坦"怪兽来形容。但是,这样的认识,可能也多少带有误导的性质。因为在所有的政治秩序中,国家也是法的来源,也是公民影响法律和公共政策、保护公民利益和自由权利的制度化平台[20]。但是,正如一辆汽车的行驶需要两个系统——动力系统和制动系统——的平衡一样,国家的发展也需要两种力量的均衡。既要让国家有能力,又要让国家权力有所限制,这是国家治理永恒的话题。历史上有许多例子,国家能力足够强大,因此可以崛起而成为一个"帝国",但国家权力没有得到有效的制约,也使这样的"帝国"难以持续。因此,对于国家权力的有效制约就成为国家治理的关键,而如何实现有效性制约又成为国家治理现代化的重要标志。

在学术思想史上,人们对理想国家及其制度安排的讨论源远流长,从古希腊苏格拉底的"知识统治"、柏拉图的"理想国"和"哲学王"、中国儒家的"内圣外王"、道家的"无为而治",到当今的民主共和体制,各种观点不一而足。正是在这种广泛的讨论和辩论当中,人们就理想的国家治理原则达成了一定的共识。

首先,理想的国家制度应该提供一种混合机制,开通不同的管道,满足国家之内不同群体和阶层表达诉求和公共参与的需要。古典政治学家们有一种观点,认为混合制式的共和体制,融合民主制、贵族制和君主制的特点,是一个国家的理想制度形式。在那些比较经典的研究中,早期的成果要算罗马史学家波里比阿(Polybius,约公元前208—公元前118)对罗马帝国崛起所作的解释——把罗马帝国的兴起归功于罗马的混合体制，即共和制[21]。这样的思想不仅在古代罗马帝国而且在今天英美国家的制度实践中都得到了应用。直到今天，混合体制依然被认为是国家制度安排的理想模型。

其次，理想的国家治理应该有一个合理的治理结构。这样的治理结构首先体现为一种完整的制度体系。良好的国家治理需要有"软件"系统设计，也需要有"硬件"平台支持。从现代国家治理实践看，一个国家的公共制度可以分为基础制度、基本制度和具体制度。基础制度就像盖大楼打地基一样，追求耐久性，最好一劳永逸，永远不变；基本制度类似大楼的框架结构，强调稳定性，可以几十年甚至上百年不变；具体制度犹如房间的功能性分隔和装修，追求适应性，根据需求变化，也许十年八年或三年五载甚至更短时间随时调整和改变。很显然，这三种制度在功能性和时效性上有所不同：基础制度属于国家立国之本，追求永久不变；基本制度确立国家生活的基本框架，最好长久不变；具体制度规定国家事务管理细则，要求适时改变（见表2）。

表2　国家制度体系的构成

	制度结构	制度要求	制度体现
制度体系	具体制度	适应性	政策和规章
	基本制度	稳定性	基本政治制度（政府制度、政党制度、选举制度等），基本经济制度（企业制度、财政税收制度、金融制度等），基本社会制度（社会组织制度、社会保障制度等）
	基础制度	耐久性	宪法及其保障制度（规定国家组成及结构、公民权利及其保障、政府组建和运行、宪法至上的保障制度），司法制度

对于一个国家来说，基础制度的集中体现应该是国家宪法制度——规定国家结构、公民权利保障原则、政府组建和施政原则，并确立宪法至上的保障制度。好的宪法原则和制度应该是永远不变的。无论是从理论上

讲，还是从经验上看，真正长久不变的制度必须建立在人性最基本的需求之上，它所确立的原则一定要体现所有人（不管肤色、性别、社会属性等）的基本需求。维持生活（生命）、免于恐惧（安全）、不受强制（自由）、保护劳动所得（财产），这些都是每个人追求幸福生活所必需的，是任何人在任何时候都需要的东西，因此，宪法制度把它作为公民最基本的权利确定并保护下来，规定任何个人、团体和机构都不能任意改变和破坏，否则将受到司法权力的惩罚。另外，宪法制度也对任何个人、组织和机构的权力予以限制，防止社会中任何强者（不管是个人，还是有组织的集团或机构）垄断权力并公器私用。

基本制度强调稳固性，也允许各国依据自身的历史、文化、国家发展的阶段性战略等条件，做出适合自身国情的安排。正如一个建筑物可以设计不同的支撑结构（框架结构、拱形结构或三角结构）一样，不同国家的基本制度也可以有自己的特点。比方，宪法体制确立了公共权力的委托—代理关系，这种委托—代理关系的主要实现形式就是公民选举，而不同的国家依据各自的特点可以设计或采行不同的选举制度。

具体制度表现为各种政策性或程序性的规章制度，是人们日常生活中经常感受到的较为表层和直接的东西，它们根据需要随时可能调整修改。所以，一些不合时宜的规章制度，理当及时废弃，并因应世事的变化而不断创新，保持与时俱进。

再次，理想的国家治理应该提供一种制动平衡的机制。国家的运行和发展可以类比为汽车的驾驶，需要动力系统和制动系统。动力系统是由个体的公民、有组织的政党、利益集团、社会组织、媒体、企业、学校、医院等各种具有利益诉求的社会角色或机构所组成。它们在社会互动中不断产生和制造需求，并通过直接或间接的方式（民意代表、立法会、政府决策和执行体系、公共舆论平台、集会或街头抗议等行动）表达诉求，提出动议，推动国家的发展和变化。制动系统也由多个子系统所构成，就目前各国的实践经验来看，这个系统至少包括三个子系统：首先是负责维持国家秩序和安全的暴力系统（如军队和警察），它们对于胆敢挑战和威胁国家安全及公共秩序的行为实施打击和镇压。其次是文官系统，或者叫"事务官"（相对于"政务官"）系统，它们构成国家的公务部门，负责打理国家日常事务，维持公共政策的连续性，通过制度化的职责和程序，对于社会成员的"非分"要求和政务官的"过激"指令做出矫正。此外，还有一个重要的系统，那就是由法官、检察官、陪审团、律师等角色组成的国家法治系统，它们通过国家宪法、法律和制度所提供的平台发挥作用，其功能就是打消动力系统"超速"行驶的冲动，并对违章行为进行裁决和惩罚（见表3）。

表3 现代国家运行的两大系统

	系统构成	系统平台
动力系统	个人、社会组织、企业、政党、媒体等各种社会角色，通过各种方式追求利益，提出诉求	议会立法系统 行政决策系统 行政执行系统
稳定系统	宪法、法律和制度	暴力系统 司法系统 文官系统

理想的国家治理需要满足"动力系统"和"制动系统"的适度平衡：既要保证国家的发展和进步具有持续的动力，又要保持路基路况良好，不至于"出轨"翻车。从这个意义上看，能否构造两个有效的系统，并使之按照各自的工作原理实现系统有效协调运转，是评价国家治理水平高低的重要标准。

需要特别说明的是，法治作为国家"制动系统"的组成部分，承担了重要的功能。法治属于现代国家治理的重要内容。首先，法治为国家的正常运行提供了必要的"轨道"。"动力系统"的所有行为，如政府施政、党派竞争、利益集团的谋利活动、盈利组织的经营行为，都必须纳入国家的既定轨道，才能保证国家的"动力机车"平稳运行，从而保持国家持续发展。其次，法治作为一种手段，可以为社会矛盾和冲突提供最终裁决。任何时候，社会存在多元主体，难免发生利益冲突。当各方利益发生冲突时，法院被设定为终极裁判。无论是个人利益，还是公共利益，一旦受到侵犯，司法系统能够依照既定宪法和法律做出公正判决。据此可以推论，法治的作用就是实现社会冲突的司法化——把社会政治问题转化为司法问题而不是军事问题（如械斗和内战等），而能否避免社会问题转化为军事问题，应当是衡量国家治理现代化与否的重要标志。

历史的经验显示，不仅"以法立国"可以构建有效的国家秩序，而且，只有法治才能把国家送入长治久安的轨道。依靠人治的方式，可以建立政权，可以铁腕肃贪，可以推动国家某项事业的发展，甚至实现国家的一时繁荣，历史上许多王朝或帝国的兴起就是佐证。但是，许多研究表明，国家治理的人治化往往难免陷入"独裁暴政"和"人亡政息"的困境。正是为了克服这种困境，国家治理的法治化才成为理性选择的结果，也成为政治文明的标志。

最后，理想的国家治理需要提供一种精英政治竞争与大众自主生活适度分离的机制，并对政治竞争予以限制，对社会生活予以保护。中国有句成语典故，"城门失火，殃及池鱼"。说的是一场危机，不仅伤害其中，而且连累其他。理想的国家治理应该能够避免"城门失火"的发生，至少，即使"城门失火"，也不至于"殃及池鱼"。如何避免"城门失火，殃及池鱼"的危机发生？依据现代国家的经验，采用结构分化、权力分置的制度安排是基本出路。为此，实现国家上层制度和下层制度的分开，是国家制度安排的基本要求。所谓"上层制度"主要是指政治精英在国家上层结构中开展政治竞争、实施国家管理的规则，包括选举制度、立法制度、政党制度、行政制度等；所谓"下层制度"主要是指普通百姓以国家为共同体过好日常生活的规则，其中包括：（1）国家结构制度（即涉及中央集权和地方自治关系的制度安排），（2）国民权益制度（包括全国统一的国民身份制度、平等的社会福利制度、就业制度、住房制度、医疗制度、教育制度等），（3）国家法治制度（旨在树立法律和司法独立性和权威性以应对冲突和争议的司法制度），（4）国家社会组织制度（即公民参与社会生活的社区、社团以及公共服务的社会化制度等）。

中国治理的制度优势及改革方向

人们通常用"长治久安"来概括国家治理的目标。但实际上，国家治理目标有高低之分。所谓国家治理的高目标或高标准，就是保持国家的持久繁荣；而所谓国家治理的低目标或低标准，其实就是规避经济、政治、社会风险，避免国家陷入国家危机（如国内战争、国家分裂）、经济危机（如金融危机、财政危机）、政治危机（如政变、革命和起义）、社会危机（如种族屠杀、族群械斗、社会暴乱）当中。国家制度安排应该坚持"底线"标准，满足包容性（统一性）、公平性（一致性）、协调性、持续性和高效性等原则。

一个国家在一定时期所采行的制度，是历史与现实诸多要素作用的结果。当今中国的国家制度是中国共产党接过历史"接力棒"之后所主导创建的。从历史的角度看，近代以来中国国家面临的危机，在很大程度上决定了当初以党救国、以党建国、以党治国的制度选择路径。从国家发展的角度看，中国作为后发展国家，经济社会发展任务的紧迫性，以及"落后挨打"的国民记忆所激发的"赶超"战略，在很大程度上决定了当初党政部门居于主导地位的国家治理特点。从现实国情的角度看，国民普遍的贫困化、无产化、蒙昧化，社会的脆弱化和低组织化，在很大程度上决定了当初权力导向的制度安排。不过，经过60多年的发展，尤其是经历30多年的改革开放，中国国家和国民状况都发生了很大改变，国际地位也与60多年前的情形完全不同。今天，在推进国家治理体系和治理能力现代化的改革过程中，有两方面的情况需要充分认识：一方面，半个多世纪以来中国的巨大变化为国家制度的改革和完善提供了资本和资源；另一方面，当初的制度框架和特点又不得不构成当今制度变革"路径依赖"的条件。

世界上没有任何一种制度是绝对好制度，也没有任何一种制度是绝对坏制度。客观地说，不同国家的制度都有其优势，也有其劣势。中国党政军民社高度一体的制度，即所谓的"政党—国家体制"（party-state system），具有强有力的政党组织领导和动员系统、高效的政府执行系统、高度集中的中央协调系统。这样的制度安排在积聚力量、发挥国家整体效应、促进政府积极作为、实现国家集体意志方面，具有明显功效。然而，事情总有正反两面，这样的制度安排在有些时候也存在弱势，正体现了"一体两面"的特性。我们不妨就中国体制的集中性、效率性、协调性和连续性等特点做出简要分析。

（1）集中性。正如邓小平所言，中国社会主义制度的最大优越性是"集中力量办大事"。中国能办大事，也办了好多别人办不了的大事，这是世所公认的。毫无疑问，"集中力量办大事"与中国党政军民社高度一体的制度安排有着密切的联系。中国体制安排有助于各级党政主官以及决策当局顺利开展施政计划，这是问题的一个方面，但问题的另外一面是，施政计划的好坏在很大程度上依赖于决策者和领导人的个人偏好、认知和判断。如何避免决策的主观随意性和政策"跑偏"，这恐怕是国家制度改革不得不考虑的问题。

（2）效率性。中国的制度安排不是基于防范性分权和限权的考虑，而是基于信任性集权和赋权的考虑，因此，政府决策—执行的高效性是它的显著优势。但是，正如一些评论所言，高效性与合理性相配合算是大幸，但如果与"三拍决策"（拍脑袋决策，拍胸脯保证，拍屁股走人）相匹配，那就是大不幸。如何避免后一种组合的出现？这应该是中国国家制度改革需要解决的问题。

（3）协调性。自上而下的中央集权领导体制，有助于政策资源的集中调配，消除社会发展的非均等化。因此，从理论上说，中国的制度优势应该在协调区域差距，实现区域发展平衡，克服城乡差距、行业差距、贫富差距等方面发挥积极作用。这样的优势确实有诸多表现，比如，区域协调过程中的"对口支援"，区域发展中党政干部的跨区域调配等，这在其他国家都是难以想象的。但是很遗憾，由于历史、制度和决策等方面的原因，这种制度优势的功效似乎还未充分展现出来，相反，却经常受到与公权腐败高度相关的部门主义、"跑步钱进主义"的困扰。

（4）连续性。中国现代化的国家建设是一个长期的过程，它需要中国民众在具有现代意识和思维的核心力量领导之下长期不懈的努力。这样的要求在制度安排上更加凸显了"连续性"的意义，所以，在国家制度中保持执政党、执政团队、施政方针和政策以及官员任职的连续性也不难理解。但是，强调"连续性"的体制，如何克服专断决策、创新不足（所谓"懒政"）、监督不力、特权主义、帮派政治、权力腐败等弊端，又是一个难解的议题。

福山（Francis Fukuyama，1952— ）在其著作《政治秩序的起源：从前人类时代到法国大革命》（*The Origins of Political Order：From Prehuman Times to the French Revolution*）中指出，国家（the state）、法治（the rule of law）和负责制政府（accountable government）是考察现代国家治理的三个维度[22]。这也就是说，现代国家治理实际上取决于三个要素，即，"政府能力"、"法治"和"民主问责"三种要素的均衡发展。对于一个传统国家而言，"政府能力"或许不低，但"法治"和"民主问责"可能是短板，而"法治"和"民主问责"的不足，恰恰是国家难以长治久安的原因。

中国既有的权力安排和欧美自由主义思想主导下的权力安排有所不同。欧美国家的宪政体制从限制权力的角度进行设计，是一种保护型的防范体制。中国的党政体制是促进积极行动的体制，更多地体现了政府主导的发展型体制的特点，能够支持执政党把想做的事情做成。正如前文分析所言，中国的体制肯定有制度优势，但也有劣势。确立制度自信不仅要清楚地认识自身的优势，还要客观地正视并积极地克服自身的弱点，特别要避免因防范机制不足而导致系统性溃败的风险。

中国是共产党执政的国家，采行一党领导的国家治理体制。在现行宪法体制下，人民代表大会制度、共产党领导的多党合作制度、民族区域自治制度、基层自治制度被宣布为中国的基本制度，它们也可以被理解为基于中国特定历史现实而形成的制度。另外，中国采用单一制的国家结构形式，根据中央—省级—地级—县级—乡级五级行政层级实行分级治理[23]——中央政府采取逐级发包和属地化管理相结合的方式进行治理[24]。如果运用福山关于国家治理三要素的理论来评估，中国的党政体制在"政府能力"方面表现突出，在"法治"和"民主问责"方面显示不足，而后两项不足使得党政权力较少受到来自法律和民众的限制。中国学界依据自己的理论也对中国治理体制和治理方式有着诸多的分析和评论。其中，灵活性、稳定性、高效性、集中性等特点满足经济快速发展要求的方面受到了肯定，而"财政联邦主义"、"压力型体制"、"同构化管理"、"运动式治理"等现象所引发的地方主义、政治锦标赛、短期行为、信息失真、政策扭曲等问题被认定为优化治理必须解决的问题。[25]

此外，从制动平衡、内外兼顾的制度设计角度看，中国国家制度构建中也存在一些"短板"。其中，一个明显的"短板"是系统"动力"充足但"制动"疲软。这或许是后发展国家建立"发展型政府"存在的普遍现象。另一个"短板"是国家上层制度相对完善，且功能强大，但国家基础制度薄弱，且功效不足。这两方面的"短板"造成国家制度更多地倚重党政"内系统"的作用而发挥功效，往往缺乏社会作为"外系统"的积极呼应。这种状况如果不能得到改变，不仅党政系统运转会出现麻烦，而且还会产生内外系统脱节的风险。

民主、法治建设依然是中国国家治理改革的主题，但这个主题的推进需要分解为具体的进程。从前文所提供的制度分析框架来看，中国在基础制度、基本制度和具体制度方面都有改革的必要和空间，这也正表明"全面深化改革"是一个长期而系统的工程。在这个过程中，改革的具体议题和日程还有待进一步讨论。不过，必须明确的是，制度建设是国家治理的关键，而分权制约则是一个大国构建科学合理的权力结构和运行机制的首要原则。

现代制度设计的主要任务是既要让权力有效运行，又要防止权力走向垄断，所以，"有效性"和"有限性"就成为国家制度改革的重要目标。

在现代国家的实践经验中，大到国家共同体的治理体系，中到区域或地方治理体系，小到部门管理体系，分权制约的原则都得到了普遍的应用。美国算是贯彻分权原则最为彻底的国家——你赢得了政府，不一定赢得了立法；赢得了政府和立法，不一定赢得了司法和舆论；赢得了中央，不一定赢得了地方；赢得了政治权力，不一定能掌控经济、垄断教育和文化。如此彻底的分权体制，与其独特的建国历史、社会精英坚信市场秩序和社会自治的观念有着密切的关系，它的有效运行也以法律至上的公民文化为条件。当然，"美国模式"也有局限，因此也不断受到批评；另外，"美国模式"也并非一成不变，也在不断改革。[26]回到中国的话题上来，如果说当初的国家制度设计并没有以分权制约为重点，那可以用国家发展的国情和阶段性任务来解释，那么，今后，要推进国家治理现代化，恐怕就不得不考虑在既有国家制度基础上如何落实这一原则。

分权，既是为了协调有效，也是为了合理有限。要落实分权的原则，首先需要区分"国家上层制度"和"国家下层制度"，并将其纳入不同的制度建设范畴。如上文所言，"国家上层制度"规定国家层面公权力运行的规则，其建设任务在于实现分工协调、集中高效的目标，保障治理体系的有效性和合法性；"国家下层制度"涉及国家构成制度及构成国家的成员日常生活的规则，其建设目标在于实现公平、一致的原则，保证国家的统一性、均等化和公民保护的有效性。

其次，要区分中央层级的政治制度和地方层级的政治制度，并将其纳入不同的制度建设范畴。从长远来说，要寻求"中央集权"和"地方自治"的结合，明确"中央集权"的事务性质、内容和实现形式以及"地方自治"的权限和方式。从现实来考虑，在保持或强化"中央集权"的条件下，是否可以考虑在地方层级和地方治理中试行分权原则，使地方党委、人大、政协和政府发挥其法定角色的作用，履行其法定职责，特别是在地方人大的制度框架内，理顺政党和政府的关系。

此外，要强化既有权力结构中的那些"弱项"要素，以形成对于"强项"要素的真正制约。克服中国国家制度体系中所存在的明显"短板"——(1)"制动系统"(保护性的防御系统能力)相对疲软;(2)国家下层(基础)制度薄弱功效不足——需要贯彻结构分化的原则,强化司法体系、"文官"体系、社会组织体系、企业组织体系、媒体和公民的独立性,发挥其积极作用,使其能够有效影响决策和执行。为此,从长远计,中国国家治理必须致力于"基础建设",其中包括物质建设、军队建设和制度建设三大任务,它们构成了国家运行的硬件平台和软件系统(见表4)。

表4 现代国家治理的"基础建设"

物质建设	●经济建设,诸如高楼大厦、厂房、设备等物质工程建设,体现了一个国家的生产和供给能力 ●交通建设,诸如机场、道路、桥梁等工程建设,体现了一个国家的物流水平和覆盖能力 ●信息建设,包括网络、通讯以及国家和公民信息共享体系建设,体现了一个国家信息采集、流通和沟通水平与覆盖能力	
军队建设	●国防和安全建设,即旨在维护国家安全和国内秩序的武装力量建设,体现了一个国家必要的防御能力和实现国家意志的强制能力	
制度建设	●上层制度建设	●政治制度建设,包括政党制度、立法制度、选举制度、行政制度等,决定政府权力游戏规则
	●基础制度建设	●国家结构制度建设,确立中央政府权力和责任以及保证地方自治权限的制度建设 ●公民权益制度建设,包括统一的国民身份、住房、医疗、教育、就业、养老、保险等社会福利制度建设 ●国家法治制度建设,包括旨在保证社会秩序的法律和司法独立性和权威性的制度建设 ●公民社会制度建设,包括公民开展社会生活的社区建设、社团建设以及公共服务社会化等制度建设

考察各国发展的历史可以看到,现代国家要实现良好治理,必须做好"基础建设"。谈到"基础建设",人们一般只想到物质建设,诸如机场、道路、高楼大厦等物质工程建设——以GDP为核心的经济发展观念,其实就是这种认知的表现。事实上,现代国家必须进行和完成三大建设任

务：第一，是物质建设，包括经济建设（生产建设，体现为厂房、设备等，保证足够的生产能力）、交通建设（物资运输体系建设，保证物流体系通畅且全面覆盖）和信息建设（网络、通讯以及公民信息共享体系建设，要求信息系统运转及时且全面覆盖，保证信息及时对称）；第二，是强力建设，即旨在维护国家利益、实现国家意志的强制力量建设，要求为贯彻国家意志、确保共同体秩序和安全提供精准有效的打击能力；第三，是制度建设，包括基础制度建设和上层制度建设。就中国的现实而言，上层制度建设（即政党制度、立法制度、选举制度、行政制度等）固然重要，但"基础制度"建设更加关键。这里所谓的"基础制度"应该包括：(1) 包容性的国家结构制度（即涉及中央集权和地方自治关系的制度安排），(2) 一致性的公民权益制度（包括全国统一的国民身份制度，平等的社会福利制度、就业制度、住房制度、医疗制度、教育制度等），(3) 统一性的国家法治制度（旨在树立法律和司法独立性和权威性的司法制度），(4) 多元化的国家社会组织制度（即公民参与社会生活的社区、社团以及公共服务的社会化制度等）。

结　语

综上所述，一个国家如果不能再把私事和家事变成国事和天下事的时候，国家就现代化了。一个国家不再把政治问题变成军事问题而是变成司法问题的时候，国家就现代化了。国家治理现代化就是要实现"天下为公"的理念，让国家依法而治，让国家的发展尽可能不受或少受具体个人、家族、党派的影响，至少让他们的变化不至于引起国家秩序的混乱。

国际学术界提出"治理"概念主要是针对那些"失败国家"或"脆弱国家"的，它们因为治理无效而成为失败国家。因此，提高政府能力成为这个概念的核心主张。考察治理理论家们的观点，我们会发现，他们共同关心的问题就是国家的治理能力。但是，对于具有强势国家、强势政府特点的中国而言，国家治理现代化又该具有什么新的含义？

虽然我们习惯于把"国家治理能力"和"国家治理方式"并列开来予以分别讨论，但实际上，国家治理能力往往也是国家治理方式的结果。有学者指出，国家治理有三要素：政府能力、法治和民主问责。从中国的实际情况来看，政府能力是长项，而法治和民主问责是短板，中国国家治理现代化的任务就是要补上短板。

中国国家制度改革应该遵循"有效性"和"有限性"双向发展的进程。以现实为基础，以问题为导向，扬长避短，应该是中国国家制度改革的原则。从现实情况看，中国政府在"有效性"方面表现突出，而在"有限性"方面显示不足。借用福山有关国家治理三要素的观点，"有效性"与"政府能力"相对应，而"有限性"恰恰与"法治"和"民主问责"表现相关联。国家的发展首先需要国家（政府）具备足够的治理能力，但是，国家的持续发展又必须要有良好的治理方式。正如自由放任的市场机制需要一种保护性的反向运动一样，政府要有足够的能力，同时也要有一种反制政府的力量，这种反制力量在现代国家的表现就是把政府权力（包括统治者）"关进笼子里"的各种制度，也就是"法治"和"民主问责"的制度。所以，"依法而治"和"民主问责"是国家治理现代化的重要内容，也是"现代国家"的重要标志。因此，中国国家制度改革的关键终究离不开民主法治的议题。

【注释】

〔1〕参阅 Krishan Kumar, *From Post-Industrail to Post-Modern Society*, Oxford: Blackwell, 1995, p. 67。

〔2〕参阅谢立中：《"现代性"及其相关概念词义辨析》，载《北京大学学报》，2001年第5期，第25—32页。

〔3〕［美］西里尔·布莱克：《现代化的动力》，段小光译，四川人民出版社1988年版。

〔4〕［美］詹姆斯·奥康内尔：《现代化的概念》，见［美］西里尔·布莱克编：《比较现代化》，杨豫、陈祖洲译，上海译文出版社1996年版，第7页。

〔5〕参阅〔美〕贝迪阿·纳思·瓦尔马：《现代化问题探索》，知识出版社1983年版。

〔6〕参阅〔以色列〕S. N. 艾森斯塔特：《现代化：抗拒与变迁》，中国人民大学出版社1988年版，第1—2页。

〔7〕〔美〕塞缪尔·P. 亨廷顿：《导致变化的变化：现代化，发展和政治》，见〔美〕西里尔·布莱克：《比较现代化》，杨豫、陈祖洲译，上海译文出版社1996年版，第44—48页。

〔8〕参阅〔美〕罗纳德·英格尔哈特：《现代化与民主》，见〔俄〕弗拉基斯拉夫·伊诺泽姆采夫主编：《民主与现代化：有关21世纪挑战的争论》，徐向梅等译，中央编译出版社2011年版，第133—134页。

〔9〕托马斯·弗里德曼在《世界是平的》一书中把"世界是平的"归结为全球化的功劳，实际上，全球化的过程也正是均等化的过程。

〔10〕〔美〕罗纳德·英格尔哈特：《现代化与民主》，见〔俄〕弗拉基斯拉夫·伊诺泽姆采夫主编：《民主与现代化：有关21世纪挑战的争论》，徐向梅等译，中央编译出版社2011年版，第133、138、139—140页。

〔11〕尽管"自由人的联合体"被认为是马克思的提法，但这种观点在古典政治学家那里就有表述，例如，亚里士多德认为，城邦是人们实现共同善的结合体；布丹（Jean Bodin, 1530—1596）认为，国家是许多家庭联合而成的共同体；社会契约论者认为，国家是自然人经过"契约"联合而成的组织。

〔12〕〔美〕弗朗西斯·福山：《政治秩序的起源》（The Origins of Political Order: From Prehuman Times to the French Revolution），毛俊杰译，广西师范大学出版社2014年版，第104页。

〔13〕公认的观点是，威斯特伐利亚体系奠定了欧洲现代国家的基础。它调整了一些国家的疆界，肯定了西欧各国王权的正统性；确立了国家关系中国家主权的独立性、统一性、不可分割性；强调了国际条约的神圣性并规定对违约国可以实施集体制裁。它表明以王权为代表的民族国家开始取代基督教的神权国家，表明以民族国家为主权体的国际关系体系在欧洲初步形成。

〔14〕也有人引述日本京都史学派的奠基人宫崎市定的研究，认为中国的"唐宋之变"是人类由古代社会向现代社会转变的最为重要的标志，表明中国是世界上最早进入现代的国家（参阅胡鞍钢、王绍光、周建明、韩毓海：《人间正道》，

中国人民大学出版社 2011 年版）。

〔15〕参阅〔美〕弗朗西斯·福山：《政治秩序的起源》（The Origins of Political Order：From Prehuman Times to the French Revolution），毛俊杰译，广西师范大学出版社 2014 年版，第 25—26、136 页。

〔16〕参阅徐勇：《"回归国家"与现代国家的建构》，载《东南学术》，2006 年第 4 期。

〔17〕参阅〔美〕孔飞力：《中国现代国家的起源》（Origins of the Modern Chinese State），陈兼、陈之宏译，生活·读书·新知三联书店 2013 年版，第 2 页。

〔18〕有研究认为，能否有效限制分利集团的行为和影响，是一国经济兴衰的关键（参阅〔美〕曼库尔·奥尔森：《国家兴衰探源：经济增长、滞胀与社会僵化》，吴应中等译，商务印书馆 2001 年版），而传统皇家统治的问题之一就是贵族寡头集团的左右。

〔19〕参阅〔美〕孔飞力：《中国现代国家的起源》（Origins of the Modern Chinese State），陈兼、陈之宏译，生活·读书·新知三联书店 2013 年版，中文版序言。

〔20〕反思国家的学术潮流实际上有着与之相同的观点。正如美国印第安纳大学斯科特·戈登（Scott Gordon）教授所言，现代国家不仅是"民主的"，也是"立宪的"，它包含着用来保护公民利益和自由的权力控制的制度化结构。参见〔美〕斯科特·戈登：《控制国家：从古代雅典到今天的宪政史》（Controlling the State），应奇等译，江苏人民出版社 2005 年版，第 5 页。

〔21〕参阅〔古希腊〕波里比阿：《罗马帝国的崛起》，翁嘉声译，社会科学文献出版社 2013 年版。

〔22〕〔美〕弗朗西斯·福山：《政治秩序的起源》（The Origins of Political Order：From Prehuman Times to the French Revolution），毛俊杰译，广西师范大学出版社 2014 版，第 21 页。

〔23〕根据《2013 年中国统计年鉴》，截至 2012 年底，中国省级单位共计 34 个，地级单位 333 个，县级单位 2852 个，乡级单位 40466 个。

〔24〕参阅周黎安：《转型中的地方政府：官员激励与治理》，格致出版社、上海人民出版社 2008 年版，第 57 页。

〔25〕参阅桑玉成、鄢波：《论国家治理体系的层级结构优化》，载《山东大学学报》

（哲学社会科学版），2014年第6期。

〔26〕有研究者以1980年以来美国50个州的政府改革为例，说明美国改革涉及政府与社会关系、公民政治参与、政府机构与职能设置、政府之间关系、政府治理技术等多个方面。参阅王欢：《1980—2008美国各州政府改革》，光明日报出版社2010年版。

【参考文献】

〔1〕［美〕弗朗西斯·福山：《政治秩序的起源：从前人类时代到法国大革命》，毛俊杰译，广西师范大学出版社2014年版。

〔2〕［美〕弗朗西斯·福山：《国家构建：21世纪的国家治理与世界秩序》，黄胜强、许铭原译，中国社会科学出版社2007年版。

〔3〕［美〕弗朗西斯·福山：《什么是治理？》，郑寰译，载《治理：政策、管理和制度国际期刊》，2013年第26期。

〔4〕［美〕孔飞力：《中国现代国家的起源》，陈谦、陈之宏译，生活·读书·新知三联书店2013年版。

〔5〕［美〕曼库尔·奥尔森：《国家兴衰探源：经济增长、滞胀与社会僵化》，吴应中等译，商务印书馆2001年版。

（本文作者燕继荣为北京大学政府管理学院政治学教授，博士生导师，北京大学国家治理协同创新中心研究员）

Abstract

What's "modern state"? What distinguishes a "modern state" from an "ancient state" in terms of state governance? By drawing on the basic arguments of Modernization Theory as well as the latest development of state theory and historical studies, this article aims to define the meaning of "modern state" and elaborate on the basic logic and characteristics of modern state governance. According to the author, a "modern state" means such a country with territorial integrity and unified governing system from the perspective of international politics. On the other hand, from the perspective of political development, a "modern state" is also a country with the establishment of rule of law and democratic accountability system. Taking the perspective of political development, the author argues, one crucial indicator of a modern state lies in whether the ruler of the country is effectively constrained by the constitution and law.

Keywords

National Governance; State Building; The Rule of Law; Modern State

国家治理现代化的建构路径
——作为治理主体的灵巧型政府实践*

臧雷振

摘　要：21世纪以来，社会政治经济的复杂变迁使研究者和实践者均认识到政府问题不是"越小越好"或"越大越好"表面规模变化，而是寻求"投入产出比"最大化过程中，对政府所能提供公共产品和服务质量的绩效检验。在此背景下，回应现代社会诉求的全新政府设置理念——"灵巧型政府"建设在国外理论与实践领域初步兴起。本文通过分析灵巧型政府架构的基本理念和内在特质，展示其在应对危机管理和解决公共服务中"长尾效应"的优势，并强调灵巧型政府建设通过适应所在的"政治场域"及政府实践背景，为国家治理现代化建设主体的中国政府改革提供新的选择变量和参照系。

关键词：灵巧型政府　国家治理　公共服务

---

* 基金项目：国家社会科学基金重大招标项目"推进我国国家治理体系现代化研究"（14ZDA011）；中国博士后科学基金面上项目"一等资助"（2014M560003）。本文曾在中央编译局主办的"2014年全国博士后国家治理现代化学术论坛"宣读并获论坛优秀论文，感谢与会专家学者的批评指正。

一、问题提出

国家治理现代化的实践和实现,既需要在新的历史起点上对"国家治理体系"这一复杂系统工程重新审视,也需要对"国家治理"实践主体——"国家政权的所有者、管理者和利益相关者等多元行动者"[1]——的责任担当全面考察。在中国,作为国家治理实践主体之一,中国共产党领导下的公共行政机构探究具有更重要的学术价值和现实意义。由于政府公共机构的行政理念和管理模式,深入影响到我们日常生活的每一方面,就如同德怀特·沃尔多在1955年所说:"我们所有人的福利、幸福以及我们实实在在的生活,在很大程度上取决于影响和维持我们生活的行政机构的表现。现代生活中,行政管理的质量影响着我们的日常生活——从食宿问题到思维活动……不管你愿意不愿意,行政管理关系到每一个人。"[2]但在当前学界掀起对国家治理研究高潮的同时,却忽略了其实践主体所应扮演的角色、所需变革的方向。

目前学界对于公共行政部门的分析主要聚焦于现存不足上,如指出:处于官僚体制阴影下的政府机构有着"固定的、内在的局限"[3],在这样一个没有完全合理化和科学化结构的行政组织下,再加上行政人员又是一个"易犯错误的学习者"[4],且缺乏足够的奉献精神,此时,政府机构的"能力既不能释放,也不能提高"[5]。这种公共行政部门的施政能力危机对世界各国经济社会发展和国家治理构成了严重挑战:如政府公共产品提供效能与民众对于公共服务不断增长的需求不匹配,不但导致各国抗议之声此起彼伏,还使一国经济社会发展陷入混乱、国家治理陷入困顿。特别是伴随当前全球化形成的国家之间相互依赖"稀释了一国传统政策工具影响力"[6],使得这种政府行政能力短板与绩效危机更易形成连锁反应和传导效应,转化为区域性公共政策分歧或政治合法性危机,令共识性的公民对政府支持行为和对政府信任愈加难以协调实现。

当然,社会科学研究不但需要发现上述公共行政部门内在问题的现实表现，更需要寻求问题的解决之道。基于这一目标，本文首先回顾已有文献中对公共行政部门内在不足解读和因应之策，进而分析"灵巧型政府"提出背景、内在意蕴和价值，最后简要探讨其对新时期国家治理现代化进程下的中国公共行政部门改革的启发。

二、相关文献回顾

如何评估当前公共行政部门所存在各种问题，并探索这类问题存在的原因及解决之道，国内外学者从不同视角和研究领域做出了积极的学术探索。国内学者研究表明，"伴随我国经济社会发展带来的社会利益主体多元化、社会关系复杂化、社会结构阶层化等新变化，其扩展了社会的多元化需求，激化了政府配置稀缺财政资源的压力，对公共行政机构也提出更高的要求"[7]。对我国而言，政府体制和发展主要受到意识形态（如马克思主义关于社会主义政府体制理论构想和基本原则）、苏联政府体制模式、中国传统政府体制和政治文化、中国共产党革命斗争实践经验、发展目标定位和战略选择的影响。这些因素导致政府公共服务部门存在角色冲突和角色错位等矛盾。不适应社会主义现代化建设的需要，导致诸如"服务型政府"建设、"依法行政"、"党的执政能力建设"、大部制改革等理念和战略"难以切实有效达到预期目的"。[8]

具体而言，国内学界主要研究总结如下：首先，政府规模扩张的影响因素及公共服务绩效。由于政府部门天然的"利己主义"，学者指出这会导致公务员规模的不断膨胀，而非人口增长、市场经济发展等因素导致公务员队伍扩大。[9]当然也有学者通过关注省级层面的公务员规模表明人口变量依然是政府扩张的重要影响因素[10]，而在对不同地区国家的比较发现一国法治水平和现代服务业的发展也是影响政府规模的重要因素[11]。而伴随政府规模的扩张，不但降低公共服务提供效率，还影响到公共服务的公平性，导致腐败犯罪高发[12]，基于此学者给出的对策建议就是：要提高中国政府能力和公共服务效能唯有精简政府规模。但这类研究中均存在一潜在的假设：即中国政府"机构庞大，人员臃肿"是造成政府低效的首要因素[13]，历次改革均逃不过"精简—膨胀—再精简—再膨胀"的怪圈。此种"夸大性共识"[14]却忽略了不同公共服务部门公务人员比例关系，忽略了同一公共服务部门"官员规模（领导职务）——行政人员（非领导职务）"比例关系，忽略了不同改革时期公务员规模的具体变化，还忽略了"作为政府部门的执行个体，公务员的主观能动性和学习能力也影响到政府部门的组织治理能力"[15]。

其次，公共服务绩效影响因素及其溢出效应。如分析我国 1998 年到 2003 年政府过程中的行政成本省际差异可见，不同省份的经济发展水平是影响公共服务的绩效的重要因素。[16]这种公共服务绩效进而带来其他溢出效应，如影响到社会信任和政治信任[17]，影响公民幸福感[18]，影响到经济增长[19]。这种溢出效应不但证明研究政府公共服务绩效高低的价值[20]，此类研究表明公共服务绩效对于整个国家治理主体的重要性，但却忽略了公共服务中难以抹去的公共道德和公共价值等议题制约。此外，部分国内学者还在如何提高政府能力和公共服务质量理论建构层面付出学术努力，如针对公共服务的混合性和复杂性，提出"公共服务供给的复合模型建构，从而有利于整合各种社会资源，满足公民的异质性公共服务需求"[21]。以及，中国不断兴起的地方政府创新改革也在尝试和摸索提升政府治理能力的新路径，如近年来的"公民评议政府"等[22]，既促进政府部门提高公共服务水平的动力，也带来新的压力。但这类研究要么昙花一现，要么难以经过学以致用的实践检验。

而放眼全球，在实践中，国外政府也总与繁文缛节（Red Tape）、官僚制和文山会海等负面词汇相联系。[23]而事实证明也确实如此，美国政府自身统计就显示：为应对联邦政府各类文件和表格等信息采集，2011 年民众和商业机构需花费 91.4 亿小时，比 2010 年上升四个百分点[24]，由此造成价值 600 亿美元的人力资源成本消耗。但在学术研究中的"政府"又是如何被国外学者解释呢？理论中，多通过借鉴影响经济社会发展的相关变量来分析公共行政部门所存在的问题，既有如索罗（Solow）构思的外生因素（如科技进步和人口增长）[25]，也有如巴罗（Barro）指出的内生影响因素（如政府行为、公共政策实践）[26]。特别是近年来伴随学者对内生变量研究深入，对其重要性有了新的认识，使得政府公共行政机构的角色、规模和能力等议题再次成为新世纪研究焦点。具体而言，西方学界对以"政府"为代表的公共行政部门危机的理论与实证研究不难发现主要集中于两方面，一是基于政府职能内容及其定位研究，代表性理论包括布坎南（J. Buchanan）的"政府失灵说"、奥斯本（D. Osborne）的企业家政府理论、登哈特（R. Denhardt）的服务型政府理论以及罗森布鲁姆（D. H. Rosenbloom）的多元公共行政观等。此类研究多是假设政府职能内容交叉或定位不准造成政府服务能力低下，但现实国别比较研究却发现由于发展中国家的法律框架不一致，公共服务提供的数量和质量本身就不足，加上问责机制不完善等因素，导致这类研究"变得愈加复杂，且充满挑战"[27]。而且这种聚焦于借用经济学"投入收益"理论分析政府角色的文献中，还忽略了有关社会公平和社会正义的问题难以被货币所衡量，同时给出的对策建议也并没有有效解决当今西方各国的公共行政危机。

二是政府规模分析，西方学界此研究领域的分析和前述中国研究相比较而言，一方面更加注重理论提炼，另一方面是研究方法更多借助经济学等相关知识。前者如"大政府、小政府、有限政府"以及新近各国追求的整体性政府（Joined-up Government, Horizontal Government 或 Whole-of Government）等不同的理论诉求。同时还伴随不同理论背景探索，较为典型的有：基于民众优先理论（Citizen-over-state Theories）强调政府规模增加是由民众对政府服务项目需求增加而引发的，即需求驱动型。此视角下的政府规模研究认为：政府作为公共产品提供者并降低公共产品的负外部性，进行收入分配调节，和解决利益集团问题，对政府规模的扩张持理解态度。而基于国家优先理论（State-over-citizen Theories）则与上述相反，指出政府部门天然具有扩大其规模的内在诱因，即供给驱动型。在此理论视角下论证多从官僚制、财政幻觉、政府垄断及利维坦式国家等出发，对政府规模扩张持批判态度。[28]其他还有从历史和经济视角出发的决定论和路径依赖，或布坎南分类学来解释政府规模的扩张等不一而足。特别是20世纪中后期以来，伴随统计数据搜集和相关理论发展，通过借用如政府财政支出、行政成本、转移支付和补助、国有企业规模等均易于测算和获取数据来测量政府规模对公共行政能力、社会经济发展的影响。实证研究进而还测算出政府支出占GDP理想比例为15%到25%[29]，其中发达国家政府支出占GDP比重至少在20%。此外学者还进一步研究，通过区分发达国家和发展中国家、人口经济大国和小国的不同政府规模影响，深化了对不同国家政府规模的差异化讨论。如通过二次方程模型分析指出经济自由度伴随税收增加而增加，但当税收达到GDP的20%时，发达国家经济自由度开始下降，而其他发展中国家直到税收占GDP的39%时，经济自由度才开始下降。[30]也有实证研究强调政府支出和税收增加并不会伤害经济增长，从历史来看，大政府时期的经济增长并没有停滞。[31]不但不影响，甚至还促进经济发展，因为更好绩效表现的政府通常是较大政府并征收较高税率，而表现差的政府则相反。所以大政府并不意味是不好，不能将大政府总与坏政府相联系，问题是如何让更好的政府变得更大才是研究的关键。[32]而在对不同规模国家的研究中，使用42个小国的财政数据分析表明，国家规模与政府显著负相关，人口总数在200万以下的发展中国家由于其经济规模倾向于建设大政府。[33]这些充满冲突和矛盾的研究结论中，没有有效解决政府规模和政府能力的关系界限，没有清晰的支持当前公共行政部门存在危机的根本性原因及解决对策。

其实，在政府规模与公共服务提供中总是存在"普勒现象"（Pogo Phenomenon）的悖论：人民倾向于政府增加支出提供更多公共服务，而不愿减少公共服务。以美国为例，其统计数据表明伴随经济社会发展，政府雇员总数保持长期增长趋势，其中联邦政府雇员人数一直较为稳定，但地方政府机构中涉及公民切身利益的服务部门雇员不断增加。虽然总体上美国政府雇员占社会整体就业人口比例则处于不断下降趋势（图1—图4），但政府运营经费占GDP比例呈上升趋势，有分析指出虽然人们对政府弊病看法不同，但掌握社会话语权的精英群体在政府改革过程中一边希望政府规模越来越小,一边希望其提供的公共服务越来越多,这种矛盾还造成依靠行政合同外包等为政府服务的"影子员工"(Shadow Workforce)激增,此类员工甚至超过美国联邦政府的文职公务员、邮政服务人员及军人的总数。[34]"影子员工"兴起看似政府不得已而为之的变通,表面上政府雇员占就业人口比例呈现下降,但为满足民众公共服务需求不得不招聘大量"影子员工",也就理所当然造成政府行政经费运营支出逐年增加。若反观中国,当前各类"协管员"则与此有同样的意蕴指向。

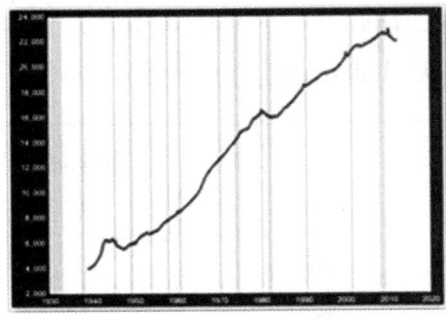

图1 美国政府雇员(单位:千人)

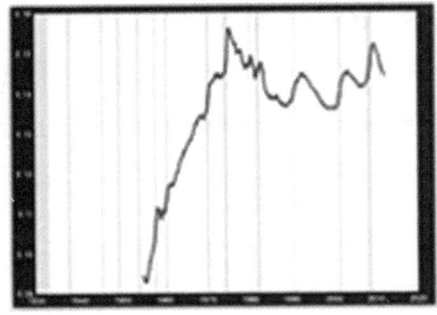

图2 州政府和地方政府雇员占就业人口比

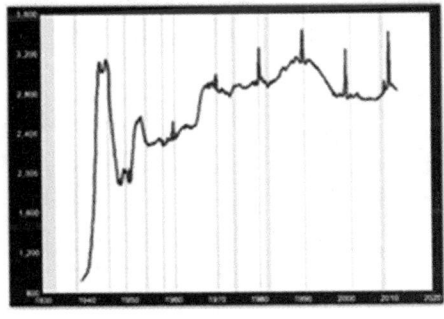

图3 联邦政府雇员(单位:千人)

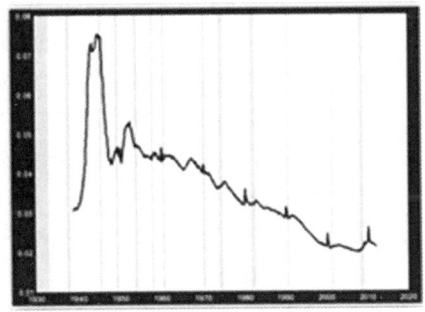

图4 联邦政府雇员占就业人口比

数据来源:U. S. Department of Labor;Bureau of Labor Statistics;http://www.businessinsider.com/。图3峰值为政府全国经济人口等项目普查期临时雇佣的普查人员。

上述理论研究的分歧和不足,以及理论和现实的冲突,特别是21世纪所遭遇的由于政府监管缺失等一系列因素导致的全球性金融危机,同时还面临快速变化的社会经济背景，更加频繁的全球交流，变迁中的制度规则典范，逐步交融的文化等，这种公共行政生态的变化均令实践者开始重新评估政府各种弊端，如在规模上是"越小越好"（Smaller Is Better）还是"越大越好"（Bigger Is Better）？这也令研究者不断思考该如何梳理当前公共行政部门危机内在原因及对策，才能破除公共产品提供和公共服务水平下降的现状，仅是已有研究中指出的政府规模不合理和功能定位错位造成的吗？学者对政府作用的研究从早期的"没有政府的治理"，延续到"拥有政府的治理"以及当前的"依赖政府的治理"（见图5），一方面反映不同阶段的不同认识，另一方面也反映21世纪政府作用的不可或缺。

依赖政府的治理
（Governance by Government）

公共规则，无私人卷入

私人参与者间的协商合作，卷入政策制定过程之中

公私部门之间的协商合作，公私部门
之间的联合政策制定（三方合作中的
社会领域合作者，公私合作PPP）

私人部门的代表，公共部门参与　　**拥有政府的治理**（Governance
（如合同外包，标准设立）　　　　with government）

官僚制阴影下的私人部门自我规制，
公共部门参与者卷入（志愿参与）

私人部门的规则被公共部门采纳，公共部门
仅控制输出的结果（Ergaomnes effect given
to collective agreement of social partner）

私人部门的自我规制，无
公共部门的卷入（社会参
与者自治）

没有政府的治理

图5　政府在治理中的角色

资料来源：政府在治理过程的卷入，改编自Börzel, Tanja A., and Thomas Risse, "Public-private Partnerships: Effective and Legitimate Tools of International Governance", *Reconstituting Political Authority: Complex Sovereignty and the Foundations of Global Governance*, Toronto, 2005, pp. 195–216。

在此背景下，基于政府变革的整体考量，新的政府设置理念——灵巧型政府建设在国外理论研究与实践探索中逐渐兴起，力图避免当前政府改革中偏狭的视角、效率主义的局限、单一线性改革思维，下文通过对灵巧型政府特征与设置优势的引介性分析，以期为解决当前公共行政部门危机提供新图景，为中国提供研究和实践新的借鉴思路。

三、灵巧型政府的设置理念及其特征

明晰科学的理念是保障灵巧型政府建设顺利实施关键，虽然历史上巨大变革并非仅由恰当理论或知识单独引起，但没有充分的理论储备，则难以为变革提供有益路线图景和清晰实践方向。所以灵巧型政府建设理念的实现首先需要明确其发展演变历史和特征要素，以充分体现出与其他类型政府改革的差异性、可行性和优越性。

追溯灵巧型政府概念起源，可发现它最初来自美国科罗拉多州议员马克（F. Mark）在2010年针对州政府预算和审计所提出《责任、透明、回应性政府审计法案》［State Measurement for Accountable, Responsive, and Transparent (SMART) Government Act］，根据该提案英文名字首字母缩写而被通俗地称为"灵巧型政府（SMART Government）法案"，该提案在美国各州金融危机背景中政府预算严重削减的情况下获得显著成效，进而不断被美国其他各州借鉴采纳推广。[35]随后的实践和推广总结又提出不仅要在预算和审计领域实现灵巧型政府建设，未来政府各个层面的改革方向都应着眼于灵巧型政府建构，这进一步扩大灵巧型政府概念，将其从单纯的政府审计和预算扩展到政府的整体改革过程和目标设计之中。为此美国前总统克林顿2011年所出版的《重新运作：为什么强劲经济增长需要灵巧型政府》（*Back to Work: Why We Need Smart Government for a Strong Economy*）指出：政府在应对当今社会经济发展所面临的各种挑战中不可或缺，历史上的反政府情节是由于没有认识到何种类型的政府适合相应的国家与社会。而灵巧型政府建设则是"国家回应发展挑战、在国际竞争中获胜的关键"[36]。

实践领域创新和成效也引起学界广泛关注[37]，由于人类内在特质及决策的非理性，有学者从行为经济学角度指出"旨在实现更好的政策制定和演变的路径未来政府在于去繁求简"[38]，特别是面对竞争性政策或冲突性政策（Competing/Conflicting Policy Problems）[39]处理时。或者还可以通过借助共享和公开政府决策依据及相关数据，引导公众的参与来建设大数据时代的灵巧型政府。[40]并通过反思传统政府规模争论中理论不足和实证冲突，表明有关政府规模和功能研究中不存在放之四海而皆准的结论。

加之传统研究议题在公共管理定量研究统筹下，试图通过数字化来衡量一切的现象，虽然数据呈现简洁明了的智力美感，但即使排除统计误差，单纯数字依然遮蔽很多重要背景信息[41]，更何况其还带来相互矛盾的结论。故执着追求于"大政府"或"小政府"等规模数量变化，不利于探索政府在给定成本收益比率中对其提供公共产品和公共服务质量的衡量标准。同时，传统分析框架除了对政府"大或小"的特征进行界定外，还通常以透明、服务、法制、责任等关键词来描述其特征，其实这些都是任何现代政府职能定位应该具备的内在特质和题中之义，非独特性可供区别的外部特征，而可供直接观察和公民感知的外部特征更具认识政府变革的直接效果。灵巧型政府建设走出传统思维中政府规模与职能的相互矛盾的争论，探寻政府在国家社会中的应有作用，灵巧型政府建构的改革进路具有以下外部特征：

首先，为实现现代政府信息的易得性和服务提供便捷性。灵巧型政府针对现代社会发展新趋势、当代政府面临的压力挑战以及政府在公共服务提供中角色的新要求等，对政府改革创新做出了新解读和变革导向：即强调信息易得性和公共服务提供便捷性。具体而言，信息易得性主要是因为灵巧型政府建构在阻力化解和动力驱动不是凭空设想或颠覆性改革，而是建立在现有经济发展背景和信息技术运用的基础上。比如将政府治理信息提供借助电子网络技术转变成可供选择的"菜单"选项，而非全国同一化的模式，对具体执行部门而言在信息透明前提下强调因地制宜和因时制宜有助于降低改革阻力，对社会大众而言，个性化的信息和服务便捷获取将有助于提升其对政府的认知和评估。已有研究也认为包含政策信息和政治可行性背景信息两种类型的信息流量是政策扩散过程的核心驱动力。[42]此外公共服务便捷性还体现在通过扩展影响到公共服务提供主体，减低政府压力并提升管理绩效。这就突破传统的层级结构或扁平型政府建构思维，充分利用私人部门作用，借助社会力量，从打破公共服务提供垄断地位和增加竞争来改善公共产品品质。

其次，强调政府改革的基础在于可持续与联合。灵巧型政府虽然充分利用现代信息技术的发展，但不同于传统意义的电子政府（E-government）、数字政府（Digital Government）、智能政府（Intelligent Government），电子政务发展只是为灵巧型政府建构提供基础，使得现代政府可以为个人或组织提供全天候公共服务和信息咨询。[43]灵巧型政府通过挖掘信息技术作用的潜力，将以往各自为政的电子政府（强调在线服务和网站建设）、合作型政府（强调民生服务，标杆管理，后台服务流程再造）、开放型政府（强调公民参与）中所体现的特质和优势，转化和吸纳到灵巧型政府建设中所追求的可持续、灵活性、联合性。可持续意指当前政府改革或政策制定实施不基于损耗未来政府施政的合法性基础上，追求政府制度的长期增量绩效与政策的稳定性和延续性。这其中"府际合作与联合"扮演重要角色，如1979年建立的美国联邦应急管理局（FEMA）到1984年依然被视为"一潭死水"，并被国会和高级管理人员所忽略。在随后特别是近年来恐怖主义、自然灾害等问题处理中其通过与联邦其他部门合作逐步显示出重要性并被认可。[44]所以灵巧型政府就是要融合信息技术中顾客服务理念和运营维护形成可持续性公共价值，建立跨部门和跨区域的合作平台和联合管理平台，通过将以往政府改革中的各种理念融汇在灵巧型政府建构之中，形成"互动性的政治参与"[45]。其实当前中国"政务大厅"一站式服务体系建设已经初步体现灵巧型政府特征，为实现从"电子政府转向灵巧型政府"[46]建立了物质基础。

最后，基于动态管理过程发挥政府应有效能。传统政府改革和职能转变过分强调静态结构性因素，如机构的合并和删减，忽视经济社会管理过程复杂性，忽略公共服务提供的动态性和历时性，并对政府改革变迁的动因语焉不详。这也造成提炼自公共物品生产提供部门经验的传统公共管理理论忽略了服务本质。比如聚焦于组织内部流程改造，又忽视公共产品提供往往由组织间协作完成的现实；强调政府规模缩减，又忽略公共服务需求日益增多的现实。[47]灵巧型政府基于已有的服务主导理念（Service-dominant Theory）演化为公共服务主导（Public-service Dominant Theory），强调改革不是追求形式上的职能或机构转变，而是通过政府、市场、社会三方互动协商，基于公共服务提供过程特征，依赖于扎根地方公共网络中的组织间协调实现对公共服务提供过程的动态化把握。在这一进程中，制度是保障、公民是主角，技术和工具充当重要催化剂以实现对政府质量和评价的提升，对政府改革的评价并不仅仅取决于改革的结果，改革的过程同时也塑造什么才是良好政府改革的认知，灵巧型政府基于动态管理服务过程更好地实现政府设立的根本目的和效能发挥。

此外，传统政府改革中往往计划愿景、政策设立与政策执行相脱离，导致政策执行得不到相应支持进而带来执行偏离等困境，灵巧型政府通过融合政策制定和执行部门关系，获取政策执行认同感和支持力，增加政府政策权威性，良好地链接国家与社会关系，促进社会机能发育发展，通过纵向国家机构衔接和横向政府或部门间、社会公众关系改善，不仅关注机构组织等外部形式变化，而是关注对其内部核心的组织文化，运作服务流程的动态改造，走出以前改革强调的技术主义路线，对良好的国家治理文化和制度建立起到积极的培育作用。

四、灵巧型政府建构优势

从"二战"到20世纪70年代晚期，当代政府存在的核心优势就是通过高度集中的官僚体制实现公共服务的普遍化提供。这种中央集权在此阶段实现了公共服务政策的制度化设计，如美国建立全国性的卫生服务政策和1944年的教育法案;[48]但自上而下的官僚制度也限制了公共服务的自由裁量权及弹性,忽略了不同群体的差异化需求。20世纪后期新公共管理理念下的政府建构优势则体现在公共服务提供的效率,并通过增加分权及采取私人部门机制如竞争制度和合约制度促进公共服务提供效能与多样化。[49]而当前21世纪面对更为复杂的社会体系和多重的发展进展[50],各类突发性事件和危机对现有的政治环境构成显著挑战,各种公共服务特殊性需求愈来愈多。信息媒体的发展,民众对政府公共服务提供认知和评价的不满在即时的全天候媒体传播中呈现放大效应,进一步加剧对政府的挑战。以上分析可见,灵巧型政府占据信息传播的主导与主动,实现政治信息获取和扩散的快捷,以及公共服务的差异化提供。具体而言,从现实实践和经验总结来看灵巧型政府建构优势初步展现在应对危机管理、解决公共服务中长尾效应等方面。

(一) 灵巧型政府的危机管理优势

20世纪80年代为应对大规模工业与自然环境突发事件而兴起的危机管理研究[51],理论界和实践者都在不断探索各种危机管理措施和技术。但由于危机的突发性、对整体组织的威胁性和决策时间紧急性,令各国政府相关管理部门承担巨大压力,所以危机事件既可以视作为检验政府治理质量和组织能力的基本手段,也可能重构甚至瓦解政府的管理体系。[52]

公共部门进行危机管理时客观存在的短板是"横向组织"协调与"纵向组织"衔接的困难,这种由政府自身在资源分配、人员结构、组织体系等方面原因带来的结构性困境也造成信息获取和相互配合不畅,所以,传统科层制分权并不是灵丹妙药,不能自动解决所有问题,特别是这种危机管理中集体行动的困境。[53]虽然危机治理主体、利益攸关者和媒体等都倾向于容忍政府对首次出现的新型危机处理不力和反应迟滞,但绝不会容忍第二次同样错误,而政府部门这种结构性缺陷却非吸取一次两次危机管理实践经验可以解决的。

而灵巧型政府由于自身架构特征,在危机处理过程中体现极强的程序化作业：首先，通过危机信号诊断，实现相应的危机处理方案选择，并在实施过程中通过监控和执行反馈不断优化调整；其次，通过人工与智能分析相结合，实现危机管理创新性扩散和组织结构的功能性改善。如基于不同组织制度和人员需求，弹性的采用现代技术和组织团队，满足危机管理过程中不同阶段的不同需求。[54]

此外，灵巧型政府的设置理念实现危机管理过程预防为主和多元参与。传统上选民的短视行为会认可执政者的危机管理和减灾救灾支出投入，但不认可救灾预防支出。这种矛盾也导致政府官员的政策决定必然引起可持续性的公共福利损失。即使测算表明1美元的预防性支出相当于15美元危机发生后的救灾支出。[55]同时传统政府灾害救助政策中，其政策设计与实践中的两个明显挑战包括：一是公私部门都缺乏一定的积极性和动力采取保护性行动避免小概率但后果严重的各类灾害；二是类似美国多层次治理体制中，联邦政府仅对州县政府和私人部门的政策实践存在间接影响力。[56]民选官员和政府官僚体系都倾向于回避责任（Blame Avoidance）。[57]换句话说，政府失灵、企业逐利和市场配置滞后性等减低危机管理效能，而灵巧型政府吸纳性与包容性能实现构建社会整体参与的危机救助管理体制，并实现贴近民众、专业、预防为主和灵活周全的危机管理目标。

（二）解决公共服务提供中的长尾效应

长尾效应（The Long Tail）由美国一杂志主编安德森（A. Chris）最初提出用来描述诸如亚马逊、易趣、谷歌等网站的商业经营模式。在统计学中"长尾"是幂律（Power Laws）和帕累托分布（Pareto Distributions）特征的一个口语化表达[58]，人们习惯于将正态曲线中间的突起部分叫"头"，两边相对平缓的部分叫"尾"（图6）。传统商业的帕累托法则认为企业的80%业绩来自20%的畅销产品，而Web 2.0时代的电子商务则表明那些销售冷门且量小的产品由于其种类繁多，加之互联网扩大购买人群进而导致累积总收益丰厚。

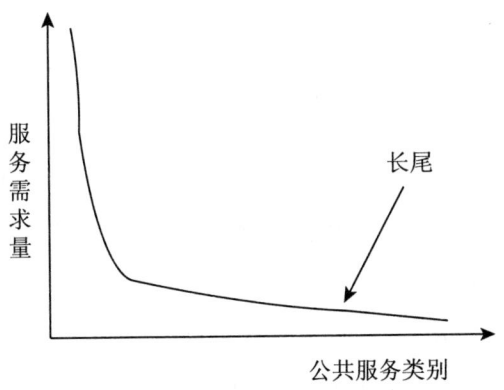

图6 公共服务中长尾效应

若将长尾效应引入公共服务需求来看，大多数集中在头部的需求我们可称之为基本公共服务，而分布在尾部需求是个性化和零散化的小众需求，这部分差异性大的少量需求会在需求曲线上面形成一条长尾。传统公共服务提供中多注重满足多数人需求，对于个性化和差异化零散需求不做过多关注甚至忽略，而这种零散性的小众需求积累放大在譬如中国这种十几亿人口的大国则难以忽视。虽然这种长尾效应不会为政府带来丰厚收益，甚至增加了公共服务投入，但现实中各类社会问题的产生和突发恰是零散化公共服务提供不到位产生的，比如区域环境保护和农田征用补偿不足造成的各类群体性事件，农村大病重病医疗报销不足导致的返贫现象，刑满释放人员回归社会渠道阻碍带来的二次犯罪问题等，这些看似与大多数人无关或只具有区域性特征，但其社会影响的覆盖面却不可忽视。

社会经济发展带来公民多元多样的服务需求，传统政府公共服务提供难以满足差异化需求，而灵巧型政府通过公共平台建设，建立在信息交换和数据挖掘，事件捕捉和影响分析，强调互通性（Interoperability）、可扩展性（Scalability）、差异性公共服务配置模式（Different Deployment Models）。通过细分公共服务需求类型，进而改变公共服务中长尾效应影响，既降低服务提供的无效率，又增进决策的合法性，因此也抵消了不断增加的社会分裂、复杂性和活力带来的影响，也从本质上实现政府职能转变及社会和谐稳定。

五、 迈向灵巧型政府实践及其启示

"人们对政府的期望总是希望其一边削减开支,一边不断创新公共服务"[59],但这种冲突的双重期望难以实现,只能追求"成本收益比率最大化"的政府效能,这也是灵巧型政府理念在美国各州不断被认同的原因。如为了一改金融危机对美国加州冲击,《前进,加州》(California Forward)灵巧型政府框架勾勒重组州政府与地方政府关系的改革方案,其改革方案包含五个要素:聚焦结果、调整责任与权力、调整州政府角色、促进区域合作、鼓励州与地方政府部门整合,并在市一级层面破除乡土观念(Parochialism),通过改革减轻政府财政压力[60],同时还达到促进就业、提高教育、减少贫困、降低犯罪、提高医疗服务水平等五大政府目标。加州的公共政策制定和实践一向是美国其他地方政府的风向标,加州灵巧型政府的成功实践正在引起越来越多学者和实践者关注。

当然,所有的政治过程、理念和经验都是在一定的场域中发生,虽然当前政治科学研究中对政治过程和结果诸多分析中都缺乏对场域背景细致的规范,围绕"场域"的关键解释变量常被设定为常量,这并不一定意味着一国实践对不同背景的他国是适用的。[61]虽然走出"官僚制阴影下的治理"[62]是各国民众的共同愿景,但显然当前公共管理改革相关研究中存在一个相互交织的迷思,便是强调新公共管理公共议程的世界共识被认为存在于改革者和实践者之中。如果改革不能在所有地区充分实施则被视为是政治或改革挫折而不认为是政策目标的争议。显然这种迷思被夸大了,因为面临现有公共部门的反弹和公共管理体系的多样性[63],也忽略了改革过程所发生的"政治场域"等作为背景的限制。

所以,我们在分析和解读中国政府机构改革过程时,对国际经验的借鉴也不能忽略不同制度性背景对机构改革的影响,甚至是不同政府所具有的不同层次、类型、行为偏好等。比如若依据地方政府长官不同产生形式可将美国市级政府结构分为七种类型[64],不同的美国地方政府管理绩效

（以管理创新为例）差异亦与其政府形式和特征密切相关。[65]除此以外，还应考虑其民族构成、城镇居民的密集度或其他特定要求等。虽然中国行政管理改革有着强烈向西方学习模仿的过程，特别是向英国和美国，但改革设计毕竟发自内部，中国特有的结构性因素和文化因素依然影响改革方案。[66]且国家的不同发展阶段需要不同的政策和制度形式来促进发展。[67]灵巧型政府建设同样需将政府改革合理地置于政治场域之中，注重改革实践的背景性。本文的分析和介绍不是为给出一国政府改革的确定性路径，而是为提供更多的选择变量和参照系，为国家治理现代化的实践主体提供开放的讨论空间。

【注释】

[1] 何增科：《国家治理及其现代化探微》，载《国家行政学院学报》，2014年第4期，第11—14页。

[2] [美] 罗伯特·B. 登哈特：《公共组织理论》（第三版），扶松茂、丁力译，中国人民大学出版社2003年版，第1页。

[3] [德] 马克斯·韦伯：《经济与社会》（下卷），林荣远译，商务印书馆1997年版，第296页。

[4] [美] 埃莉诺·奥斯特罗姆、拉里·施罗德、苏珊·温：《制度激励与可持续发展》，上海三联书店2000年版。

[5] [美] 盖瑞·J. 米勒：《管理困境——科层的政治经济学》，上海三联书店2002年版，第251页。

[6] Kupchan, Charles A., "Refounding Good Governance", *New Perspectives Quarterly*, Vol. 29, No. 1, 2012, pp. 67 - 69.

[7] 陈振明、薛澜：《中国公共管理理论研究的重点领域和主题》，载《中国社会科学》，2007年第3期。

[8] 周志忍、徐艳晴：《基于变革管理视角对三十年来机构改革的审视》，载《中国社会科学》，2014年第7期。

[9] 张光：《财政规模、编制改革和公务员规模的变动：基于对1978—2006年的实证分析》，载《政治学研究》，2008年第4期。

〔10〕孙涛、李瑛：《公务员规模省际差异影响因素研究：基于2001—2008年面板数据》，载《中国人民大学学报》，2011年第1期，第133—142页。

〔11〕汪德华、张再金、白重恩：《政府规模，法治水平与服务业发展》，载《经济研究》，2007年第6期，第51—64页。

〔12〕周黎安、陶婧：《政府规模，市场化与地区腐败问题研究》，载《经济研究》，2009年第1期，第57—69页。

〔13〕朱光磊、张东波：《中国政府官员规模问题研究》，载《政治学研究》，2004年第3期，第91—99页。

〔14〕臧雷振：《"循环怪圈"：中国机构改革中被夸大的共识性评价》，载《当代中国政治研究报告》，2009年第7辑，第123—132页。

〔15〕胡威、蓝志勇、杨永平：《西部地区基层公务员学习意愿及其影响因素研究》，载《公共管理学报》，2013年第4期。

〔16〕张岚：《中国行政成本省际差异研究——基于1998—2003年时期的数据分析》，载《公共行政评论》，2011年第1期，第137—161页。

〔17〕张鸣：《政府信用与政府绩效关联机理研究》，载《公共行政评论》，2013年第5期，第163—168页。

〔18〕马亮：《公共服务绩效与公民幸福感：中国地级市的实证研究》，载《中国行政管理》，2013年第2期，第104—109页。

〔19〕马栓友：《政府规模与经济增长兼论中国财政的最优规模》，载《世界经济》，2000年第11期，第59—64页。

〔20〕包国宪、周云飞：《政府绩效评价的价值载体模型构建研究》，载《公共管理学报》，2013年第2期，第101—109页。

〔21〕郁建兴、吴玉霞：《公共服务供给机制创新：一个新的分析框架》，载《学术月刊》，2009年第12期，第12—18页。

〔22〕吴建南、庄秋爽：《"自下而上"评价政府绩效探索，"公民评议政府"的得失分析》，载《理论与改革》，2004年第5期，第69—71页。

〔23〕Anne Kim, "Five Ideas for Smarter Government", *Policy Brief*, March 2012.

〔24〕"Information Collection Budget of the United States Government for Fiscal Year 2012", Office of Management and Budget, Office of Information and Regulatory Affairs, 2012, http://www.whitehouse.gov/sites/default/files/omb/inforeg/icb/icb_2012.pdf.

[25] Solow, Robert M., "A Contribution to the Theory of Economic Growth", *The Quarterly Journal of Economics*, Vol. 70, No. 1, 1956, pp. 65 – 94.

[26] Barro, Robert J., "Government Spending in a Simple Model of Endogeneous Growth", *Journal of Political Economy*, Vol. 98, No. S5, 1990, pp. 103 – 125.

[27] [德] 托马斯·特拉斯基维奇:《公共部门绩效评估: 来自发展中国家的经验》,孙斐、许方圆、赵晓军译,载《公共管理学报》,2012年第2期,第106—113页。

[28] Garrett, T. A., & R. M. Rhine, "On the Size and Growth of Government", *Federal Reserve Bank of St. Louis Review*, Vol. 1, 2006, pp. 13 – 30.

[29] Tejvan Pettinger, "The Rahn Curve Economic Growth and Level of Spending", *Economics*, April 23, 2008.

[30] James E. Mahon, Jr., "Government Size, Economic Freedom, and the Fiscal Contract", Williams College Working Paper, 2010.

[31] Madrick, Jeff, *The Case for Big Government*, Princeton: Princeton University Press, 2010.

[32] La Porta, R., et al., "The Quality of Government", *Journal of Law, Economics, and Organization*, Vol. 1, 1999, pp. 222 – 279.

[33] Medina Cas S., Ota R., "Big government, High Debt, and Fiscal Adjustment in Small States", IMF Working Papers, 2008, pp. 1 – 45.

[34] Paul C. Light, *The True Size of Government*, Washington, D. C.: Brookings Institution Press, 1999, p. 48.

[35] 臧雷振、黄建军:《大政府还是小政府: 灵巧型政府建构进路》,载《中国行政管理》,2013年第7期,第18—21页。

[36] Clinton, B., *Back to Work: Why We Need Smart Government for a Strong Economy*, Random House, 2011.

[37] Mark Ferrandino, Shaffer B., HB10 – 1119 SMART Government Act, 2010. http://www.statebillinfo.com/SBI/index.cfm?fuseaction=Public.Dossier&id=13150&pk=495.

[38] Sunstein, C. R., *Simpler: The Future of Government*, NY: Simon and Schuster, 2013.

［39］ Jung, D. , " 'Smart' Government Discourse through a Behavioral Economics Lens", *Public Administration Review*, Volume 74, Issue 5, 2014, pp. 676 – 678.

［40］ Mellouli, S. , Luna-Reyes, L. F. , & J. Zhang, "Smart Government, Citizen Participation and Open Data", *Information Polity*, Vol. 19, No. 1, 2014, pp. 1 – 4.

［41］ Hood, Christopher, "Public Service Management by Numbers", *Public Money and Management*, Vol. 27, No. 2, 2007, pp. 95 – 102.

［42］ Seljan, Ellen C. , & Nicholas Weller, "Diffusion in Direct Democracy", *State Politics & Policy Quarterly*, Vol. 11, No. 3, 2011, pp. 348 – 368.

［43］ Carter, Lemuria, & France Bélanger, "The Utilization of E-government Services", *Information Systems Journal*, Vol. 15, No. 1, 2005, pp. 5 – 25.

［44］ Comfort, Louise K. , William L. Waugh, & Beverly A. Cigler, "Emergency Management Research and Practice in Public Administration", *Public Administration Review*, Vol. 72, No. 4, 2012, pp. 539 – 547.

［45］ Mossberger, Karen, & Caroline J. Tolbert, "Digital Democracy", *The Oxford Handbook of American Elections and Political Behavior*, 2010, pp. 200 – 218.

［46］ Harsh, A. , & Ichalkaranje, N. , "Transforming e-Government to Smart Government: A South Australian Perspective", in *Intelligent Computing, Communication and Devices*, Springer India, 2015, pp. 9 – 16.

［47］ Osborne, Stephen P. , Zoe Radnor, & Greta Nasi, "A New Theory for Public Service Management?", *The American Review of Public Administration*, Vol. 43, No. 2, 2013, pp. 135 – 158.

［48］ Hartley, Jean, "Innovation in Governance and Public Services", *Public Money and Management*, Vol. 25, No. 1, 2005, pp. 27 – 34.

［49］ Hansen, M. B. , "Antecedents of Organizational Innovation", *Public Administration*, Vol. 89, No. 2, 2011, pp. 285 – 306.

［50］ Menahem, G. & R. Stein, "High-Capacity and Low-Capacity Governance Networks in Welfare Services Delivery", *Public Administration*, Vol. 91, No. 1, 2013, pp. 211 – 231.

［51］ Shrivastava, Paul, et al. , "Understanding Industrial Crises", *Journal of Management Studies*, Vol. 25, No. 4, 1988, pp. 285 – 303.

[52] Stern, Eric K., "Crisis Navigation", *Governance*, Vol. 22, No. 2, 2009, pp. 189 – 202.

[53] Nickum, James, "Water Policy Reform in China's Fragmented Hydraulic State", *Water Alternatives*, Vol. 3, No. 3, 2010, pp. 537 – 551.

[54] Ramsell, Elina, & Elin Wihlborg, "Governing Technical Information Systems in Local Crisis Management", *Public Works Management & Policy*, Vol. 17, No. 3, 2012, pp. 303 – 318.

[55] Healy, Andrew, & Neil Malhotra, "Myopic Voters and Natural Disaster Policy", *American Political Science Review*, Vol. 103, No. 3, 2009, pp. 387 – 406.

[56] May, Peter J., & Chris Koski, "Addressing Public Risks", *Review of Policy Research*, Vol. 30, No. 2, 2013, pp. 139 – 159.

[57] Hood, Christopher, "What Happens When Transparency Meets Blame-avoidance?", *Public Management Review*, Vol. 9, No. 2, 2007, pp. 191 – 210.

[58] Anderson, Chris, "The Long Tail. 2004", *Wired Magazine*, Vol. 10, 2010, pp. 170 – 177.

[59] Marijn Janssen, Elsa Estevez, "Lean Government and Platform-based Governance", *Government Information Quarterly*, Vol. 30, No. S1, 2013, S1 – S8.

[60] California Forward, "Smart Government: A Conceptual Framework", Nov. 2, 2011, CAFWD. org.

[61] Robert E. Goodin, Charles Tilly, *The Oxford Handbook of Contextual Political Analysis*, Oxford University Press, 2008, pp. 534 – 535.

[62] Capano, Giliberto, Jeremy Rayner, and A. R. Zito, "Governance from the Bottom Up", *Public Administration*, Vol. 90, No. 1, 2012, pp. 56 – 73.

[63] Goldfinch, Shaun, and Joe Wallis, "Two Myths of Convergence in Public Management Reform", *Public Administration*, Vol. 88, No. 4, 2010, pp. 1099 – 1115.

[64] Nelson, Kimberly L., & James H. Svara, "Adaptation of Models Versus Variations in Form", *Urban Affairs Review*, Vol. 45, No. 4, 2010, pp. 544 – 562.

[65] Nelson, Kimberly L., & James H. Svara, "Form of Government Still Matters Fostering Innovation in US Municipal Governments", *The American Review of Public Administration*, Vol. 42, No. 3, 2012, pp. 257 – 281.

〔66〕 Christensen, Tom, Dong Lisheng, and Martin Painter, "Administrative Reform in China's Central Government", *International Review of Administrative Sciences*, Vol. 74, No. 3, 2008, pp. 351 – 371.

〔67〕 Grindle, Merilee S., "Good Enough Governance", *Governance*, Vol. 17, No. 4, 2004, pp. 525 – 548.

（本文作者臧雷振为北京大学政府管理学院博士后，墨尔本大学亚洲研究院访问学者）

Abstract

The complex social, political and economic changes since the beginning of 21th Century render researchers and practitioners to transcend the dichotomy debate of whether the government should become bigger or smaller, but to focus on evaluating public goods and services provided by the government, in the process to maximize "input-output ratio". Against such a background, "Smart Government Model", as a reaction to the demands of modern society, emerges as a theory and is practiced by relevant practitioners. Through analyzing the basic ideas and intrinsic characteristics of "Smart Government", the article highlights its "long tail effects" in coping with crisis management demands and delivering public service. The building of a "Smart Government", the author argues, should be based on certain political circumstances and practices of a given country. "Smart Government Model" can provide a reference framework for China's state governance modernization efforts.

Keywords

Smart Government; State Governance; Public Services

■ 治理理论与实践 | Governance Theory and Practice

治理之儒家义理、中国传统及其重建

姚中秋

摘　要：统治和治理两分之理论范式，有助于理解、分析、描述中国传统政制。孔子之后，如何塑造和维护社会秩序，中国存在两种大不相同，甚至相反之义理和体制：法家的国家权力统治模式，儒家的多中心治理模式。本文将简单梳理治理思想之孔子源头，并对其历史实现形态略作说明；进而基于儒家理念和中国历史经验，对治理在中国得以展开之若干根本问题，作理论上的讨论。而由中国历史演变之大势或可预测：今日中国正经历一次新的秦汉之变，文化复兴将助成统治到治理之转型。

关键词：儒家　治理　中国政治传统

统治（government）和治理（governance）两分之理论范式，系欧美学者首先提出，但大大有助于理解、分析、描述中国传统政制。孔子之后，如何塑造和维护社会秩序，中国存在两种大不相同，甚至相反之义理和体制：法家的国家权力统治模式，儒家的多中心治理模式。

三代封建之制系以礼治为基础的多中心治理模式。到春秋后期，礼崩乐坏，法家应运而起，主张以国家权力作为组织和管理国民、生产和分配公共品的唯一力量。日益残酷的列国竞争让法家之说大行其道，各国纷纷依法家之说变法、改制，秦以此扫灭六国，并更上一层楼，形成以皇权为中心、国家权力直接统治全体国民之政制。此一全过程，史家称之为"周秦之变"。

但孔子早就预告,单纯依靠国家权力统治民众是难以持久的。立足于三代经验,孔子提出德、礼、政、刑兼用的多中心复合治理模式。孔子之道当时未能行于天下,但经儒家士人努力,四百年后,有汉武帝之复古更化,形成儒家士大夫与皇权共治体制,而以广泛而深厚的社会自治为基础。其政制不再是统治,而是治理,这一变化过程,笔者称之为"秦汉之变"。

此后两千多年,多中心的社会治理模式就是中国政制之正宗形态,虽然其间或有反复。

但20世纪初以来,中国传统知识体系遭到人为破坏,扭曲的历史观支配整个精英群体,肤浅的"历史终结论"轮番流行,无人关注中国政制之复杂历史演变及因此形成的丰富的制度模式。关于政制之讨论,完全凭借欧洲或者苏俄理论,据此形成之政策方案,多悖乎吾国文明常道,到现实中,则窒碍难通,比如,关于治理之讨论,始终未能切入中国脉络,未能找到治理赖以形成并正常运作之文化基础和社会架构,也就难免流于空谈。

国家权力统治可以是纯粹技术化的,同一种统治形态完全可普遍于全世界。治理则不然,它以社会自我治理为基础,多种权威之间形成复杂的关联结构,故可行的治理必定深度依赖文化,扎根文明。故在今日中国,秩序之思考和构建、维护从国家中心转向治理中心,不能不要求文化之自觉。实现统治到治理之转型,需在理论上返回中国,在中国思考中国,在中国文明脉络中寻找转型之道。

本文将简单梳理治理思想之孔子源头,并对其历史实现形态略作说明;进而基于儒家理念和中国历史经验,对治理在中国得以展开之若干根本问题,作理论上的讨论。而由中国历史演变之大势或可预测:今日中国正经历一次新的秦汉之变,文化复兴将助成统治到治理之转型。

周秦之变：国家权力统治及其困境

孔子之前，三代皆行封建，其社会治理机制是礼治或礼乐之治。礼治秩序中，人们生活在高度稳定的小型地域共同体、也即封建意义上的"家"之中。治理是混融的，礼无所不包、无所不在，而无私法、公法之分。也因此，共同体中没有社会、政府之分，甚至没有"权力"之观念和制度。[1]

用统治与治理两分之范式分析，以周为代表的三代古典社会管理模式是治理，且系多中心的，以礼乐为基础，不是国家权力统治民众。随后发生周秦之变，社会管理模式从治理一转而为统治。

春秋后期，混融的古典治理模式开始分化。原因在于礼崩乐坏，民众从封建的小型共同体中游离出来，来到陌生地方，不再受原来无所不在的礼乐的约束，行为趋向于放纵。其中有些人生计艰难，而为盗贼。文献记载显示，春秋中后期，不少邦国都面临严重"盗"患：《左传》襄公二十一年称"鲁多盗"；襄公三十一年，晋大夫士文伯谓子产"敝邑以政刑之不修，寇盗充斥"，故"令吏人完客所馆，高其闬闳，厚其墙垣"；昭公二十年称子产执政时，"郑国多盗，取人于萑苻之泽"。执政者"兴徒兵以攻萑苻之盗，尽杀之，盗少止"。《论语·颜渊篇》也记载："季康子患盗，问于孔子。"

社会秩序混乱，季康子决心以刑罚威慑盗贼。《论语》记载：季康子问政于孔子曰："如杀无道，以就有道，何如？"[2]而在此之前，据《左传》，昭公六年，郑国执政者子产铸刑书，晋国贤人叔向对此提出批评；然而，二十九年，"晋赵鞅、荀寅帅师城汝滨，遂赋晋国一鼓铁，以铸刑鼎，著范宣子所谓刑书焉"，这一次，孔子提出严厉批评。

叔向、孔子之所以对主持铸造刑书者提出批评，乃因为，这两大事件标志着礼治向刑治之历史大转变，催生一套全新社会管理模式。在礼治秩序中，刑附于礼，刑只是礼的强制执行手段；刑治体系中，则不再有礼，社会管理难免趋向于崇尚暴力，此为仁者所不忍见。[3]

但历史就是如此任性，逐渐地，国家性质发生巨大变化；由此，有了权力意志之觉醒，现代政治起步。各国强势卿大夫如晋国诸卿、鲁国三桓、齐国陈氏、郑国子产等执政者，都具有权力意识。如《论语·为政篇》记载，哀公问曰："何为则民服？"季康子问："使民敬、忠以劝，如之何？"《论语·颜渊篇》记载：哀公问于有若曰："年饥，用不足，如之何？"季康子问政于孔子曰："如杀无道，以就有道，何如？"《论语·先进篇》记载：季氏富于周公，而求也为之聚敛而附益之。《卫灵公篇》记载：卫灵公问陈于孔子。《论语·季氏篇》记载：季氏将伐颛臾；齐景公有马千驷，死之日，民无德而称焉。诸侯卿大夫们关心的核心问题是不断提高财政收入，让民众顺服，广泛使用暴力强迫、惩罚民众；对外，则蛮横地使用武力，以占取更多资源。

权力意识驱动诸侯尤其是卿大夫，尝试运用官僚体系、刑律，管理后封建的社会。孔子早年培养的弟子冉有、子路等人，也参与了这个雏形的现代政府。

由此一路发展至战国初期，各国陆续形成"王权制"的社会治理模式。西方在16世纪出现的"absolutism"与此类似，其统治工具有官僚制、刑律之治和常备军。这是一种现代国家体制，完全不同于古典的礼乐之治，至后来的秦，发展到极致。[4]

孔子敏锐地预见到这种社会治理之完整形态，并发出警告，提出了重要的比较政治学命题：

> 子曰："道之以政，齐之以刑，民免而无耻；道之以德，齐之以礼，有耻且格。"[5]

"道之以政，齐之以刑"即孔子时代开始出现、至战国成熟之王权制的基本运作机制，在其中，维护秩序的唯一主体是政府：政府运用行政力量管理民众；若民众不顺服，政府就依刑律予以惩罚。政、刑之后盾是政府掌握的暴力。

秦把这种政制推到极致。法家为秦的制度创造提供了理论依据。从商君到韩非、李斯，法家政治理念的核心是确立国家相对于民众之无上权力，其中之关键又是确立君主之主权地位。在法家构想的政治共同体中，不存在社会自治，秦的社会管理体系是国家主义的，自上而下的强制性权力是社会管理体系中唯一发挥作用的力量，它把每个人强制整合到由皇帝操纵的国家控制和动员体系中。秦制的基本结构是：政府强大，社会自治归零，民间学术也被消灭。[6]

孔子断言，此种国家主义的权力统治模式是不可行的，因为，"民免而无耻"。为控制民众，政府建立严密的控制体系，它依托暴力的运用和威胁。当此控制体系有效运作时，民众固然不敢触犯刑律。但无论如何，民众没有耻感，没有自我约束意识。民众当然会尽可能避免触犯刑律，但刑律没有规范、因而他预计不会遭受惩罚的领域，将肆无忌惮地伤害和破坏，只要这有助于增进自己的利益。这个社会，民众追求个体利益最大化，而没有任何自我节制。人与人之间相互视为潜在敌人，风俗必定日趋败坏。这个时候，国家权力也会不胜其烦，最终被过高的统治成本压垮——历史确实如此展开。

法家和秦制在中国政治演变历史上具有特殊价值。法家全部秩序思考聚焦于权力，秦人凭其强大的权力控制体系，建立高效率资源动员机制，从而以西方僻远之国，横扫更为富裕繁荣的东方六国，结束了战国争雄之天下分裂状态。然而，如贾谊后来指出："夫并兼者高诈力，安危者贵顺权。推此言之，取与攻守，不同术也。秦虽离战国而王天下，其道不易，其政不改，是其所以取之也，孤独而有之，故其亡可立而待也。"[7]取得天下，或可使用暴力，是为"打天下"；但仅仅依靠暴力支撑之国家权力，是无力在新形成的超大规模的文明与政治共同体中塑造和维护稳定社会政治秩序的，为此，必须转型。

秦的统治者未能果断实现转型，迅速覆亡。汉朝则汲取了秦亡之教训，而为后人树立了从统治到治理转型之典范。

第二次立宪：从统治到治理

秦汉之变乃史家公论，然而，中国政制演变史上最为幽微、对今日而言又最为重要者，乃为"秦汉之变"。

大约自谭嗣同起，百代皆行秦政制之浮说形成[8]，并借梁启超拾日人之牙慧论说之皇权专制史范式，大为流行，整个 20 世纪，专制说影响深远。[9]直至今日，学者、知识分子乃至普通民众，几乎本能地以"专制"一词或自相矛盾的"封建专制"一词，轻松打发两千多年中国政治史；进而断言，建立现代良好秩序所需之制度，只能全盘从外部引入。

然而，百代皆行秦政制之说完全违反历史事实。且其无法解释，为什么秦不二世而亡，而两汉和两宋都有三百多年的政治生命？它无法解释，过去两千多年中，中国人口何以能从秦汉的五六千万，增长到 20 世纪初的四亿，而民众生活水平还有缓慢提高？它也无法解释，过去 30 多年中，中国的政治体制始终被认为是劣质的，不断有人预言中国马上就要崩溃，但中国经济却有全球最好的表现？

当年谭嗣同、梁启超等人面临国家危机，震慑于列强之力量，变法心切，乃倾向于低估中国人之治理智慧，其情可鉴；那么一百年后，还重复其一时愤激之言，就是知识上的懒惰和道德上的不负责任。

国家主义的秦制维持时间十分短暂，显示秦制不是一种常态政制。故秦亡之后，法家消歇，后世或有人用其术，但再无理论创新。黄老曾流行一时，但同样只是短暂的过渡：在秦制崩溃的烂摊子上无为而治，只是不再给民众制造新麻烦而已，却无助于解决整个社会存在的深层次问题。[10]黄老之治真正的贡献在于，国家权力改弦更张，放松对学术、社会的控制，儒家思想得以从焚书坑儒的残酷迫害中逐渐恢复。

故汉初数十年，儒家基于秦亡之教训，据孔子之道，思考、并尝试设计了适应急剧变化了之经济社会情势的社会治理模式，进而在学术、教育、社会、政制等各个领域多中心努力，最终推动了秦汉之变，实现了从单纯依赖国家权力的统治体制，到政府和社会共同发挥作用的多中心治理模式之转型。

儒家推动此一转型的动力来自孔子之志。孔子本就反对统治迷信，于国家主义兴起之初，阐发自我治理之正道。《论语·为政篇》：

> 或谓孔子曰："子奚不为政？"子曰："《书》云：'孝乎惟孝，友于兄弟，施于有政。'是亦为政，奚其为为政？"

这是国史上基层社会自我治理之第一次理论表达。当时，已具雏形的政府积极运用权力管理民众，"或"人认为，这才是"政"，新兴士君子唯有进入政府，才算为政。孔子却不以为然，他充满信心地断言，基于孝悌之德的社会最基本单元，家之自我治理，同样是"政"，同样具有治理之功用。

孔子丰富、扩展了"政"之内涵：政府运用权力管理民众固然是政，这对秩序之维系是重要的；政府之外的社会主体、个体、家，不运用权力，而运用其他机制，组织民众生产和分配公共品，哪怕只是在家中，同样可发挥维系秩序之大用，这同样是政。

孔子宣告完备的"政"实有两种：政府之政，政府之外的社会之政。孔子阐明了"治理"（governance）之义，而这构成儒家政治思想之内核。后世儒家讨论优良秩序之塑造和维系，从来不限于政府运用权力之事，而总是同时关注政府之外的社会层面的为政，且以之为整个社会形成良好秩序之关键和基础。

回到上节所引孔子之语，形成优良秩序，首先需要"道之以德，齐之以礼"。"德"指德行，"礼"是共同体漫长的相互交往过程中累积地形成的习惯性规则体系，习俗、习惯法等。礼也是规则体系，但与同样作为规则体系的刑大为不同：第一，礼调整生活所有领域，涵盖政体、民事领域的人伦关系、商业交易等各个领域；刑只管制刑事犯罪行为。第二，礼是自发生成的，刑律是政府制定的。第三，礼制既为习惯，则大多数情况下，人们自发遵守礼制；刑律却必定由政府强制执行。在后世，礼就是礼俗。

孔子指出，为政者修己以德，为民作则，而以礼制约束人们在各个领域之行为。在这个社会治理模式中，所有人都受礼的约束，包括拥有权威和权力者。民众也在礼制约束下，各尽其职，各得其宜。此治理模式，从根本上说，基于普遍的自我治理，因而呈现为多中心治理格局。而政、刑之治，从本质上是政府作为单一中心自上而下地管理民众。

由此，德、礼之治可收"有耻且格"之效。"有耻"者，有羞耻之心。有耻，则能自我约束。需要注意的是，孔子本句所说"有耻且格"，既包括民，也包括为政者。在政、刑之治中，民是政府管理的对象，故前一句只说"民免而无耻"。德、礼同时适用于为政者与民，故本句不明言民，当包括为政者。"格"的意思就是，德、礼无人不至，为政者和民都能自我约束，故能相互信任。由此，制度运作成本、也即社会管理成本将会控制在较低水平。

需要说明的是，孔子虽比较两种社会治理模式，但并不等于两者相互排斥。政、刑之治的问题不在于其运用政、刑，而在于迷信政、刑，排斥德、礼。反过来，德、礼之治却是可以兼容政、刑。因为，治国必然有政，悖礼须以刑治，此为社会治理之内在逻辑。因此，孔子的完整的理想社会治理模式是：以德、礼为本，以政、刑为辅。德、礼、政、刑兼备，方为王道。《孔子家语·刑政篇》中孔子这样论述：

> 圣人之治化也，必刑、政相参焉。太上，以德教民，而以礼齐之。其次，以政言导民，以刑禁之，刑不刑也。化之弗变，导之弗从，伤义以败俗，于是乎用刑矣。

"道之以德，齐之以礼"的主体当然可为政府：于"为政"，孔子提出之基础命题是："为政以德"（《论语·为政篇》）。但这绝不意味着，德、礼之治的主体仅限于政府。就其性质而言，德、礼与政府之间的关系并不紧密，相反，德、礼之治更多发生在社会领域。

总之，在孔子规划的社会治理模式中，政府的统治与非政府的自我治理同时发挥作用。可以说，孔子是社会自治观念、制度之中国始创者，恐怕也是人类文明史上第一个，因为彼时古希腊哲人只承认城邦政治，而全无自治观念，为了让公民全面效忠城邦，柏拉图主张解散家庭，实施共妻、共子制度。更为重要的是，孔子构造了社会自治的主体：儒家士君子；也构想了社会自治之两项重要制度：士人团体与宗族制。下文将予以论述。这些自治是完整的社会治理体系之基础。

孔子提出的治理之道不得行于天下，但秦不二世而亡，宣告了反乎孔子之道的政制之不可兴，故汉兴之初，儒家士人立刻提出"第二次立宪"[11]之绝大议题：

> 陆生时时前说称《诗》、《书》，高帝骂之曰："乃公居马上而得之，安事《诗》、《书》！"陆生曰："居马上得之，宁可以马上治之乎？且汤武逆取而以顺守之，文武并用，长久之术也。昔者，吴王夫差、智伯极武而亡；秦任刑法不变，卒灭赵氏。乡使秦已并天下，行仁义，法先圣，陛下安得而有之？"高帝不怿而有惭色。[12]

秦亡于以打天下逻辑治天下，迷信权力统治。陆贾指出，汉家统治权欲长久，必须改弦更张，从统治转至治理。陆贾命题是中国政治哲学之最重要问题，陆贾命题描述之转型是中国历朝政治生命周期中最为关键的环节。完成转型则可长久，不能完成转型，必然短命。近些年来理论界讨论之从革命党转变为执政党，实为陆贾命题之现代表述。

陆贾之后，儒家不断在理论上努力，由董仲舒集大成，形成完整的天道主义治理学说[13]。董仲舒认为，秦政的最大问题是迷信国家权力："秦继其后，独不能改，又益甚之，重禁文学，不得挟书，弃捐礼谊而恶闻之，其心欲尽灭先王之道，而颛为自恣苟简之治，故立为天子十四岁而国破亡矣。"为此，董仲舒呼吁汉武帝必须果断"更化"，从根本上改变国家精神与管理模式，奉行全新的治国原则："王者承天意以从事，故任德教而不任刑。"

汉武帝部分采纳董仲舒方案，展开第二次立宪，从多个方面着手进行制度建设，最终形成"儒家士大夫与皇权共治体制"[14]，此即汉宣帝所说"霸、王道杂之"[15]。这一转型过程，就是秦汉之变。相对于秦制，西汉中期之后逐渐形成了一套全新的社会治理模式：

首先，国家权力的性质及其运作模式有巨大变化：官员主体，从精熟刑律之刑名吏，转换为接受过儒家经典教育之儒家士大夫。士大夫多多少少地"志于道"，有独立人格，以道判断权力，包括皇帝，对皇帝不会无条件服从。由此，政治趋于理性化。同时，士大夫也多少具有道德自我约束和勤政爱民的职业伦理，政治的运作不再只是皇帝自上而下督责，官员有改善政治、改进制度之内生道德和政治动力，反而经常自下而上地推动皇帝。这就让政治运作的重心从不可靠的皇帝转到士大夫群体，更为理性，也更有长远眼光。

其次，社会自治开始发育。秦制绝不允许任何力量分散皇权，故一切社会组织都被消灭，不存在任何社会自治。士大夫执政后，因接受孔子之道，不复迷信国家权力，而相信人之自治能力，故政府可接受社会自治，甚至鼓励社会自治之发育。这种态度是社会自治得以发育之政治前提。由此，社会自治才得以快速发育，并发挥越来越大的作用，覆盖全社会，并经过磨合，与政府形成分工、合作关系。

可以说，过去两千年来的中国社会自治之基本框架大体形成于西汉中期，其创造者是儒家士人群体，有两大基础性制度。

第一个基础制度，士人群体之自我治理。

今人对儒家有严重误解，以为其仅适应于静态的农耕社会。这种说法无视基本历史事实：儒家诞生于流动性极高的时代。春秋时代，礼崩乐坏，社会开始流动。处于封建君子群体之最底层的士，得风气之先，率先在地域和社会结构上流动，以寻找更好机会。孔子形容自己是"东西南北人也"（《礼记·檀弓上篇》），孔门弟子全为"游士"。

如此高流动社会如何治理？有效治理之前提是组织化，士人担负组织社会之功能，首先需要自己组织起来。故孔子强调合群而学，所谓"独学而无友，则孤陋而寡闻"[16]。曾子曰："君子以文会友，以友辅仁。"[17]孔子第一个在封建治理结构之外将游士组织为"群"，高度自治的思想、教育、学术和政治团体。

儒家重"五伦"，五伦中，朋友、兄弟之伦不同于血缘性父子、兄弟之伦，也不同于亲昵的夫妇之伦：前两者是陌生人的合群之道，"朋友"又不同于君臣，为陌生人平等相处之道。孔门弟子之间互为朋友，弟子共学孔子之道，而有共享之知识、话语、思考方式，与共同的"志于道"的道德理想主义精神，以和而不同的原则结为学术团体，这是当时正在形成的平民化社会中第一个新型自治组织。

与诸子百家相比，尤其是与道、法两家相比，儒家合群生活之特征引人注目。但儒家团体之组织化程度又不及墨家，也不及西方教会：墨家有教会化倾向，但不适应于中国，故而自行消亡；西方教会高度建制化，在政府之外另建一个政府，从而塑造西方政、教分立而对抗之国家结构。儒家则循守中道，结成相对松散的学术团体，没有走向严格的建制化。儒家如此组织，决定了后世中国国家结构之基本格局。

儒家学术团体成为此后中国最重要的自治性社会组织。此组织以学术为本，以道义相结合。不论环境如何，历代儒家都积极兴学，如汉代经师之家学，宋明儒者之广兴书院。兴学，有志者以文会友，以义相合，以师友关系为主要联络纽带。此团体是高度自治的，由近而远，遍及天下，道德高尚、学术纯正者在其中拥有权威，在基层社会与国家政治等不同层面发挥作用。

在基层社会的微观层面上，一乡、一县之士人，因有共同的话语和志向，而互通声气，相互支持，以儒家义理主导地方社会自治，尤其是在县政层面上，与同为士人的政府主官沟通、协商，形成地方层面上政府与社会之共同治理。

在国家政治的宏观层面上，联合起来的儒家士人团体，即便比较松散，也足以确保道统始终在儒家士人群体，而非在官方。政治向上提升，趋于健全，全赖整个社会尤其是掌握资源者循道而行。但道在学中，学在士人，士人主要在民间为学、讲学，尤其是大儒，为士人群体尊仰，为道之所寄。这样的士人群体享有文化权威，据此而有社会权威，并发挥重大政治影响，迫使皇权向道、行道，即便不是全部，至少在一定程度上能够如此。联合起来的士人之道义力量约束权力，并给权力指引方向，这是多中心治理模式得以维续之重要因素。当然，士人行道最直接的办法是进入政府，即便在政府之外，也可以通过士人群体主导的社会舆论，对政治施加强大压力。清末康有为、梁启超之"公车上书"，表明儒生如何借助学术活动组织起来并发挥政治影响。

士人也创建了作为各种自治性制度之运转主体，也创建一系列制度。过去两千多年间，中国社会的一切自治性制度均为儒家士人应因于经济社会情势，运用孔子之道有意识地构造出来，并在其中发挥组织和领导作用。没有士人群体积极发挥作用，中国就没有自治，也就没有治理。

第二个基础制度是家族或宗族。

前引孔子所说"《书》云：'孝乎惟孝，友于兄弟，施于有政。'是亦为政，奚其为为政"，已清楚指出社会自治之基本机制：借助孝悌之德，维护家庭及更大范围的血亲共同体内良好秩序，此为更大范围内社会形成良好秩序之基础。

《论语》开篇首章谓：子曰："学而时习之，不亦说乎？有朋自远方来，不亦乐乎？人不知而不愠，不亦君子乎？"[18]阐明儒家以合群而学养成士君子，而士君子志在建立和改善社会秩序。士君子该从何处着手？接下来第二章如下：

> 有子曰："其为人也孝弟，而好犯上者，鲜矣。不好犯上，而好作乱者，未之有也。君子务本，本立而道生。孝弟也者，其为仁之本与！"[19]

这样的文本结构表明社会自治在儒门义理中之重要地位。曾继承孔子之位领导孔门的有子指出，通过孝悌意识之唤醒、扩充，可稳定家庭，此为良好社会秩序的基础。家本为重要的教化机构，人们在此体认普遍之仁，习得敬、爱陌生人之技艺，于家门意外，则可成为好公民。[20]在儒家看来，好人可通向好公民。

儒家发现了组织普通民众的重要机制：借助人人天然具有的血亲之爱，稳定家庭，组织家族或者宗族，把离散的庶民重新组织起来，过公共生活，并生产和分配公共品。经由儒家之阐发，家族、宗族制成为中国基层社会自我治理之核心组织形态,尽管这一制度在汉晋时代和宋明时代的表现有所不同。

需要特别予以说明的是,宗族制不是自然存在的,而是由儒家建构出来的。人固有亲情,但未必有家族尤其是宗族制,大多数文明中是没有的。而在中国,圣贤向来重视家:周代的"家"制是周公制礼而稳定下来的。从春秋末期起,封建之家制逐渐解体,秦甚至禁止大家庭制度,整个社会由离散的核心小家庭组成[21],故汉初君臣甚至不知其祖父。到西汉中期,由于儒家士人在基层社会的努力,宗族制才得以建立起来,体现为汉晋士族制度。但唐代中后期,由于各种力量冲击,士族制度又告崩溃,民众再度离散化。宋儒乃起而重建基层社会,形成了以祠堂为中心的宋明宗族制,在此制度形成过程中,朱子《家礼》发挥了极大作用。

同样需要说明的是,不论何种形态的宗族组织,都是基层社会的公共治理组织,或曰公民社会组织。[22]今人对宗族有太多误解,尤其是公民社会理论倡导者,对宗族不屑一顾甚至强烈反对。然而,宗族是民众自我组织、生产并分配公共品的公共组织,只不过运用了较为自然的人际联系纽带为其基础,但是,宗族制之运作实有赖于绅士的组织,凭借各种复杂的规则、程序和制度。只要考察一下当今南方乡村之宗族的运作,即可明白这一点。

除了宗族,传统中国社会有其他自治性组织,尤其是到明清,如行业自治组织。所有这些社会自治组织编织了多层次、广覆盖的自治网络,满足了民众的大多数公共品需求,而其组织者、领导者都是接受过儒家士人,有的有功名,有的只是接受过初级儒家经典教育——学者或称之为"绅士"。

人们经常形容传统中国社会的治理是"皇权不下县"。然而,秦制绝非如此,只是到西汉中期以来,才接近如此,宋以后尤其明显。而皇权之所以不下县,乃是因为皇权不必下县,社会自治组织生产了大多数公共品,并维持基层社会之秩序,则政府当然可以退出,只需在维护治安等问题上发挥作用即可。[23]

由于上述两大社会自治制度之确立，西汉中期以来，社会秩序之塑造和维系不再依赖单一的国家权力统治，而依循多中心治理模式：以广泛而深入的社会自治为基础，社会、政府之间分工、合作，共同治理，而在其中发挥主导作用的是儒家士人群体。

共治体制通过在社会与政府之间合理分配权威，也约束了皇权，解决了秦制无法解决的难题：超大规模文明与政治共同体之控制难题，由此实现社会秩序的稳定。有学者曾批评说，过去两千多年来，中国陷入治乱循环的"超稳定结构"[24]。但换个角度看，此一现象恰恰说明，共治体制具有明显的制度优势。在任何共同体，社会政治秩序总会因内部败坏或外部冲击而崩解，但共治体制总能让社会再度稳定下来，秘密正在于以社会自治为基础的共治。在统治—治理多次往复之历史过程中，可见儒家所发明、并不懈维护之治理模式的生机。

至于这种社会治理模式周期性败坏、崩溃的现象，丝毫不能证明其无效：人所建立之一切社会政治制度，都会逐渐败坏而解体，今天的知识分子所向往的制度，也不可能例外——历史是不可能终结的，原因十分简单：人永远不可能成为天使，前路上也永远没有天堂。有着不可克服的缺陷的人所构建的制度，具有相对优势和生命力的指标正是，人们是否重建它。儒家发明并构建的以自治为基础的多中心治理模式，显然已通过这项监测，今天仍有鲜活的生命力。

多中心治理之儒家义理

以上初步分析旨在说明，儒家治道与中国政制之主流传统是"治理"而非"统治"，故今日探寻统治转型为治理之路径，传统是绝佳的出发点，而非障碍。依中国文明几千年保持连续之大势可以预测，即便今日，可运转之良好治理模式也必定内生于中国文明脉络，尽管制度构建过程必定是开放的。

那么，以自治为基础的多中心治理模式之基本结构和运作机理如何？

概言之有六：本乎儒家义理，以学为支点，以士君子为主体，绅士组织自治，国家权力在士人政府，社会与国家分工合作。

第一，本乎儒家义理

很多人以百家争鸣质疑今日儒家复兴之呼吁和趋势，但追溯历史即可发现，儒家与诸子百家性质，实完全不同：儒家传承、阐明六经，诸子无与焉。而中国治理之道，在六经之中。自古以来，尊儒首先是尊经，尊经，社会治理方可上正道。百年中国之蹉跎曲折，皆因为离经而悖道。

当然，如司马谈所云，诸子百家皆"务为治者也，直所从言之异路，有省不省耳"[25]，但对比各家即可发现，儒家之外各家均执一端，因而窒碍难行：道家主张清静无为，固然减少国家权力对社会之干预，但无法解决必要的创制立法问题。法家致力于确立主权，提高国家能力，有助于国家应对外部压力，但迷信权力，以权力全面控制民众，悖乎人性而制度运作成本过高。墨家主张节用，固然有益于民众增进物质利益，但要求所有人的意见上同于天子，极易流入极权。三家又有共同的致命缺陷：蔑视文化，否定精英作用，抽空社会自治之根基。故三家政治思想均为国家主义，只不过法家、墨家较为明显，道家较为隐晦而已——事实上，韩非正是以法术势嫁接了老子之说。

只有儒家，秉承尧舜、三代治理之大道，在国家与社会之间寻求平衡，保持中道。欲求治理之思想、智慧，不能不进入儒家义理体系。

孔子不反对政府承担必要的管理职能，但反对国家权力迷信。针对当时正在形成的国家权力统治模式，孔子强调，个人和社会之自我治理，是形成良好秩序之基础。"修身"就是个体的自治，"齐家"就是社会最基本单元之自治。由此自治，自然不需国家权力介入。相反，在社会中，存在多元的治理权威。故从孔子开始，儒家就主张自治为基础的多中心治理模式。秦制之短命给了儒家以实践机会，汉初儒家抓住这个机会，证明了孔子治理之道可行。

由于儒家士人的阐发和坚持，历史上，每个王朝差不多都经历西汉初中期发生的"第二次立宪":王朝新建立,通常沿用暴力打天下之逻辑,建立国家权力统治架构。而后,经过儒家努力,思想学术上的阐发,教育上的努力,社会自治的构建,以及自下而上的政治推动,一般在王朝建立六七十年时,会有一次从统治到治理的转型,此即"第二次立宪"——否则,该王朝会比较短命。

统治—第二次立宪—治理之周期性变化,是中国历史上最为引人注目的政治现象。总体而言,单纯的国家权力统治始终只是短命的临时状态,治理构成漫长而连续的思想和政治传统。因而中国学人思考治理问题,实享有莫大优势;而中国形成多中心的治理模式,是有其深厚文化与社会基础的。

第二,以学为支点

国家权力统治是自上而下的,完全可以作纯粹社会管理工程来处理。社会自治却必定始发于个人,逐层向外推展,自下而上地生长。因此,自我治理能否发育,及人们如何自我治理,由人对生命之认知及人际互动之模式所决定。而人对他人的情感模式,对神人、人际关系之认知模式,以天性为本,由教化养成。故一个共同体内人群自治之形态,必由其教之义理和社会形态所决定。结论是:社会自治是道之较为直接的呈现,以教化为基础;讨论社会自治,必须从教化之道入手。

人类较为成熟的普遍教化之道,无非有二:中国式的,非中国式的。后者是神教,尤其是一神教,以排他的唯一真神信仰为中心,典型者如犹太教、基督教、伊斯兰教等。信神则有传教,传教士以神启之律法教化民众。因传教所需,而有神学及其教育体系。后古典时代相当长时期,欧洲之教育就是神学教育,神学是唯一的知识体系,希腊古典哲学仅因其服务于神学而得以复兴。

中国教化之道与众不同:从尧舜禹时代,即以敬天为本,而以礼乐之文教化万民;孔子将此文教予以转型、发展。《论语》中孔子说的第一个字是"学",孔子本人由学而成圣,孔子也兴学,以"文"教养弟子成为健全的人。孔子不要人信神,只是教人学文,"博学于文,约之以礼"[26],

即可向上提升生命，乃至于与天地参。

孔子树立学之典范，此后历代儒者都以兴学、也即兴办教育为己任。故两千多年间，中国始终有十分发达的私人办学传统：大儒办学，发展明道之学术；三家村学究办学，教养农工商庶民子弟识字、明理。

中国也有政府办学之漫长传统。汉武帝、董仲舒更化改制，其最为重要的制度创新是各级政府立学校之官，以孔子删述、儒家传承之五经养成士君子。中国建立了世界上最早的公立教育体系。它与民间办学分工、合作，构成儒家之教化体系。

今天，不光肤浅的公知，即便学界中人，对中国以学实施教化之传统基本茫然无知。见西方城乡之教堂，便以为其教化有方。殊不知，当上帝死掉，以学教化，就是唯一可行的教化之道。在今天的欧洲，神教严重衰落，那么何以教化？不能不说，孔子发明的学文之教化机制是最为平实、因而也是普遍的。

孔子之教最为伟大的地方还在于开放、包容，这体现为，在中国，完整的教化体系是"一个文教、多种宗教"：一个文教即孔子之文教，历代政府，只要足够明智，都会尊儒；但尊儒，却绝不妨碍学术和宗教自由，事实上，两千多年来，世界各大宗教都进入中国，并广泛传播；民间还有各种各样源远流长、而又花样百出的神灵崇拜。纵观人类历史，数千年来，中国是世界上宗教生态最为丰富的国家，宗教自由、宗教宽容在中国一直都是事实。最为奇妙的是，几乎所有这些宗教，都在程度不等地传播儒家价值，比如佛教的中国化，人间佛教完全是在教化信众以儒家守护之价值。[27]

以孔子之学为中心，一体而多元的全覆盖教化体系有效地教化民众，养成民众以社会自治所需之德，也即，塑造出人们的公共精神，从而有效地支持自治。这一教化体系还经常创造出自治制度，比如，祠堂是祖先崇拜场所，以祠堂为公共生活中心，民众得以组织起来，展开自我治理。佛教也创立了诸多慈善组织。

今天，整个世界仍受排他性神教相互冲突之困扰，孔子创发的文教之可贵、普遍，彰彰显著，中国人有责任把文教示范给世人。

第三，士君子为主体

任何形式的治理，不论是社会自治，还是国家管理，都需要合格的主体。儒家之学专门培养具有治理之德、能的人，自孔子以后，名为"士君子"。

关于君子，今人多从道德角度理解。然而，君子首先是担负特定社会功能之人，即社会领导者。《诗经》、《尚书》中所说的君子就是大大小小的封建共同体之君，也即领导者。正是封建的世袭的君子群体败坏，导致礼崩乐坏。孔子志在重建秩序，故创造教育，以养成君子。目的何在？孔子期望他们领导民众，重建社会秩序。《白虎通义》这样解释"君子"之义：

> 或称君子何？道德之称也。君之为言群也；子者，丈夫之通称也。故《孝经》曰："君子之教以孝也，下言敬天下之为人父者也。"何以言知其通称也，以天子至于民。故《诗》云："凯弟君子，民之父母。"《论语》云："君子哉若人。"此谓弟子。弟子者，民也。

这段话含义丰富：首先，君子就是合群能力出众之人，有领导众人之德、能。《论语》中，孔子从多个角度阐明君子之德、能，如知、仁、勇，正是这些德让君子能够赢得他人尊重，组织分散的个人为群，并让群正常运转。孔子之学，尤其是《论语》，就是君子养成之学，而君子正是重建和维护秩序之文化与社会主体。

其次，孔子办学，"有教无类"[28]，士君子群体是开放的，不论贫富贵贱，只要学，只要好学，都可成为士君子，也就可以这样那样的方式在社会不同层面、领域发挥领导作用。此为中国社会向来政治平等之文化、社会基础。今天有人羡慕西方贵族传统、贵族精神，殊不知，贵族身份来自世袭，羡慕也是徒然。其实，中国三代之君子就是世袭的贵族，但孔子对君子生成机制予以创造性转换，此后，所有人都有成为君子之机会，而这些平民士君子在社会各个层面、领域发挥之组织领导作用，丝毫不亚于世袭贵族。

社会治理以学文而养成之士君子为主体，实为中国文明超迈之处。在西方前现代，教育由教会垄断，暴力由世俗贵族垄断。由此而有两群心智完全不同的精英：有知识的人不理解世俗社会的运作，掌握权力的人没知识，两者各有所偏，且相互争斗不已。儒家以学养成之士君子则既有知识，又有德行，还有治理能力，是十分卓越的治理主体，并且能够贯通国家、社会塑造出内部各部件相互协调的社会治理体系。

第四，绅士组织自治

《大学》开篇说"大学之道，在明明德，在亲民，在止于至善"，其具体路径则是格物、致知、诚意、正心、修身、齐家、治国、平天下。可见，儒家重建和改善秩序，系由己推人，由近及远。士君子欲行道于天下，必定从修身、也即自治其身为起点，而这是社会形成良好秩序的基点，由此，士君子就近推动身边的治理，并向外推展。儒家治道，以个体和社会自治为本。

儒家文教则源源不断地培养具有治理之德能的绅士。接受儒家教育的大多数士人无从进入政府，乃留在基层社会，以自己的知识、及通过学文所养成之德行，在基层社会发挥治理作用，是为"绅士"。当然，还有不少官员，因守孝或致仕甚至贬黜，而返回乡里，同样凭其知识、德行、尤其是人脉，组织民众，在一定地域内生产公共品。

基层社会还有相当数量的人，或由于资质有限，或由于教育条件所限，只接受过初步的教育，而后进入农、工、商、医等职业领域。相对于未受教育者，他们"知书达理"，心智开明，具有生命向上的自觉，能以伦理规范要求自己，从而能在一定范围内发挥社会治理功能。他们属于低级绅士。

各种程度的绅士发起、组织、领导各种各样的社会自治。博弈论的研究清楚证明，没有士君子之发起和组织，即便每个人都深切感受到公共品匮乏之不便，也不可能自发起来生产之，因为其"喻于利"。中国传统社会之所以以自治为基础，就是因为文教不断养成士君子，而"君子喻于义"[29]。

第五，国家权力在士人政府

儒家以学养成士君子，士君子志在行道于天下；其发挥领导作用以创建和维护良好秩序的途径，大约有三：首先，兴学，教化民众，包括士君子的持续养成；其次，在社会层面建立和维护各色自治制度；最后，进入政府，改造和提升权力运作。

汉武帝创建公立教育体系，同时也依"选贤与能"之大义[30]，配套地建立选举制度，以察举程序，从接受教育之士君子中遴选德能卓越者，进入政府，担任官职。此后，官员结构发生变化，逐渐形成"儒家士大夫"，其主导政府，形成"士人政府"[31]。唐宋以后，官员遴选程序是科举，但士人政府形态未变。

"士人政府"是人类政治史上独特而成功的政制：士人政府通常从打天下形成的国家权力统治体制转型而来，经由所说的"第二次立宪"，以文治为纲领；士人政府不是世袭的，而是选举的，人人都有机会进入政府；士人政府也不是依据财富多寡分配权力，而大体上依据知识、德行和能力分配权力。

归根到底，士人政府是"贤能政府"，行使国家权力者大体上是国中最为贤能者，尽管有很多例外。在西方中世纪，教会自成政府，由读书人组成，但主要管理民众的精神。世俗贵族组成世俗政府，其人多无知识。这样，统领民众的是神和刀剑；而在中国，国家权力奠基于知识和道德。

"学而优则仕，仕而优则学"[32]，士人政府是读书人组成的政府，是人类有史以来知识水平最高的政府，经史之学给士大夫提供了丰富的为政智慧。士人政府是学习型政府：士人本来就由于好学而进入政府的，而在官员任上仍继续学习，也因此，士人政府总有政治上的活力。士人政府始终设置有专门的知识和学习机构：汉代的博士、学校、史官，明清的学校、翰林院等，这一点足以促使人们重新思考"国家"的定义。

就此而言，士人政府确实是政教合一的，然而，孔子之教不是排他的一神教，而是开放的学文之教，因而更准确的说法是，士人政府是"政学一体"。[33]这种结构不会压制其他学说和宗教,而能给各种宗教、学说之信徒提供普遍的公民教育,让人们关心公共事务;同时也实施普遍的国民教育,养成所有人之共同体意识。而神教必分裂为宗派,以神的名义撕裂共同体,中国之外的世界多因此而四分五裂,包括欧洲,中国却基本维持大一统格局,且规模日益扩大,秘密正在于士人政府的政学一体:给多元宗教以充分自由,以普遍文教维系国家之一体。纵观中国历史,有这样一个大趋势:儒家衰败,某种神教占据主导地位,国家必定解体、分裂。欲增加国家凝聚力,就须以文教贯通所有地区、集团。

第六,国家与社会分工、合作

士君子既发起、组织社会自治,又组成士人政府,则很自然地形成一种独特的国家——社会关系:分工、合作,而不是分立、对抗。

现代主流政治、社会,乃至经济理论的基本前提是国家与社会之对立性两分。此理念源于西方,以教会与世俗性政府之分立为背景,在这里,存在两个管治主体、两套管治教义、两套权威运作机制,以及两个完全不同的目标,当然是分立而对抗的。

然而,在中国,自治的领导者与政府官员是同质的:政府官员和绅士在同一教育体系中接受教育,具有共同的话语、志向、知识、德行甚至能力,因而具有共同体感。

由于这一共同背景,政府官员对绅士领导的社会自治,大体持认可态度。地方政府官员在处理政务时,与地方绅士之间密切合作,这为社会自治的发育创造了良好政治环境,地方官员甚至维护社会自治。而组织社会自治的儒家绅士对政府官员,也持尊敬态度,尊重国家权威。

于是,在中国治理体系中,国家与社会之间是合作关系。两者当然并不全然相同,但绝非对立;两者当然存在紧张,但本质上是合作的。社会承担了大量公共品生产与分配功能,因而,政府可以是小的。尤其是地方政府,如县一级政府,基本上是维护安全的司法型政府,民众正常生活所需要之公共品多由地方绅士组织生产和分配。但这种公共品生产和分配活动又不是社会独立完成的，官员常在其中扮演发起、协调的作用。[34]

这样，在中国，国家和社会倾向于相互渗透乃至内嵌：社会自治内嵌于国家权力运作过程中，反过来，国家权力也可进入社会自治领域中。西汉以来中国正统治理模式是：同一个儒家士君子群体用两种相互配合的治理制度，追求同一秩序目标。这一重大的中国经验迫使人们从理论上反思从西方传来的整个概念体系：国家究竟是什么？社会究竟是什么？两者一定是完全不同的事物吗？分立而对抗是普遍而正当的吗？

文化复兴，治理重建

上面刻画了西汉中期形成之以自治为基础的多中心治理模式，在此体系中，政府只是一个中心而已，社会领域另有多个权威。故相比于西周之封建制，其政府当然是大的、强的；但相比于秦制，其政府则是小的、弱的，国家资源动员能力实有所下降。尤其是宋代以后，持续大幅度下降。

最简单的政治算术可揭示这一点：西汉中期，中国人口约五千万，县、道、国、邑等县级单位共一千五百八十七。[35]北宋盛时，人口到一亿，设县一千二百三十四。[36]清光绪三十一年，台湾、新疆、东北已设省，人口到四亿，全国设县凡一千三百五十有八。[37]人口是西汉七八倍，县级单位增加极少，则每县平均管理人口大幅度增加。

同时，县级机构及其以下机构设置，更为简陋：秦汉时代，县令、长之下设有丞、尉，另有斗食、佐史等吏员，均食国家俸禄。县下设乡建制，乡有三老、有秩、啬夫、游徼；乡下设里，有里正，直接管理民众。到清代，县设知县，另有教谕、县丞、主簿、典史，但这些佐贰官常无人掌领，县政府差不多就是"一人政府"[38]。至于县以下则没有乡、里建制，只有保甲之类松散的组织。

据此可以推测，过去两千年间，在儒家的努力下，政府日益变小，政府控制民众的权力不断收缩，相应地，政府提供公共品的能力持续下降。自治组织替代了政府，承担基层社会大多数公共管理职能。小政府是中国政制之显著特征，这是儒家长期驯化权力、改造政治的成果。

此为传统中国社会治理模式的优势，不过，在中国卷入全球贸易体系之后，优势转为劣势：中国的政府太弱小了。宋代以来，工商业日益发达，尤其是中国海外贸易迅速扩大，中国经济成为全体贸易体系之驱动力量，明清时代的中国甚至已成为世界工厂[39]。但在儒家"国不以利为利、以以为利"[40]、故不与民争利之观念支配下，面对商业、国际贸易，政府过于谨慎、消极，未及时为之提供必要的基础设施和制度保障，也未从商业和国际贸易中征取适度税收，用于国家的物质和制度建设，而这反过来制约了工商业和贸易的进一步发展。

在中国驱动的全球生产、贸易体系中，西方反而后来居上，以其坚船利炮压迫中国。但此时，中国经济力量尚算强大，只是政府的政治统合能力太低，国家趋向碎片化，资源动员能力低下，中国虽大，却无力动员足够社会和物质力量参与弱肉强食的国际竞争，反成他人俎上之肉。[41]不过，中国社会的底盘极有韧性，因而未像印度那样沦为殖民地。

向来具有忧患意识、而又好学的儒家士大夫，深切地认识到中国的困境，尤其是在败于日本之后，乃致力于模仿西方，建立新型国家体制，目标是"富国强兵"，即提高国家之组织化水平与政府动员资源之能力。此为19世纪中期以来中国思想和政治之基本主题，曾国藩、李鸿章、张之洞主导的自强运动，清末新政与立宪，中华民国之建立与国民党以党建军、以党军治国，乃至于中国共产党20世纪中期建立的独特体制，宗旨均在提高国家组织化水平与资源动员能力。

两千多年前的历史重演了一次：战国时代，法家之核心主张正是"富国强兵"，各国均致力于强化国家动员能力。可以说，现代中国思想、政治人物的思想底色正是法家[42]，相应地，社会自我治理被有意、无意地削弱。尤其是国民党在经历多次失败之后，模仿苏俄，引入以意识形态政党动员、统合社会的全新社会组织模式，是为"党治"。20世纪中期，演变出其完备形态：发动广泛而深入的阶级斗争，打破基层社会原有联系纽带，摧毁其文化基础；由现代意识形态支撑的国家权力，通过单位制度，重新编组所有人，把每个人细致入微地编入国家自上而下的控制体系中。

这是一个超级秦制，比之秦制的控制更为全面、彻底。也就是说，19世纪后期以来的中国，重复了一次从治理到统治的彻底转换，塑造和维护秩序的唯一主体是具有清晰意识形态指向之国家。在中国历史上，甚至在人类历史上，这是国家控制民众的最高水平，自然也达到国家动员能力的极限，国家可高效率地动员每人之人身及其所拥有的财产。

与秦制相同，这一超级秦制注定了不能长期维持。70年代中后期，国家全面统治机制开始松动，架构仍在，控制力持续衰减。由此而有经济增长，社会重现活力。但由于长期破坏和持续压抑，社会领域的自我治理机制未及时发育。故过去30多年，财富有大幅度增长，但存在大面积治理真空，深度秩序不良，此情此景，十分类似于汉初黄老之治的情形。

也许，中国正在进入一个新时代。据历史大势可有把握地说：今日中国已初步进入另一秦汉之变的历史环节，从国家权力的统治，转换到自治为基础的多中心治理。而此一转变能否顺利完成，取决于精英群体是否具有文化自觉。

过去几十年来，各方面在努力地寻找国家全面控制失灵之后的治理真空，但文化的不自觉，或者说反文化、反传统的心智，让这些努力事倍功半。举两个例子或许可以说明：

第一个例子，村民民主自治实践之困境。

70年代末，农村陷入绝境，乃由家庭承包制之实施，随之，公社控制体系解体。离散的乡村如何重新组织？以祠堂为中心的宗族治理机制当时已在自发恢复，但城市精英和国家对此拒不承认，反以行政力量予以打压，阻止其成为正式制度化。

为填补正式制度空白，同样是运用行政力量，向乡村导入村民民主自治制度。然而，"民主自治"根本就是自相矛盾的概念：自治之首要含义是自主选择治理模式，可以是民主的，也可以不是。一刀切地自上而下推动投票式村民民主自治制度，本身有违自治之义。

当然，村民民主自治对于推进民主建设，确实具有一定样板作用。但在现实中，在很多乡村，由于缺乏社会内在机理之支持，高度程序化的选举过程撕裂乡村社会，本来温情脉脉的乡村陷入无休无止的公开权力斗争漩涡，本来可以发挥作用的民间自发自治制度，反被殃及，导致乡村治理荒漠化。投票程序也为社会边缘人群及新富人士控制乡村权力提供了合法渠道。[43]

第二个例子，市民社会理论的实践困境。

80年代以来，学界开始思考如何重建国家全面控制失灵之后的社会秩序，然而，当时主流学人普遍有超级秦制之生活经验，又接续新文化运动以来激进反传统情绪，故几乎普遍地以自己经验过的20世纪中期，想象两千年中国历史，只有皇权专制，没有社会自治。那么，如何想象并构建社会自治？学界与实践者在自我切断历史文化联系之后，以悲壮的心情决心平地起高楼。在理论上，移植欧美市民社会理论，并据此进入实践。[44]

然而，这些论者忽视了，市民社会理论基于国家—社会之两分、对抗或国家—市场—社会三分、对抗范式，而此范式源于基督教会与欧洲世俗政府两分、对抗之特殊历史，并不必然是普遍的。不加反思地在中国运用这一理论，以对抗国家的姿态从事自治实践，人为造成自身与国家的紧张、对抗，又无法得到民众的呼应。其结果，20年来，市民社会理论上虚热，现实中无根。

国家权力全面统治体制既不可取，又不可行，须转型至社会自治的多中心治理模式，此为中国相当长时间的根本任务。为此，需要广泛的社会自治，也就需要国家权力对自治的容受、配合。那么，自治从何而起？人们何以有意愿、且有能力发起、组织、维护自治？政府官员具有何种心智，方能认可民众自治？什么样的情感和认知，能让自治组织与政府之间乐于分工合作而不是猜疑、敌对？

凡此种种看起来不那么高大上的技术性问题得以解决，多中心治理模式才有可能生成。而所有这些问题之有效答案，看起来都指向了人的心智和认知，而这是由文化塑造的。不得不说，以自治为基础的多中心社会治理模式之生成，需要文化自觉，理论上、实践上的都需要。[45]

　　检视上节刻画之中国正统治理模式，即可发现，今日中国为走向善治，最经济的正道就是回归，儒家治道在今天是全然可行的，而丝毫没有过时违和之感：儒家文教不靠神灵信仰，可施行普遍的公民教化和国民教化，而不排斥其他学说、宗教。所有人都可通过文教养成为士君子，首先自修其身，也即自治其身，进而在自己熟悉的领域发起、组织、维护自我治理，由近及远地扩展。士君子的优秀者进入政府，自我约束，同时设计各种制度，约束权力，利民惠民。由于具有共同的知识、话语、志向，社会领导者与官员可相互信赖，如此，则国家与社会不再敌对。企业家也可成为士君子，故市场内嵌于社会中，并与政府形成适当关系。所有这些都是现代的，在中国文明脉络中是可行的。

　　当然，需要立刻补充的是：构建多中心治理模式绝不是封闭的，既不可能，也不必要。文教中国向来是开放的，士君子向来是好学的，包括制度学习。但制度学习，当有主体意识，外来制度须纳入文明内生之治理框架中，在恰当位置上发挥作用。"中体西用"，实乃万世不易之大法。

　　值得注意的是，近两年来，执政党领导人已清晰表明其肯定、进而重建中国文化的政治立场。此为大半个世纪以来中国文化政治之根本变化。顺理成章地，关于社会治理，已出现一些新动向，如相关部门负责人和官方媒体多次谈论"乡贤"[46]。文化重建的治理效应，已初步显现。这一大节目若能持续，则随着中国文化重建，中国完全有可能完成从统治到治理的转型，让激荡了百年之社会秩序逐渐稳定下来。若文化复兴浅尝辄止甚至中断，则中国断无可能形成有效的多中心治理模式，而难免沦为今日世界常见之失败国家。

【注释】

[1] 关于礼治之简明分析，可参看姚中秋：《国史纲目》，海南出版社2013年版，第100—112页。对此更为详尽的分析，可参看姚中秋：《华夏治理秩序史》第二卷《封建》（下册），海南出版社2012年版。

〔2〕《论语·颜渊篇》。

〔3〕拙文《孔子反对铸刑鼎的宪政涵义》（收入秋风：《立宪的技艺》，北京大学出版社2005年版，第318—335页）对此有所讨论。

〔4〕关于王权制略微详尽的分析，可参见《国史纲目》，海南出版社2013年版，第189—202页。

〔5〕《论语·为政篇》。

〔6〕关于秦制的基本结构与运作机理，可参见《国史纲目》，海南出版社2013年版，第203—215页。

〔7〕《新书·过秦中》。

〔8〕谭嗣同在其《仁学》中说，"两千年来之政，秦政也，皆大盗也"（蔡尚思、方行编：《谭嗣同全集》下册，中华书局1981年版，第337页）。

〔9〕毛泽东晚年诗作《读封建论·呈郭老》谓"百代都行秦王政，孔学名高实秕糠"。

〔10〕关于黄老之治之得失，可参见《国史纲目》，海南出版社2013年版，第216—228页。

〔11〕关于第二次立宪概念的含义，可参见拙文《道统、儒家与宪法秩序》，见高鸿钧主编：《清华法治论衡》第17辑，清华大学出版社2013年版，第9—28页。关于儒家推动西汉第二次立宪过程的描述，可参见《国史纲目》，海南出版社2013年版，第245—259页。

〔12〕《史记·郦生陆贾列传》。

〔13〕董仲舒学说的简略版本，可参见《汉书·董仲舒传》所收"天人三策"，对其义理之解读，可参见拙文《天人之际的治道：广川董子"天人三策"义疏》，收入姚中秋：《儒家宪政主义传统》，中国政法大学出版社2013年版，第48—101页。

〔14〕关于这种体制的结构之描述，可参见《国史纲目》，海南出版社2013年版，第260—284页。

〔15〕《汉书·元帝纪》。

〔16〕《礼记·学记》。

〔17〕《论语·颜渊篇》。

〔18〕《论语·学而篇》。

[19]《论语·学而篇》。

[20] 精通西方文化、而对中国文化又有深入理解的辜鸿铭,在翻译《论语》为英文时,即将"悌"对译为公民之道(be a good citizen),见"The Discourses and Saying of Confucius",收入《辜鸿铭文集》下,黄兴涛等译,海南出版社1996年版,第348页。

[21] 商鞅变法措施有这样一条:"民有二男以上不分异者,倍其赋",男子成年后,必须与其父母分家(《史记·商君列传》)。

[22] 关于这一点,可参见姚中秋:《重新发现儒家》,湖南人民出版社2012年版,第44—58页。

[23] 有学者这样描述绅士的治理作用:"他们视自己家乡的福利增进和利益保护为己任。在政府官员面前,他们代表了本地的利益。他们承担了诸如公益活动、排解纠纷、兴修公共工程,有时还有组织团练和征税等许多事务。他们在文化上的领袖作用包括弘扬儒学社会所有的价值观念以及这些观念的物质表现,诸如维护寺院、学校和贡院灯。"(张仲礼:《中国绅士:关于其在十九世纪中国社会中作用的研究》,李荣昌译,上海社会科学院出版社1991年版,第54页)这位学者又指出,在县一级,"官吏们所做的事,极为有限,绅士所干的事,往往取代了官府的政事。绅士的这些事或许可称为'半官方'的,因为绅士代政府而行事,但又不是政府的代理人。绅士仍然是一个社会集团,在自愿的基础上行事"(同上,第57页)。

[24] 参见金观涛:《在历史的表象背后》,四川人民出版社1984年版。

[25]《史记·太史公自序》。

[26]《论语·雍也篇》。

[27] 关于这一问题,可参见拙文《一个文教,多种宗教》,载《天府新论》,2014年第1期。

[28]《论语·卫灵公篇》。

[29]《论语·里仁篇》。

[30]《礼记·礼运篇》。

[31] 钱穆先生多就以士人政府为线索叙述西汉以来中国政制,关于士人政府之成立,可参见钱穆:《国史大纲》,修订本,商务印书馆1996年版,第一三八——一四九页。

〔32〕《论语·子张篇》。

〔33〕关于文教及其对政治、政府的影响，可参见姚中秋：《论政教：另一种政治、政府》，载《开放时代》，2014年第3期。

〔34〕关于绅士与行政官员之间的分工、合作关系之个案分析，可参见瞿同祖：《清代地方政府》，范忠信、晏锋译，法律出版社2003年版，第281—314页。

〔35〕《汉书·百官公卿表上》。

〔36〕《宋史》卷八十五，《地理一》。

〔37〕《清史稿》卷一百十六，《职官三外官》。

〔38〕瞿同祖：《清代地方政府》，范忠信、晏锋译，法律出版社2003年版，第28页。

〔39〕有西方学者分析指出，明清时代，中国的瓷器、丝绸等制造品具有强大竞争力，为弥补顺差，而吸纳大量白银，于是，中国内部的价格变动，反过来对全球经济产生巨大冲击，据此可以说："整个世界经济秩序当时名副其实地是以中国为中心的。哥伦布以及在他之后直到亚当·斯密的许多欧洲人都清楚这一点。只是到了19世纪，欧洲人才根据新的欧洲中心论观点名副其实地'改写'了这一历史。"（[德]贡德·弗兰克：《白银资本——重视经济全球化中的东方》，刘北成译，中央编译出版社2000年版，第169页）

〔40〕《礼记·大学》。

〔41〕许小年在一个演讲中说：中英鸦片战争时，中国GDP为世界第一，但清朝政府可动用的资源极为可怜。由于古老的税收体系，清政府能用的资源只是每年GDP的3%，而英国政府当时可动用的资源是当年英国GDP的60%。

〔42〕汉代以后，法家在思想学术乃至政治上，基本上是被否定的，但20世纪迥然不同：法家获得多位重量级人物肯定，如梁启超、章太炎，另有"新法家"思想之兴起。毛泽东晚年也发动"批林批孔、评法批儒"运动，肯定法家代表历史进步，也在此脉络中。关于这一问题，可参看程燎原：《晚清"新法家"的"新法治主义"》，载《中国法学》，2008年5期；周炽成，《韩非子之学的复兴与新法家的产生：20世纪初、中期的历史回顾》，载《华南师范大学学报（社会科学版）》，2010年第2期。

〔43〕仝志辉在《农村政治体制改革三十年的回顾与前瞻》（载《科学社会主义》，2008年第6期）一文及其他文献中，对此有所分析。

〔44〕作为较早引入市民社会理论的学者,邓正来曾反思提出,"在对中国问题进行研究的过程中,我们还必须拒斥一种我所谓的'前反思接受取向'",此即"现代化框架",其在中国市民社会研究中的主要表现是:"1)论者们认为,西方发展的经验乃是在自由市场经济的基础上建构市民社会、进而在市民社会的基础上实现政治民主化。这一认识向中国现代化发展的投射,强烈地暗含了对西方实现政治现代化的道路具有普遍有效性的预设。2)中国市民社会研究在某种意义上是在承认西方现代化与中国传统这一两分界定的基础上展开的,其间最为凸显的方面是,大多数研究都否定中国以亲情血缘为基础的文化网络之于整合中国市民社会的正面意义,忽视中国自身发展的经验对于形成中国市民社会品格的可能性。"(《"生存性智慧模式"——对中国市民社会研究既有理论模式的检视》,载《吉林大学社会科学学报》,2011年第2期,第6—7页)

〔45〕前引邓正来文章也论述了研究市民社会必须回到中国。

〔46〕比如近两年来,《光明日报》连续刊登文章介绍新乡贤,或从理论讨论乡贤的作用,光明网也开设"新乡贤新乡村"专题(http://topics.gmw.cn/node_56080.htm)。

(本文作者姚中秋为北京航空航天大学人文与社会科学高等研究院教授)

Abstract

Distinguishing governance from government is conducive to understanding, analyzing and describing traditional Chinese politics. Since the Confucius, China faced two different and even contradictory doctrines and systems with regard to shaping and maintaining social order. One is the "State Power Model" advocated by the Legalism School and the other is the "Multi-centric Governance Model" championed by the Confucius school. This article traces the origins of governance ideas to the Confucius and details its formations in history. Based on Confucian ideas and China's own historical experiences, the article also analyses some theoretic issues regarding the ways how governance is practiced in China. Judged from China's historical experiences, the author argues that China is in amid of huge upheavals today and some kind of cultural renewal will facilitate China in its transition from government to governance.

Keywords

Confucius School; Governance; Chinese Political Tradition

比较视野中的中国社会团体[*]

——基于中国社团调查（2001—2011）的国际、地区、年度比较

[日] 辻中丰　[日] 小桥洋平 著　黄媚 译

摘　要：要理解中国政治社会中发生的各种现象，寻找适当的参照物进行比较分析是不可缺少的过程。在社会科学中，不做比较即对中国的特殊性下定义，或是随意添加修饰语都会使结论本身显得苍白无力，不具说服力。本文旨在通过将中国的社会团体进行各个层级的实证比较，对社会领域中发生的现象是否具有国际共通性做一个探索性的记述分析：通过以日本、韩国作为主要参照物进行国际比较，来定义中国社团在政治社会中的位置与功能；通过对北京市、浙江省和黑龙江省进行地区间比较，来考察社团发展在各地区经济、社会活动、政策等方面的特征；通过与北京大学的合作，实现了对中国社团的两次跨年度调查：2001—2004 年和2009—2011 年，来考证急速发展的中国政治社会变迁下社团的特征和性质变化；对成立了党组与没有成立党组的社团在资源、行动、政策认识等方面进行比较，来考察党在社会领域中的影响力与管理的实效性。最后，依据国际比较、地区比较、跨年度比较、有无党组织的社团间比较的结果，

---

[*] 本文是辻中豊、李景鹏、小嶋華津子编『現代中国の市民社会・利益団体—比較のなかの中国』「第4章　比較のなかの中国市民社会組織—概況」（木鐸社，2014）的中文译文。本中文译文进行了部分修改。

对中国社团的普遍性与特殊性进行总结。

关键词：中国社团　国际比较　地区比较　年度比较　党组织

引　言

无论从哪个角度研究中国，最后都容易得出中国与其他国家没有太多相似性的结论。能与中国进行可比的国家有限，人口数量上仅印度，国土面积也只有俄罗斯、加拿大、美国、巴西等几个国家可以匹敌中国。上世纪90年代开始推行的"社会主义市场经济"，政党—国家（party-state）体制，这些特征无一不在说明中国就是"北京共识"、"中国模式"。[1]尽管如此，要理解中国政治社会中发生的各种现象，寻找适当的参照物进行比较分析是不可缺少的过程。在社会科学中，不做比较既对中国的特殊性下定义，或是随意添加修饰语都会使结论本身显得苍白无力不具说服力。本论文旨在通过将中国的社会团体（以下简称"社团"）进行各个层级的实证比较，对社会领域中发生的现象是否具有国际共通性做一个探索性的记述分析。现阶段我们采取这样的比较分析，希望为今后建立假设、构建理论提供基础。对于探索性的比较分析，日本学者大岳秀夫提到了"类型识别"和"功能说明"方法的实效性。[2]借此，我们也采用这两种方法，在考察中国社团与其他国家的相似性（类型化）的基础上，对其是否具有特殊性或普遍性进行分析与说明。

Japan Interest Groups Study（以下简称"JIGS调查"）调查提供了将中国进行类型化的各种参照物。[3]首先，JIGS调查对象涉及发达国家、亚洲主要国家、金砖五国等主要新兴经济体国家，从1997年的日本社团调查开始，至今已收集了15个国家的社会组织调查数据。另外，为便于进行国际比较，本调查基于各国的问卷基本相同的原则。[4]本文将充分利用JIGS调查数据的优势，对中国社团进行各个层次的实证比较分析。

第一，将东亚地域文化的共通性，以及尽管存在发展阶段不同，但都具有"发展导向型国家"（developmental orientation state）特征的日本、韩国作为主要参照物进行国际比较，从而定义中国社团在政治社会中的位置与功能。通过与日韩社团的比较，分析得出中国社团的特殊性以及与其他国家的相似性。在进行国际比较中，我们将首都作为研究对象，分析结果都基于北京、东京和首尔的数据。

第二，将对国内三省市（北京市、浙江省和黑龙江省）进行地区间比较。中国社团的成长，深刻地受到改革开放政策的影响。目前在民政部门登记成立的社团，它们的活动领域大多集中在中国政府鼓励发展的社会服务类领域，比如工商业服务、科学研究、农业和农村开发、社会服务等领域。因此，社团发展的特征可以反映各地区经济、社会活动、政策等特征。

在与北京大学的共同研究中，我们实现了对中国社团两次跨年度的调查。2001—2004年的第一次调查之后，为了见证急速发展的中国政治社会的变迁，我们于2009—2011年又开展了第二次调查（第二次调查对象除社团以外，还有民办非企业和基金会）。在政治社会变革还初露端倪的21世纪早期，我们记录的社团特征，是否也经过中国10年的经济政治的改革，同样发生了变化呢？随着经济社会的进步，中国社团的哪些特征、性质是固有的呢？

第三，将通过两次跨年度的调查数据结果来进行考证。

第四，将对成立了党组与没有成立党组的社团在资源、行动、政策认识等方面进行比较，考察党在社会领域中的影响力与管理的实效性。政党—国家体制是中国政治体制的特征，党不仅对政府采取"以党统政"的管理方式，也试图通过基层党组织实现对社会领域的管理。实际上，党组的存在对社团的行动产生了什么影响呢？

最后，将依据国际比较、地区比较、跨年度比较、有无党组织的社团间比较的结果，对中国社团的普遍性及其特殊性进行总结。

一、国际比较中的中国社团

本节将通过对JIGS国际调查中各国社团的成立时期、活动领域的比较，推测各国社团的历史形成和类型分布的分析，获取对中国社团整体结构的认识。在进行国际比较分析之前,需要对中国社团的数据作两点说明。第一,中国的调查对象仅限于省级以下的社团(全国级社团不在调查对象之内);第二,中国社团的活动区域仅限于登记的各级民政局的管辖范围之内。

1. 成立时期[5]:政策因素和社会因素的影响

图1是JIGS调查各国社团成立时期的分布图。大多数国家的社团成长都印证了莱斯特·M.萨拉蒙"全球结社革命"的一致性,即这些国家的很多社团都是在1980年代后期至1990年代成立的。尽管本文由于篇幅有限不深入探讨各国社团成立的原因,但可以推测,在不同政治体制以及经历不同经济社会发展阶段的一些国家,在经历结社革命这一现象的背后,还是存在一些共通的原因。但日本除了NPO之外,其他社会组织的成长并没有受到结社革命浪潮的波及。[6]从数据解读中国社团特征,1980年代、1990年代和进入2000年之后,都出现了加速发展的趋势,这几个时期也是中国政治经济社会的转折点。1980年代,国家将权力逐渐下放给社会领域;1990年代,"南方"讲话之后,经济体制改革推向了纵深;进入2000年之后,国家强化了社会组织的功能,可以说中国社团的兴起刻上了国家政策和政治改革方向的烙印。

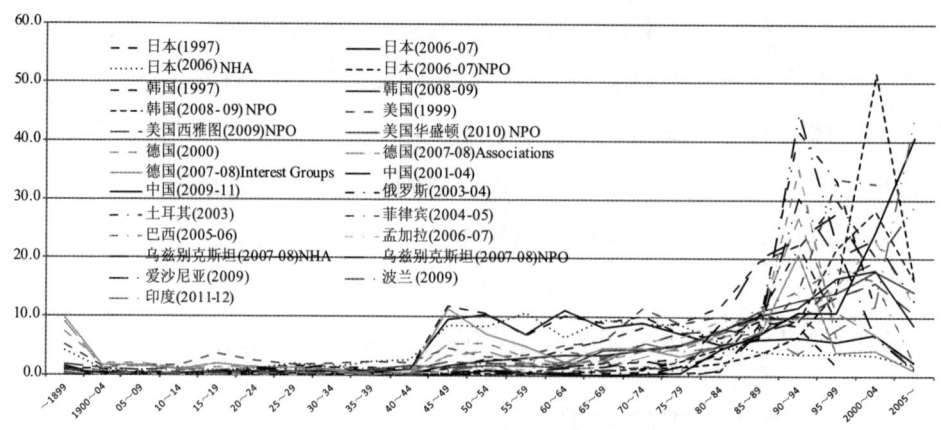

图1 JIGS各调查国的社团成立年(%)

注:( )内为实施调查年度。

来源:基于JIGS调查数据,作者自绘。

中国社团成立时期的趋势和特征，可以通过中国三地数据得到进一步观察（2009—2011年第二次调查）。从图2可知，中国社团成立的第一个浪潮要追溯到1950年代，三省的社团都是在1950年后设立的。究其原因，一是1949年新中国成立之后，在国家建设的政治需求下，社团得到了清理、整顿和发展，另外，1950年国家颁布了《社团登记暂行办法》，制度因素也是促进社团发展的原因之一。但也正由于建国后，国家对民间结社的清理、整顿，也使得中国形成了与其他国家不同的特征，其实很多国家在1944年（第二次世界大战），甚至在1989年之前就已经出现了一个社团成长的高峰期。[7]

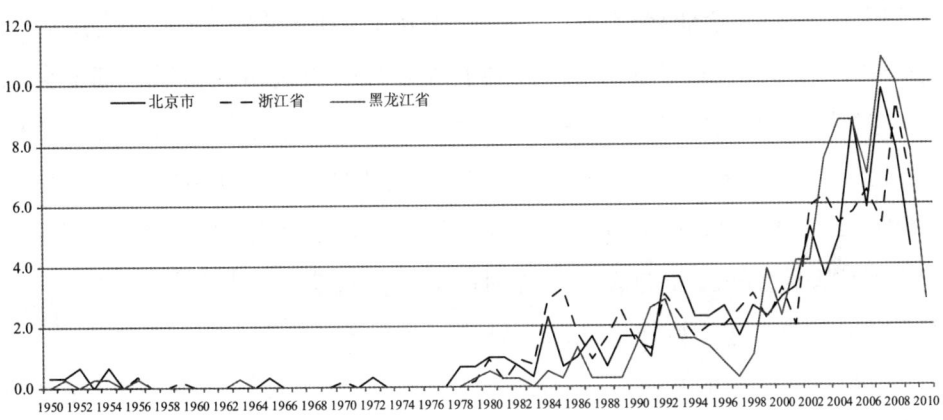

图2　北京市、浙江省、黑龙江省社团成立年（%）

来源：基于中国社团第二次调查数据，作者自绘。

中国社团成立时期的第二个特征是，有90%的团体都是在1980年代之后成立的。1980年代（1981—1990）成立的社团占调查总数的12.0%（N=143），1990年代（1991—2000）为23.1%（N=275），2001年之后为62.1%（N=740）。这一特征可以理解为，1978年民政部成为社团登记管理的政府部门，1982年宪法修改中对结社的重新定义，1989年实施《社会团体登记管理暂行条例》开始对社团管理规范化，以及1990年代之后市场经济的发展为社团的成长提供了经济、社会资源，这些政策和经济因素都促进了社团在1980年代以后的增长。北京、浙江、黑龙江三省市社团的成长周期存在一定偏差，可以理解为在宏观的国家政策因素之外，各地区的社会、经济因素也同时左右了社团发展。总之，政府对社团的政策诱导，以及社团作为正式社会组织的性格非常明确，从社团成立背景的分析，可以预测政府改革及对社会领域管理方式的动向。同时，社团的成长也反映了经济成熟度、个人需求的增加、政府也可以从社团的成长背景中获取结社对政治社会的影响。

社团的成长深受国家政治经济体制的变迁的影响。接下来，我们将主要的经济指标与社团数进行相关分析。第二次中国调查数据中，三省市的社会组织总数与实际GDP（Real GDP）之间的相关系数分别是，社团（0.746）、民办非企业单位（0.822）、基金会（0.834），三类社会组织与实际GDP的相关性都非常强。[8]控制了成立时期的偏相关结果，基金会和民非与实际GDP之间的相关系数为0.484和0.363，与人均GDP之间的相关系数分别为0.489和0.363，而社团与实际GDP和人均GDP的相关系数则为0.121、0.120。可以说明，GDP或生活水平随年度的增长、提高，更促进了基金会和民非的成长，特别是基金会的偏相关与投资、总储蓄的增减相互连动，这一特征比社团和民非更为显著。[9]

再看一下全国的数据，全国的社会组织总数与实际GDP之间的单相关系数分别是，社团（0.780）、民非（0.892）、基金会（0.980），三项数据的系数都超过了0.7，三类社会组织合计数与实际GDP之间的相关也达到了0.954，充分证明社会组织数与实际GDP之间的相关性非常强。[10]人均GDP与社会组织数之间也都具有相类似的结果。另外，控制了年度变量的偏相关，只有基金会与实际GDP之间为0.761，人均实际GDP之间为0.735，显示了较强的相关性之外，社团和民非的偏相关系数则分别降至0.2以下。总体来说，中国社会组织数的增加与其他民主主义国家具有相似性，即经济发展、国民生活水平的逐年提高促进了社会组织的增加，特别是基金会的成长。[11]

2. 活动领域："发展导向型国家"特征的社团结构

作为描述社团结构的第二个要素，分析社团的活动领域及其比例构成也非常重要。充分了解社团结构特征中的政策和社会要因，能够为理解体制的性格提供线索。首先，如何给社团进行分类，学者之间都有不同的标准。由于 JIGS 是大型的跨国调查，为了便于国际比较，有必要选取大分类的标准。我们在这些分类中，选取了 Jack L. Walker 提出的分类标准，将社会组织分为四大类（"营利部门"、"非营利部门"、"市民部门"及"其他"）。[12]

首先，从 Walker 的分类可以确定，中国社团的范围具有一定的局限性，民政部门登记的社团不包括工会组织。工会作为人民团体，被免除在民政部门登记的规定之外，一部分从事劳动者权益保护的劳动团体也作为草根组织或企业登记，民政部门也无法统计，使得其他国家定义下的劳动团体，在中国的具体数目不得而知。因此，在进行国际比较时，"营利部门"和"市民部门"的社团比例会有一定的出入。同样，中国社团的特有性质，将"科学研究"领域活动的社团分类为"营利部门"还是"市民部门"，或是纳入到两个部门中，也是很难界定的问题。[13]尽管如此，我们还是尝试克服国家比较的局限，将中国的社团（北京）与日本（东京）、韩国（首尔）的社团的活动领域进行了如下比较（表1）。

表1 中日韩社团类型构成比例

四大分类	北京			东京			首尔		
	小分类	有效数	%	小分类	有效数	%	小分类	有效数	%
营利部门	农业和农村发展	43	14.2	农林水产业	107	6.0	农林水产业	4	1.5
	工商业服务	43	14.2	经济、行业	493	27.5	经济、行业	16	6.2
				劳动	104	5.8	劳动	10	3.9
	小计	86	28.5	小计	704	39.3	小计	30	11.6
非营利部门	教育	17	5.6	教育	104	5.8	教育	12	4.6
				与行政相关团体	99	5.5	与行政相关团体	4	1.5
	社会服务	24	7.9	福利	101	5.6	福利	38	14.7
	专家	10	3.3	专家	121	6.8	专家	8	3.1
	卫生	15	5.0						
	法律	2	0.7						
	小计	68	22.5	小计	425	23.7	小计	62	23.9

(续表)

四大分类	北京			东京			首尔		
	小分类	有效数	%	小分类	有效数	%	小分类	有效数	%
市民部门				政治	25	1.4	政治	2	0.8
	生态环境	2	0.7	市民	79	4.4	市民	40	15.4
	科学技术、研究	60	19.9	学术、文化	243	13.6	学术、文化	13	5.0
	文化	13	4.3						
	体育	27	8.9	兴趣、体育	80	4.5	兴趣、体育	9	3.5
	宗教	5	1.7	宗教	9	0.5	宗教	48	18.5
	小计	107	35.4	小计	436	24.3	小计	112	43.2
其他	其他	41	13.6	其他	227	12.7	其他	55	21.2
合计	N（有效回答数）	302	100.0	N	1792	100.0	N	259	100.0

来源：基于JIGS第二次调查（中国、日本、韩国）数据，作者自绘。

中日韩三国比较的结果，由政策诱导而逐渐活跃的中国社团，"营利部门"社团的比例较高，类型化为在经济、生产相关领域较多的类型。而且这个比例还没有像其他国家那样包含了工会数，都具有如此显著的特征，这一特征也与日本的社团结构相似。总之，在保留一些条件下进行的跨国比较，中国、日本社团的活动领域具有相似性，中国也具有发展导向型的社团结构。[14]韩国的社团曾经也具有很强的发展导向型的特征，但伴随着民主化的进程，社团结构也随之发生了急速的变化。[15]

3. 活动目标：利益代表性与政策关心领域

从社团的成立目的[16]、政府政策关心的领域、负责人的政治倾向，可以考察社团在未来活动中的目标。我们将问卷中社团的成立目的按不同功能分为以下四类：（1）对会员提供服务、启蒙、交流活动等团体治理、社会自治功能；（2）维护会员的权益、争取从政府那里获取优惠政策等政治利益的政治经济功能；（3）对政府的政策、法规实施影响的倡导功能；（4）向一般大众或团体外部提供服务、参与公益活动等社会公共功能。

中日韩三国社团的成立目的比较结果，显示出了以下特征：第一，为会员提供服务等的团体内部治理、社会自治功能的比例，北京为71.6%，比东京 80.0% 稍低，但与首尔的 73.7% 相比不存在统计上的显著差异。第二，以维护会员权益为目的成立的社团，北京为 41.8%，比东京的 20.7%、首尔的 35.1% 高。为获取政治利益为目的成立的社团，北京为 30.1%，这一比例也比东京的 13.4%，首尔的 14.1% 高，并且存在显著性差异。中国的社团在成立初始，就开始具有作为利益团体[17]的目的。第三，也就是党和政府所期待社团实现的向一般大众提供服务的社会公共功能。这一比例北京为 47.1%，比东京 50.4% 和首尔 60.7% 稍低，但与东京不存在显著差异。另外，对政策实施影响的倡导性功能上，北京较低（13.1%，东京 34.8%、首尔 20.8%），且存在显著性差异。总之，中国社团除了政策倡导性功能较弱之外，在社会自治、维护会员权益、参与公益活动等方面与日韩的社团不分伯仲，从成立之时，就具有利益团体的潜在特征。

除了成立目的之外，社团对政府政策的关心，也是其从一般的组织向利益团体转化的起点[18]，表 2 列出了中日韩三国社团的政策关心领域的分布。中国与日、韩比较的最大特征是，中国社团整体来说对政府政策的关心比例都非常高。特别是对产业振兴政策、财政政策、地方性政策及地区发展政策等领域的关心尤其突出。

表 2 政策关心领域

北京				东京				首尔	
政策领域	有效%	N	全体%	政策领域	有效%	N	全体%	政策领域	全体%
产业振兴	78.0	214	54.6	产业振兴	30.4	1803	30.1	福利	44.7
财政	74.9	199	48.7	卫生、福利、医疗	30.1	1803	29.7	教育	24.4
地方行政	70.2	208	47.7	环境	26.1	1803	25.8	团体支援	20.2
地区发展	68.5	197	44.1	教育	23.0	1803	22.7	人权	19.8
文教、学术、体育	56.0	168	30.7	文教、学术、体育	21.7	1803	21.5	环境	16.4
科学技术	55.2	165	29.7	团体支援	18.6	1803	18.4	劳动	14.9

(续表)

北京				东京				首尔	
政策领域	有效%	N	全体%	政策领域	有效%	N	全体%	政策领域	全体%
民政、福利、医疗	51.6	159	26.8	劳动	18.0	1803	17.8	文化、学术、体育	14.9
金融	49.7	159	25.8	财政	17.7	1803	17.6	区域开发	14.1
环境	45.8	155	23.2	国际交流、合作、援助	17.1	1803	16.9	女性	12.6
劳动	44.5	155	22.5	消费者	16.6	1803	16.4	中央行政	11.8

注：北京调查中由于未回答数较多，将其作为"不关心"处理，将有效回答数的比例与整体数据的比例都列举，仅供参考。北京、东京、首尔的调查数分别为306、1822、262。首尔不存在缺失值。共列举了前10位的比例（多选）。

来源：基于JIGS第二次调查（中国、日本、韩国）数据，作者自绘。

具体分析，中日韩三国中北京和东京的社团对产业振兴政策持有很高的关心度，而首尔对这一领域的关心度较低，前十位都没有进入（8.0%）。另一方面，东京和首尔对福祉政策和环境政策领域的关心度较高，两项都进入到前三位，而北京对这两项政策的关心仅停留在第7位和第9位。通过对社团结构、成立目的、政策关心领域的综合考察，与其他国家最大的不同在于，中国的社团比日本更具有发展导向性的特征，而且中国调查的对象还仅限于省级以下的社团都具有如此明显的特征。中国的社团对政府政策的动向非常敏感，也可以说明社团对政府的依赖性也相对其他国家较强。

最后，我们将分析社团负责人的政治倾向，以及他们对国家治理的一些意见。当然，由于篇幅有限，本文无法对各国政治社会环境中的"革新"、"保守"词义本身进行详细的探讨，调查结果显示，与东京和首尔相比，北京社团负责人认为自己持"革新"的政治倾向的比例最高[19]（北京15.2%、东京3.9%、首尔6.7%）。这与社团的成立目的中，倡导性功能较低，形成了鲜明的对比。接下来，我们将北京社团负责人对政府治理、政治社会的认同与他们的政治倾向做了相关分析。结果显示，越是持"革新"政治倾向的负责人，对政治、经济体制改革持"赞同"意见越高。比如，对"政府调节的方式比效率更重要"、"政府的主要任务是缩小地区间差距"、"政府的职权应尽可能地下放给地方政府"等问题，持"革新"倾向的社团负责人，选择"赞成"的比例越高。[20]

基于上述分析结果，中国社团从成立初始并不逊色日韩的社团，带有很强的利益团体的潜在性格。以政策倡导为目的而成立的社团尽管不多，但中国社团对各个领域的政策关心度比日韩的社团都强。另外，社团负责人持"革新"政治倾向的比例较高，对政府治理的关心度也较强。

4．团体资源

组织的规模是团体参与政治过程的基本要素，组织规模越大，才能吸收更多的资源，从而相对容易将社会资源进行重新组合和动员，从而确保团体活动的开展。下面，从工作人员数、会员数和组织预算三个方面考察社团的资源。

首先，团体全职工作人员数和会员数（单位会员数）的三国比较结果（表3），中国社团中小规模的团体较多。虽然，全职工作人员数的中位值比东京少1人、比首尔少2人[21]，但细看比例分布的话，北京社团选择全职工作人员数"0人"的比例最高（31.8%），而首尔的比例分布则相对均匀。中国社团管理条例规定，成立社团时，必须要配置全职工作人员，本调查的结果显示有三成的社团都没有达到这样的规定。[22]另外，北京社团中，全职工作人员数在50人以上的比例为0，整体来看北京社团的工作人员数较少。东京的社团中，全职工作人员数的最高比例在3—4人（21.4%），首尔则是10—29人的比例最高（17.9%），工作人员数较多是韩国社团的一个特征。

关于单位会员数，从表3可知北京和东京的分布非常相似，两者有超过一成的社团拥有250以上单位会员的加入。结合上述政策关心度的结果，北京和东京的社团更重视其作为"组织中的组织"的作用，而首尔的社团则较重视与会员间的交流与联系。另外，从JIGS调查中10个国家比较的结果，中国250人以上的单位会员比例仅次于美国和日本[23]。

表3 中日韩社团的全职工作人员数与单位会员数 （%）

全职工作人员数	北京（中位值：2人）	东京（中位值：3人）	首尔（中位值：4人）	单位会员数	北京（中位值：47团体）	东京（中位值：45团体）	首尔（中位值：0团体）
0人	31.8	4.8	16.0	0团体	0.0	7.5	80.2
1人	12.4	16.9	11.8	1—9团体	16.9	13.0	5.3
2人	8.7	18.7	9.9	10—19团体	15.1	11.4	3.4
3—4人	18.6	21.4	15.3	20—29团体	6.4	8.3	1.5
5—9人	15.7	18.2	14.1	30—49团体	13.7	13.8	1.1
10—29人	11.2	14.0	17.9	50—99团体	19.2	14.3	3.8
30—49人	1.7	3.0	5.3	100—249团体	18.7	15.3	1.5
50—99人	0.0	1.6	3.4	250团体—	10.0	16.3	3.1
100人—	0.0	1.4	6.1				
N	242	1676	262	N	219	1012	262

来源：基于JIGS第二次调查（中国、日本、韩国）数据，作者自绘。

那么个人会员数的分布是不是也与单位会员一样具有相同的特征呢？从个人会员数的中位值来看，北京为157人，与东京的200人没有统计上的显著差异，比首尔的55人多且存在显著差异。[24]另外，首尔的社团选择个人会员为0的比例最高（32.1%），考虑到北京和东京的缺失值为40.7%、35.5%，首尔没有缺失值情况，可以推测北京和东京的社团没有个人会员时选择不回答的可能性较高。[25]

年度活动经费决定了社团对外活动能力，东京的中位值为356.3万元人民币（4400万日元）[26]，是北京（11.09万元人民币）的32.1倍，首尔（54.42万元人民币）的6.5倍。[27]考虑到各国的经济状况，按照各国调查年度的人均GDP的比例换算，东京是北京的9.1倍、首尔的1.8倍，东京是三国社团中活动经费额最高。仅限于地方、基层（市町村）一级活动的社团，东京的中位值也是227.55万元人民币（2810万日元）。拥有约合809.79万元人民币（1亿日元）以上年度活动经费的各国团体中，东京占到32.2%、首尔18.6%、北京则仅为5.1%。北京社团年度活动经费少于8.98万元人民币（100万日元）的有42.7%（东京3.1%、首尔34.9%），8.98万—80.98万元人民币（100万—1000万日元）的为39.9%（东京17.0%、首尔18.6%），总体来说，不到80.98万元人民币（1000万日元）的占到82.6%。加入购买力要素之后有些变化，但北京社团的财政资源仍然最薄弱。[28] 从中日韩三国的团体资源比较分析的结果，中国（北京）的社团，在个人会员和单位会员数的规模上居中，而全职工作人员数和团体的活动经费额最低。有可能出于这些原因，中国社团表现出对地方政府的依赖。

5. 影响力评价及协调度

社团对其他团体有什么评价呢？图3是中日韩三国社团对各其他团体的影响力评价以及与其协调度的分布状况图，横轴和纵轴分别代表影响力[29]，协调度[30]。

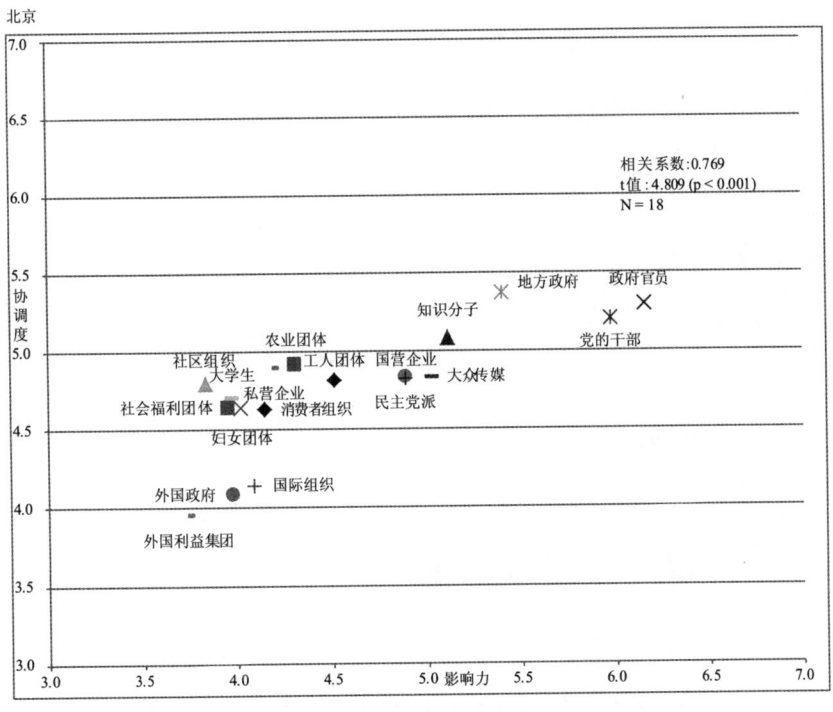

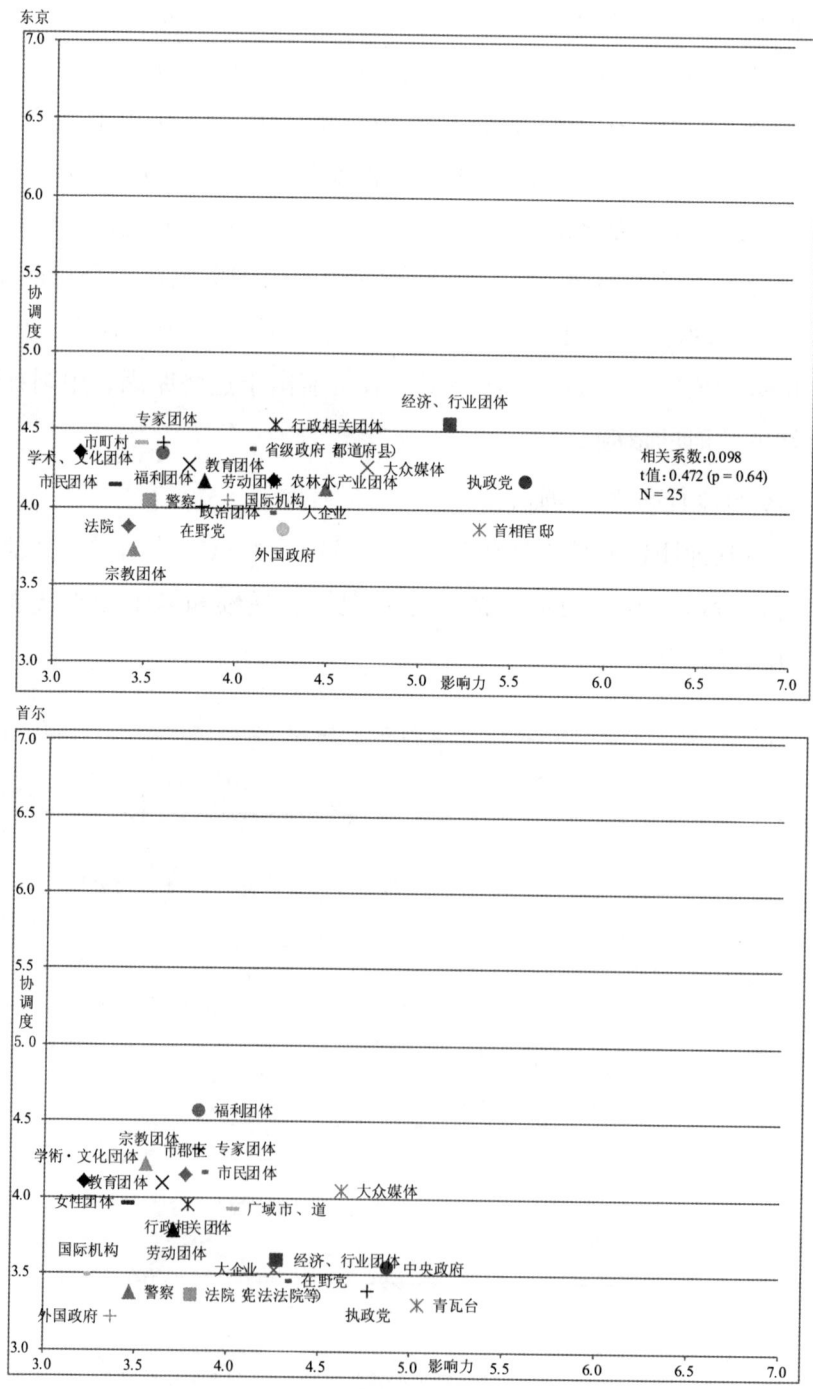

图3　社团对各团体的政治影响力的评价及与其协调度的相关系数
来源：基于JIGS第二次调查（中国、日本、韩国）数据，作者自绘。

首先分析社团对各团体的影响力的评价。三国共通的特征都是与政府相关的行为体对社团的影响力较大,北京的政府官员、党的干部、东京的执政党、首相官邸、首尔的青瓦台、中央政府、执政党分别占据对社团影响力较强的前几位,而且社团对这些行为体的影响力评价高于其他团体。[31] 但与东京、首尔社团对地方政府的评价相对较低相比,北京对地方政府影响力的评价较高,这可能与中国调查对象都是活动在地方一级的社团有关。另外,北京社团认为"知识分子"和"民主党派"的影响力也较高,这也与社团获取信息的渠道中"学者、专家"(北京27.7%、东京31.7%、首尔32.9%)、"大众媒体"(北京24.6%、东京14.6%、首尔17.9%)的比例较高相对应。中国也与日韩一样,大众媒体也发挥了较强的影响力。

接下来看社团与其他团体的协调度认识。北京的社团与地方政府、政府官员、党的干部的协调度高,而东京和首尔的社团则与政府相关行为体的协调度在减弱。另外,北京的社团与知识分子、农业团体以及私营企业等的协调度也相对较高。

对图3的进一步分析发现,北京的社团对政府相关团体的影响力评价和协调度之间存在较强的相关关系(0.769),既对影响力评价高的团体,团体自身也认为与它们之间具有较高的协调性(也可以认为,与协调度高的团体,对其影响力评价也高)。[32] 另外,协调度高的得分区域里,分别是政府官员、党的干部,协调度低的得分区域里有国际组织、外国政府、外国利益团体。社团对这些政府相关团体或外国组织、团体的影响力评价高于与其协调度的评价。另一方面,对与自己类似的社会团体、组织,无论其影响力与否,对它们的协调度评价都较高。

像北京这样影响力和协调度之间存在的较强相关关系,在东京和首尔却没有成立(东京的相关系数为0.098,首尔为-0.149)。东京的协调度评价大概在3.5—4.5之间,由影响力的得分引起的变化不大,各团体都保持在一个水平的分布上。首尔的影响力与协调度存在负的相关关系,也就是说团体对影响力评价高的反而与它们的协调度低,但统计上不存在显著差异。

图3除了上述分析结果以外,能够解析出更深层的政治社会结构吗?刚才提到,图3是社团对政治社会行为体的影响力与协调度的评价。越往图的右侧越接近权力的中心,越往图的上侧越具有协调关系。在这里的"协调"并不只是意味着"对等",也具有阶层结构的上下关系。可以这样认为,图3反映了社团对权力结构的认识和密切度(统一感)。按照这一认识,首尔社团对权力结构持有较低的统一感,并持否定态度,东京也同样显示出较弱的统一感,而北京的特征是社团自身可能被权力统一、包含其中。

二、社团的地区比较

上一节,我们将首都提出来进行了国际和中日韩社团的整体概况比较。本节将对中国调查的北京市、浙江省和黑龙江省的社团进行地区间比较。学者在进行中国研究,特别是实证调查研究时,经常会面对这样的困惑,究竟选择哪个区域才最能代表中国整体特性呢?我们在中国两轮调查中选定北京、浙江和黑龙江为调查对象,也是因为这三个区域或多或少地反映了中国政治社会的不同侧面和发展状况。

另外,尽管在中央集权的统治方式下,中国也同时具有地域的多样性。各级地方政府比日本、韩国的地方政府、特区开展了更多实验性的改革。因此,地方一级社团的构造,除了会受到社会经济要素的影响之外,同时也会受到当地政府在政策制定上差异的影响。特别是2004年以后,各地方政府在民政部的指导下,对本地的社团管理也开始了一些试探性的改革,比如尝试改变双重管理模式,变为社团在民政局的直接登记管理,异地社团的登记,没有满足登记条件的实行备案制等。从地区间的比较分析可以了解政策实施的效果,和政策变化对社团带来了什么结构性的变化。

1. 活动领域:反映地区的产业结构

社团的活动领域是否具有地域性特征呢?北京是中国的首都、政治中心,第三产业人口占到74.0%,属于典型的第三产业型城市。浙江民营经济发达,第二产业人口达到50.9%,第三产业人口也占到34.6%,属于以工业为主的区域。黑龙江的第一产业人口为41.3%,第三产业人口为39.3%,属于以第一产业为主的区域。

三省市的社团的活动领域,也反映了各地产业人口比例和区域经济的特征。首先,北京社团在科学技术研究领域为19.9%(浙江18.2%、黑龙江13.8%),教育领域为5.6%(浙江3.4%、黑龙江1.3%),三省市之中这两个领域活动的社团比例最高。浙江省在工商服务业29.1%(北京14.2%、黑龙江14.3%),社会服务10.6%(北京7.9%、黑龙江6.5%)领域活动的社团最多。黑龙江的社团中,农业农村开发领域的团体比例高达24.0%(北京14.2%、浙江6.1%),专家8.1%(北京3.3%、浙江4.2%)、生态环境3.9%(北京0.7%、浙江0.9%)的社团比例也比其他两省市高。

2. 获取信息的渠道

对社团来说,获取信息不仅是与外部接触的重要活动之一,也是政府将必要的信息提供给社团,然后对其进行政策、行政指导的间接方式。在获取信息时,三省市的共同特征都表现出对政府的高度依赖,但其中,黑龙江与其他两省市还存在一些不同特征。首先,选择"党组织"作为信息渠道的社团,北京15.8%、浙江17.3%,黑龙江则为27.3%。选择"全国人大代表、政协委员"的,北京1.8%、浙江2.2%、黑龙江5.0%。选择"专业、行业报纸"的,北京35.8%、浙江44.6%、黑龙江49.9%,且都在统计上存在显著差异。黑龙江省的社团通过这三个渠道获取信息的比例较高。相反,选择"本团体会员"的比例,黑龙江则较低,北京、浙江均为41.1%,黑龙江则减少到29.4%。另外,选择"企业"的,北京10.9%、浙江13.4%,黑龙江则为7.1%,"非正规渠道"的北京为6.3%、浙江为3.3%、黑龙江为2.6%(其他的选项不具有显著差异),在这几个选项中,黑龙江省的比例偏低。总之,黑龙江省的党组织、全国人大代表、政协委员等地方政府之外的组织、团体,成为社团信息提供的重要渠道。

3. 与政府的关系、团体自身的功能定位

对政府与社团自身关系的认识，三省市的社团中回答"政府支持社团发展"的比例最高，均超过40%。但是，浙江省回答"基本上双方是对等、意见交换、协同关系"的比例比其他两地要高（浙江22.7%、北京18.8%、黑龙江13.3%）。而黑龙江回答"社会组织支持政府"的为17.3%（北京16.3%、浙江14.2%），"除了登记之外没有关系"为17.3%（北京10.8%、浙江7.5%），特别是后者的比例与其他两地相比较高，且存在显著差异，黑龙江的社团与政府保持着"冷淡"关系。

那社团对自身功能是如何定位的呢？分析结果显示，社团的自身功能定位也存在地区间的差异。当然，三省社团总体上回答"社团是政府和社会的桥梁和纽带"的占到60%以上，接下来的"承担一定行政职能的社会组织"的行政替代组织功能、"群众自治组织"的自治功能占到10%—20%。其中，地区间微妙差异表现在，浙江省的桥梁纽带功能比其他两地略高4%—6%，北京的行政替代组织功能比其他两地略高4%—8%，黑龙江的自治组织功能则高4%—8%。

4. 对政策的满意度和社团的关心问题

最后，具有不同性格的三省的社团，对政府政策的满意度有差异吗？在问卷中，对国家和地方政策的满意度选项中[33]，黑龙江省对政府政策的不满程度最高，特别是"团体所关心的国家政策"（黑龙江11.7%、北京6.7%、浙江1.6%）和"地方性的整体政策"（黑龙江9.4%、北京3.1%、浙江2.5%）两项，且存在显著差异。在受限制于中央政府制定的基本方针下，黑龙江省的社团相对来说持有较强的异议。

以上分析都显示了三省社团的一些不同特征，这些差异还体现在与团体自身相关的问题上。（表4）整体来看，各地社团关心的问题都集中在"扩大社会认可度"和"增加政府拨款"等方面，超过了30%。其中，地区性差异体现在，北京对"增加政府拨款"和"提升社团地位"的问题比较关心，浙江对"扩大社会认可度"和"改善公共政策"等比较具体的问题较为关心。另一方面，黑龙江的社团对"人事、财政上的独立"

关心较多，同时也追求"消除法规限制"。总之，北京的社团对财政资源和地位、浙江对认可和政策、黑龙江对自身的独立性表示出了关心。

表4 社团关心的问题 （%）

	北京市	浙江省	黑龙江省
消除法规限制	3.6	3.9	6.4
人事、财政上的独立	8.2	5.1	13.4
提高地位	10.7	9.8	7.8
增加政府拨款	38.6	28.7	32.4
改进公共政策	5.7	9.8	6.4
扩大社会认可度	31.1	38.3	31.1
其他	2.1	3.5	2.4
N	280	512	373

来源：基于中国社团第二次调查数据，作者自绘。

三、社团的年度比较

中国的社团即使基本性质没有发生变化，但不进行跨年度的比较，也无法得出是否发生了变化的结论。

1. 社团的基层化

首先我们参照一下民政部公布的数据。实施第二次调查的2010年，民政部公布的中国社团各行政层级的比例分别是，全国级0.7%（1810）、省级9.8%（24149）、地市级26.2%（64169）、区县级63.3%（155128）。而第一次调查的2000年，各行政层级的分布比例分别为：全国级1.2%（1528）、省级15.9%（20756）、地市级41.1%（53791）、区县级41.8%（54693）。社团的总数从2000年的130768，到2010年成倍增长，达到245256。其中增长最为明显的是区县级团体，10年增长了283.6%。

调查结果也反映了这一趋势。10年间，北京的市级团体增加了24%，浙江增加了12%，黑龙江增加了4%。但在区县一级，黑龙江的社团则增加了26%。中国社团的基层化正在缓慢进行，社团也不是遥不可及的存在,渐渐成为大众组织。

2. 会员的参加方式

与社团的独立性相关,会员是否自动申请加入组织,是考察社团性格的一个要点,也是讨论中国社团甚至国家—社会关系的一个切入点。

两次的调查数据显示,会员主动申请加入社团的比例,三省都是从第一次调查的60%增加到第二次调查的80%左右,第二次调查中未回答比例明显减少。

3. 与政府的关系变化和自我影响力评价

与政府的关系,特别是与地方政府的关系中"政府就相关政策制定和执行时,向社团进行过咨询或征求过意见"的问题,北京和浙江的比例都在增加。提到与政府机关关系"密切"的比例时,三省都有倍增的趋势。但出乎意料的是,"是否受到政府的重视"这一点,黑龙江尽管从政府那里接受咨询和征求意见的比例最少,但回答"受到政府重视"的比例却在增加。相反,北京和浙江觉得自己受到政府重视的比例则在成倍减少。

表5 与政府的行政关系(咨询意见、关系密切度、受重视度)

		北京市		浙江省		黑龙江省	
		第1次	第2次	第1次	第2次	第1次	第2次
政府向社团咨询或征求过意见	整体%	26.8	30.1	26.3	43.5	27.2	25.3
	有效回答数%	34.9	57.5	33.3	47.2	33.5	25.4
	N(有效回答数)	481	160	1407	515	364	386
与政府的关系密切	整体%	34.6	65.0	30.9	67.6	37.7	59.8
	有效回答数%	44.8	67.9	38.0	69.1	46.3	61.7
	N(有效回答数)	484	293	1450	546	365	376
受政府的重视政府	整体%	46.9	22.5	45.9	22.6	50.6	66.8
	有效回答数%	67.9	29.4	64.5	29.1	64.9	68.0
	N(有效回答数)	433	235	1269	433	350	38.1

注:"与政府的关系的密切程度"中有5个选项,比例为选择"比较密切"和"非常密切"的合计比例。

来源:基于中国社团两次调查数据,作者自绘。

社团对"在团体活动的地区,对政府决策的影响力"这一问题,通过两次调查结果的比较,回答"影响力强"的比例从第一次调查的19.3%增至第二次调查的36.6%,回答"比较强"的比例从9.5%升至27.5%,社团对自身影响力的评价在提高。另外,回答"完全没有影响"的社团,浙江省减半,北京和黑龙江也都在减少。综合上述两节的分析结果可以说明,中国的社团在自己关心的政策领域,作为利益团体产生行动的比例在增加,并且在政策决策过程中取得了一定的成果。

从本节的分析中,中国的社团认为自身受政府的重视度不够,与政府保持一定的距离,但其自身的影响力却在逐渐增强,呈现出"社团—政府"之间复杂的关系构造。尽管两者的关系非常复杂,努力与政府保持独立性这一点则说明了,社团已经不再是政府的左右手,而是作为平等的行为主体,希望寻求与政府构建起新型的协同关系。

四、党组织在社团中的作用

在政党—国家体制下,党通过在政府部门、企业、社会组织成立党组织,传达党中央政策,同时将社会、经济领域发生的问题通过各级党组织,最终反映到党中央。

调查结果显示,党建比例最高的北京由第一次调查(2001)的21.4%,减少到第二次调查(2010)的17.3%,其中,浙江省第二次调查的比例仅为6.5%。在《中国共产党章程》中明确规定,社会组织中只要有三名以上的党员就要建立基层党组织。近年来,党中央推进的基层党组织建设,在社团等社会组织中,并没有取得有效的成果。三省的整体情况,成立了党组织的社团仅占10%左右,且与第一次调查相比北京和黑龙江比例略微减少,浙江的比例则减少了一半。下面的分析,我们不深入探讨社团中为什么党建数减少的原因,主要考察社团中党组织的具体作用。分析时,我们将成立了党组的社团和没有成立党组的社团进行比较,得出党对社会领域管理的有效性和局限性。[34]

1. 党组织与社团资源

成立了党组织的社团到底具有什么样的组织特征呢？首先，数据显示成立了党组织的社团，全职工作人员数较多。[35] 比如，北京拥有10名以上全职工作人员的社团，成立党组织的超过了30%，没有成立党组织的不到10%，黑龙江和浙江也有类似趋势。另外，与会员、外部的联系中，使用电子邮件、在互联网上开设了主页的比例、在表达团体要求时利用网络、报刊、电视等媒体的频度，也是成立了党组织的社团比没有成立的比例要高。同样，被媒体报道的次数也是，北京和黑龙江成立了党组织的社团比例高。[36] 通过团体资源以及与媒体的交流频度的分析，成立了党组织的社团在资源上比较有优势。

2. 党组织和政府

在分析前可以设想，成立了党组织的社团应该与政府保持更密切的关系。关于社团主管机构——业务主管单位与社团之间的关系，三省市中黑龙江社团的这一特征非常明显，即成立了党组织的社团与业务主管单位保持"非常密切关系"的比例高达62.1%，而没有成立党组织的认为两者之间保持"非常密切关系"的比例仅为28.9%。北京、浙江虽然不如黑龙江的比例差异明显，但还是有3%—6%的差，即成立党组织的社团认为与业务主管部门的关系更紧密。[37]

社团中接受政府编制也与是否成立党组织之间出现不同差异。成立了党组织的社团，接受政府编制的比例分别是黑龙江34.5%、北京30.8%、浙江17.6%，没有成立的，三省接受编制的比例都减少到12.0%。[38] 黑龙江的社团，党组织成立的意义与政府关系的紧密程度之间出现了较高关联性。

另一方面，社团中是否成立党组织与地方政府的协调度之间则出现了与上述相反的结果，没有成立党组织的社团则认为与地方政府之间的关系"非常协调"。北京、浙江和黑龙江三省的社团，没有成立党组织，回答"非常协调"的比例分别是31.5%、30.8%和30.2%，而成立了党组织的则为26.3%、25.0%、24.6%，尽管两者比例的差异不大，但却出现了减少的倾向。有可能社团中的党组织在职能分担上不明确，党组织较容易介入团体内部治理或与其他行政机构产生摩擦。

3. 党组织与社团的行动方向

党对社团行动具有什么样的指导作用。可以假设，成立了党组织的社团要比没有成立的对党和政府的政策宣传更为积极。分析结果也得到了同样的结论，即成立了党组织的社团中，北京63.3%、黑龙江44.8%的社团开展了政策宣传的工作，而没有成立党组织的，北京和黑龙江的比例分别减少至55.0%、25.3%。而浙江是否成立了党组织对社团的政策宣传工作的开展没有差异，成立党组织为66.7%、没有成立的为66.6%。[39]

另外，"对政策法规的制定实施影响"的游说功能的实现来看，总体上成立了党组织的团体实施的比例更高，但同时也存在地域差异。分析结果是，成立了党组织的北京32.1%、浙江25.0%、黑龙江15.5%都回答了"对政策法规的制定实施过影响"，没有成立党组织的，北京与浙江分别为9.9%和13.1%，而黑龙江则较高，为20.1%。北京和浙江的社团中，成立了党组织的更为积极参与游说活动。[40]

在与其他团体关系上，三省市的社团也显示出不同的特征。通过对成立了党组织的社团与其他团体的协调性的斯皮尔曼等级相关系数的检测，北京与知识分子、党的干部，黑龙江与农业团体、国有企业、私营企业、外国政府、国际组织、外国利益团体之间存在显著的正相关关系，浙江则没与其他任何团体的协调性之间成立相关关系。黑龙江的社团，尽管其相关系数不强仅徘徊在0.1—0.2之间，但存在显著正相关关系，这也说明黑龙江的社团，在是否成立党组织与其他团体的协调度之间产生了互动的效果。

4. 党组织和社团的政治倾向

在第一节中，对社团的政府政策、治理，以及负责人的政治倾向进行了国际比较分析。接下来，我们将从成立党组织与社团对政治改革的观点产生什么样的影响进行考察。

首先，看一下社团对政府治理、改革的态度。在问卷中分别设置了代表多元主义、社会民主主义、新自由主义以及国家主义等倾向的问题。分析结果如下。

对于涉及多元主义的问题，"就政府而言，调节的方式比效率更重要"，"应该让群众更多地参与到国家和地方的决策中"，"国家和地方的政治应反映公民的意见"，黑龙江的社团，成立了党组织的有60%回答"赞成"，没有成立的40%左右"赞成"，两者之间达到15%—25%的比例差，北京两者的比例差不到10%，相反浙江省的社团，没有成立党组织的回答"赞成"的比例高。

这一分析结果同样也显示在以下问题的回答上，比如关于地方分权的问题"政府的职权应尽可能地下放给地方政府"，环保问题"与经济增长相比，应采取更加重视环保的政策"，社会民主主义的问题"政府的主要课题是缩小国民间的收入差距"，"政府的主要任务是缩小地区间差距"，黑龙江和北京成立了党组织的社团中，赞成的比例比没有成立的要高。对于新自由主义的问题"对经济社会而言，国家的干预越少越好"，国家主义的问题"为了维护安全，公民受到一定影响也可理解"，北京的社团中没有成立党组织的"赞成"的比例高于成立了党组织的团体，两者的比例相差不大仅5%。[41]

总的来说，黑龙江成立了党组织的社团几乎对政府治理的所有的问题都表现出"赞成"的态度。与北京、浙江相比，党组织的存在似乎对黑龙江的社团具有特殊的影响力。

5. 党组织与社团自身评价

成立了党组织的社团是否会觉得更受到政府的重视，社团认为自身的活动会对政府产生更为积极的影响？

三省市都是成立了党组织的社团认为更受到政府重视，其中黑龙江省比例偏高，成立了党组织的社团有96.2%，没有成立党组织的则有63.3%认为受到政府的重视，两者的比例差异较大。北京的比例分别是有党组织的为37.2%，没有党组织的为34.0%，浙江则分别是44.4%和27.0%。[42]

对于"社团的存在和发展对政府工作的影响"这一问题，回答"非常积极"的团体，三省市都是成立了党组织的比例高，尤其是浙江最为明显，其比例为成立党组织的为96.7%，没有的为70.8%。北京和黑龙江成立党组织的比例分别是73.9%和33.3%，而没有党组织的比例为67.2%、21.1%。[43]与上述的分析结果不同的是，浙江社团在对政府工作影响中，成立了党组织的团体认为对政府的影响力更大。这也反映了各地社团发展程度、活动的成熟度不同。

6. 社团与党的关系

对中国社团前后10年两次调查分析的结果，成立了党组织的社团仅占总数的10%左右，北京和黑龙江的党建比例在微减，浙江则减少了一半。但对党干部影响力的评价，三省的比例都出现增长。增长情况分别是，第一次调查北京23.0%、浙江24.1%、黑龙江20.5%，第二次调查则增长为北京38.6%、浙江47.0%、黑龙江26.5%。从数据结果推测，尽管党组织在社团中的比例在降低，但党对社团的影响力则在增强。

为确认上述结果的正确性，我们进行了社团中是否成立党组织与团体对党干部、地方政府的影响力的评价的相关性分析。黑龙江的社团中，党组织与政府官员、地方政府的影响力之间的相关系数分别为 -0.109 和 -0.176，但对党干部的评价没有获取显著性相关关系。[44]另外，对党干部的影响力评价高的社团与是否成立了党组织之间没有发现相关关系。至少可以确定的是，成立党组织的比例虽然在减少，但这并不意味着党的影响力在减弱。

五、结论

中国的社团在建国以后，随着政府政策、体制的变迁得到了增长。特别是1990年代以后，社团出现了增长的高峰期。中国的社团也与其他国家一样经历了"全球结社革命"的高潮。我们通过跨国、跨地区以及跨时期的横向、纵向分析，得出了以下结论。

在国际比较中，中国与日本、韩国的社团相比，财政资源和组织资源比较薄弱，但在会员数，特别是单位会员数的分布上与日本社团的分布非常相似。由于中国的社团都是在建国后登记成立，开展活动的历史也并不长，但却深刻地反映了改革开放政策后政治经济体制发展的轨迹，与日本的相似之处也在于"营利部门"的社团比例较高，具有"发展导向型国家"的团体结构。分析结果也显示，中国社团的性格具有社会自治功能，且具有明确的政策导向性，与其他国家相比更具有利益团体的潜在性格。另外，社团对其他团体的影响力、协调度的评价显示出了正相关关系说明，社团也被国家权力统一在其中，作为社会统合的手段行使其团体的功能。

接下来三省比较分析的结果反映，社会产业基础与政策态度的不同对社团的分类、获取信息渠道产生影响。浙江在工商业行业，北京在科学研究，黑龙江在农业农村开发领域开展活动的团体比例较其他地区较高。社团获取信息的渠道也是，黑龙江通过党组织、全国人大代表、政协委员等地方政府以外的比例比其他两地要高。除了黑龙江的社团，北京、浙江的社团对团体自身作为自治组织的自我认识不太强。与消除法规限制，寻求独立性相比，北京和浙江的社团对提高团体地位，获取政府拨款更为关心。三省也具有相同特征，比如多数团体都认为"政府是有效开展社团活动时重要的合作伙伴"，政府与社团的关系是"政府支持团体的发展"。但浙江的社团持有"与政府双方是基本平等地进行意见交换和协同关系"的认识的同时，对政府的法规限制上的抵触、或是对政府政策的不满意度相对较少，而黑龙江的社团独立性相对较高的同时，对政府政策的不满也较多。

第三节的跨年度的比较分析和观察得出了社团的变化状况。首先，社团数得到了增加，其中大部分的团体都是在基层（地市级，特别是区县级）开展活动。与政府的关系是，紧密程度在增强的同时，受到政府轻视（不受政府重视）的比例也在增加。会员主动申请加入团体的比例也在增加，社团的活动也变得更加积极。总之，社团对自身主观影响力的评价在增强，社团对政策产生影响也不成为禁忌，大部分的社团都认为团体自身对政策影响力在增强。

最后，将党组织在社团中发挥的作用和影响进行了分析。党章规定有三名以上党员的须成立党的基层组织，但党建工作并没有得到具体实施，体现在成立党组织的社团仅占总数的10%左右。尽管如此，党组织对社团的影响是多方面的。从社团的资源、与媒体的接触等方面，都是成立了党组织的社团更为充实。不容置疑，成立党组织的社团在与政府的关系上也相对产生了较大的影响。另外，与业务主管单位的紧密度，接受政府编制人员方面，也是成立了党组织的社团其比例更高。

党组织的存在对团体的行动、对政府治理的认识呈现出地域性差异。黑龙江成立了党组织的团体，对政府治理的几乎所有意见持赞成的态度。与黑龙江相反，浙江则是没有成立党组织的社团则倾向于赞成的回答，北京则处于中间，表现为大概赞成的趋势。关于党的影响力，黑龙江是成立了党组织则对党的影响力评价偏低，呈现出与党的关系、对党的影响力评价不一致的现象。另外，分析结果也显示，在社团中的党建尽管没有取得实质性效果，但也并不意味着党的影响力在减弱。

总之，1990年代开始跨入增长期的中国社团，在社会过程中与党和政府保持依存关系的同时，开始逐渐具备自治功能，也在中国特殊的政党—国家体制下的政治过程中，作为利益团体开展活动。地域、年度比较的差异也使得社团对政府意见、政策满意度产生不同的态度，这也正反映了中国社团的多样性和变迁的过程。

附表　各国调查概要（JIGS项目）

		调查时期	调查地区	母样本		调查方法	调查数	有效样本回收数	有效回收率
				获取母样本方法	母样本数				
日本	J-JIGS1	1997.3	东京都、茨城县	电话黄页中出现"组合"、"团体"名称的进行随机抽样	23128	邮送问卷	4247	1635	38.5%

(续表)

		调查时期	调查地区	母样本		调查方法	调查数	有效样本回收数	有效回收率
				获取母样本方法	母样本数				
日本	J-JIGS2	2006.12—2007.3	全国	电话黄页中出现"组合"、"团体"名称的全数调查	91101	邮送问卷	91101	15791	17.3%
	J-JIGS2-NPO	2006.12—2007.2		内阁府公布的NPO法人名单进行全数调查	23403	邮送问卷	23403	5127	21.9%
	J-JIGS2-NHA	2006.8—2006.12		接受调查的890市町村（全国的48.3%）提供的自治会名单，从中进行随机抽样调查	296770	邮送、留置	33438	18404	55.0%
	J-JIGS3	2012.11—2013.3	岩手县、宫城县、山形县、福岛县、茨城县、东京都、爱知县、京都府、大阪府、福冈县、冲绳县	电话黄页中出现"组合"、"团体"名称的进行随机抽样调查	33340	邮送问卷、网上调查	14477	3296	22.8%

（续表）

| | | 调查时期 | 调查地区 | 母样本 | | 调查方法 | 调查数 | 有效样本回收数 | 有效回收率 |
				获取母样本方法	母样本数				
韩国	K–JIGS	1997.10—1997.12	首尔、京畿道	电话黄页中出现"组合"、"团体"名称的进行随机抽样调查	11521	邮送问卷	3890	481	12.4%
	K–JIGS2	2008.1—2009.3	首尔、京畿道等14个地区	电话黄页中出现"组合"、"团体"名称的进行随机抽样调查	112917	邮送问卷、FAX、电子邮件、访问	29422	1008	3.4%
	K–JIGS2–NPO	2008.3—2009.3	首尔、京畿道等15个地区	政府登记的团体名单进行全数调查	7030	邮送问卷、FAX、电子邮件、访问	7030	425	6.0%
美国	US–JIGS	1999.7—1999.11	华盛顿特区、北卡罗来纳州	电话黄页中出现"组合"、"团体"名称的进行随机抽样调查	7228	邮送问卷	5089	1492	29.3%

（续表）

		调查时期	调查地区	母样本		调查方法	调查数	有效样本回收数	有效回收率
				获取母样本方法	母样本数				
美国	US-JIGS2（西雅图）	2009.2—2009.5	金县（King County）	SDRG（华盛顿大学）提供的名单中，对有团体地址的进行抽样调查	8000	邮送问卷、电话访问、网上调查	3983	1501	37.7%
	US-JIGS2（华盛顿特区）	2010.1—2010.7	华盛顿特区首都圈	调查机构（NCCS）提供的NPO名单进行分层随即调查	10581	邮送问卷、电话访问、邮件	3300	571	17.3%
德国	G-JIGS	2000.4—2000.5	柏林、哈雷	电话黄页中登记的团体和压力团体名单（Hoppenstedt制作）中随机抽样	4806	邮送问卷	3100	885	28.5%
		2007—2008	柏林、哈雷、海德堡	电话黄页进行随机调查	4657	邮送问卷	2660	497	18.7%
	G-JIGS2	2007—2008	全国	压力团体名单（由Hoppenstedt提供）、政府的提供的游说人名单中进行抽样调查	13717	邮送问卷	1960	312	15.9%

（续表）

| | | 调查时期 | 调查地区 | 母样本 | | 调查方法 | 调查数 | 有效样本回收数 | 有效回收率 |
				获取母样本方法	母样本数				
中国	C-JIGS	2001—2004	北京、浙江、黑龙江	省级以下各级民政部提供的社团名单中，北京进行全数、浙江和黑龙江进行分层随机抽样调查	9536	邮送问卷	8897	2858	32.1%
	C-JIGS2（社团）	2009—2010	北京、浙江、黑龙江	省级以下各级民政部提供的社团、民非、基金会的名单，进行分层随机抽样调查	22991	邮送问卷、面谈	2120	1252	59.1%
	C-JIGS2（民非）	2009—2011			23494		2021	1271	62.9%
	C-JIGS2（基金会）				329		277	118	42.6%
俄罗斯	R-JIGS	2003.12—2004.3	莫斯科、圣彼得堡	调查机构	2974	邮送问卷	1500	711	47.4%
土耳其	TR-JIGS	2004.3—2004.6	安哥拉、伊斯坦布尔	参考电话黄页，调查员进行访问后确认开设事务所的社团	12124	访问	3146	841	—

（续表）

调查地区		调查时期	调查地区	母样本		调查方法	调查数	有效样本回收数	有效回收率
				获取母样本方法	母样本数				
菲律宾	PH－JIGS	2004.10—2005.2	马尼拉、宿雾	调查机构提供的名单中，有电话号码的社团进行随机抽样	44051	电话访问	5172	1014	19.6%
巴西	BR－JIGS	2005.11—2006.7	贝伦、贝洛奥里藏特、巴西利亚、戈亚尼亚、累西腓	巴西地理统计局提供的名单进行的随机抽样	34437	访问	2609	2014	77.2%
孟加拉	BD－JIGS	2006.9—2007.1	达卡、拉杰沙希市	政府提供的名单进行的随机抽样	29528	访问	5915	1509	25.5%
波兰	PL－JIGS	2009.3—2009.11	华沙、卢布林、弗罗茨瓦夫	在政府部门登记的团体名单中（RE-GON）进行的随机抽样	22361	邮送问卷	3004	261	8.7%
爱沙尼亚	EE－JIGS	2009.9—2009.12	全国	电话黄页中出现社团的全数调查	1662	网上调查	1662	344	20.7%
乌兹别克斯坦	UZ－JIGS－NPO	2007—2008	全国	—	—	邮送问卷	1541	400	26.0%
	UZ－JIGS－NHA						—	602	—

（续表）

		调查时期	调查地区	母样本		调查方法	调查数	有效样本回收数	有效回收率
				获取母样本方法	母样本数				
印度	IN-JIGS	2011—2012	德里	在政府部门登记的NGO、工商会所、合作社、劳动团体的名单进行分层随机抽样	7968	邮送问卷、电子邮件	4559	738	16.2%
泰国	TH-JIGS	2013	清迈、湄宏顺府、南奔府、南邦府	—	—	邮送问卷、面谈	2996	369	12.3%
	TH-JIGS-NHA						156	142	91.0%

【注释】

〔1〕 Ramo, Joshua, *The Beijing Consensus*, Foreign Policy Centre, 2004; Halper, Stefan, *The Beijing Consensus: How China's Authoritarian Model will Dominate the 21 Century*, New York: Basic Books, 2010；毛里和子：『現代中国政治（第3版）：クローバル・パワーの肖像』，名古屋大学出版会，2012年。

〔2〕 大嶽秀夫：「『レヴァイアサン』世代による比較政治学」日本比較政治学学会編『日本政治を比較する』，早稲田大学出版部，2005年。

〔3〕 JIGS调查从1997年的日本利益团体调查开始，截至2014年，本项目共计对15个国家（日本、韩国、美国、德国、中国、俄罗斯、土耳其、菲律宾、巴西、孟加拉、波兰、爱沙尼亚、乌兹别克斯坦、印度、泰国）的社会组织进行了调查（调查概要见附表）。中国的两次调查受到了北京大学政府管理学院李景鹏教授、袁瑞军教授、张长东讲师、社会学系张静教授、国家行政学院褚松燕教授、浙江大学郎友兴教授、黑龙江大学叶富春教授，以及北京大学公民社会研究中心各位老师、同学的大力协助，在此表示深切感谢。

〔4〕由于各国的政治制度不同，在某些问题设置上有一定的差异，在进行具体分析时，会进行标注。

〔5〕JIGS调查问卷中，关于成立时期的问题，中国问卷与其他国家的提问方式不同。中国：贵团体是＿＿＿＿＿年，在民政部门登记的；其他国家：贵团体是＿＿＿＿＿年成立的。中国采取了正式的法律用语。也可以认为，有些团体的前身是建国前成立的，但也很难追溯它们成立的具体时间。

〔6〕中豊·坂本治也·山本英弘編：『現代日本のNPO政治—市民社会の新局面』，木鐸社，2012年。

〔7〕中国社团第一次（2001—2004）调查中，浙江省有2个团体回答是1920年代成立的（浙江调查总数的0.1%）。德国（两次调查）有7%—10%、美国（1999）有5%、日本（自治会）超过4%、社团有1%是在1900年以前成立的。除中国之外，其他14个国家唯一没有出现1900年前成立社团的仅有土耳其，土耳其的社团最早成立的为1920年（土耳其于1920年建国）。另外，各国1944年之前成立的社团比例大致如下，德国（两次调查）16%—20%、美国（1999年调查）24%、日本（自治会）17%、社团4%，其他国家也在0.4%—10%比例之间（JIGS调查数据库）。

〔8〕GDP参考世界银行公布的数据（http://data.worldbank.org/）。相关分析中使用1980—2010年的数据。

〔9〕投资和国民总储蓄参考IMF- World Economic Outlook Database 2013年10月公布的数据（http://www.imf.org/external/pubs/ft/weo/2013/02/weodata/index.aspx）。社团、民非与投资的偏相关系数分别为－0.044、－0.060，基金会则为0.458；社团、民非与国民总储蓄的偏相关系数为0.248、0.342，基金会则为0.578。

〔10〕参考民政部公布的社团（1988—2012）、民非（1999—2012）、基金会（2003—2012）的数据（http://www.chinanpo.gov.cn/index.html）。

〔11〕但也不能排除社团数的增加过程与其他国家之间具有不同的可能性。本文分析结果不仅显示了经济指标，而且政府财政收入、财政支出也与社团数之间有较强的相关性（分别为0.894、0.890），因此却很难确定社团成立时哪个因素最为重要。尽管如此，在经济发展、生活水平的提高带动了社团发展这一点上，似乎看不到国家要阻挠社团成长的痕迹，至少从社团数的增加上可以这样解读。

〔12〕 Walker. Jack L., *Mobilizing Interest Groups in America: Patrons, Professionals, and Social Movements*, Ann Arbor: University of Michigan Press, 1991.

〔13〕 将"科学研究"领域活动的社团与社团的四大分类（学术类、行业类、专业类、联合类）进行交叉分析发现，有约60%的为"学术类"，"行业类"和"专业类"也各占约20%。

〔14〕 辻中豊编：『現代日本の市民社会・利益団体』，木鐸社，2002年；辻中豊・森裕城编：『現代社会集団の政治機能—利益団体と市民社会』，木鐸社，2010年。

〔15〕 辻中豊・廉載鎬编：『現代韓国の市民社会・利益団体—日韓比較による体制移行の研究』木鐸社，2004年。

〔16〕 其他国家的问题设定是"贵团体成立的主要目的和活动是什么？"，中国是"贵团体的成立目的是什么？"。

〔17〕 本文定义的"利益团体"是指，关心政治和政府政策、具有公共性意识的自治社会组织（辻中豊编：『現代日本の市民社会・利益団体』，木鐸社，2002年）。这一定义也与李景鹏在1999年定义的"准利益团体"（不以获取政权为目的，以议会、行政机构、司法机构为利益表达的对象，为实现团体目的向政府政策产生影响的社会团体。参见李景鹏：《中国现阶段社会团体状况分析》，载《唯实》，1999年第8—9期，第48—52页）的概念基本一致。

〔18〕 辻中豊编，2002年。

〔19〕 问卷中设定的问题中，对社团负责人进行了从"保守"、"中间"到"革新"7等级划分的自我评价。

〔20〕 政府治理、政治社会的认同等相关问题从"赞成"、"中立"到"反对"设定了5个等级的评价（卡方检定，显著性差异5%的选项）。

〔21〕 采用中位数检验，北京的中位值（差异性5%）比东京和首尔低。平均值为：北京4.3人，东京54.7人，首尔23.4人。

〔22〕 现行《中国社会团体登记管理条例》（1998）规定了社团的成立条件，（1）个人会员数50人以上、单位会员30个以上，或个人和单位会员合计50以上，（2）有全职工作人员，（3）全国级社团的活动经费10万元、地方社团3万元以上（第3条）。调查对象的北京社团中，个人会员为0或没回答的为40%，单位会员为0或没回答的为30%。全职工作人员为0的30%，没回答20%，

〔23〕辻中豊、森裕城，2010年，第73页。

〔24〕有效样本数为北京181、东京1176、首尔262。平均值分别为北京6540.5人、东京5516.9人、首尔17521.3人。

〔25〕为便于参考，将缺失值全部设置为0之后得出的个人会员的中位值为，北京36人、东京30.5人、首尔55人，首尔个人会员数最多。

〔26〕CNY/JPY汇率12.3489（2011）。

〔27〕北京中位值与东京和首尔存在显著差异。另外，平均值为北京1亿2626元人民币（15亿5924日元）、东京2144万元人民币（2亿6481日元）、首尔1256万元人民币（1亿5513日元），北京最高，但其中北京有一社团的回答2833亿元，有可能是误记，排除这一团体之后北京的平均值为699万元人民币（8634万日元）。

〔28〕浙江和黑龙江的社团更反映了财政资源规模的薄弱。活动经费的中位值为浙江7万531元人民币（93万日元），黑龙江1万527元人民币（12万日元）。

〔29〕关于影响力的问题是："您认为下列各团体对中国政治的影响程度如何？"分别从"影响力极大"、"中间"到"完全无影响"划分为7个等级。

〔30〕关于协调度的问题是："贵团体与下列各团体的关系如何？"分别从协调度的高低分为"非常协调"、"中间"到"非常对立"的7个等级。

〔31〕单因素方差分析的Bonferroni检验得出的结果。

〔32〕浙江、黑龙江也与北京的分析结果相似。通过影响力和协调度平均值进行的相关分析，相关系数都在0.94以上。

〔33〕问题："对国家或地方政府的政策，贵团体满意吗？"，对四项选项"国家的整体政策"、"地方性的整体政策"、"团体所关心的国家政策"、"团体所关心的地方政策"，从"非常满意"、"一般"到"不太满意"5个等级的评价。

〔34〕成立党组的绝对数为北京53、浙江36、黑龙江58，没有成立党组的绝对数为北京107、浙江207、黑龙江329。本节的分析中，没有特定说明的情况下，一般是包含了有效样本总数的比例。

〔35〕三省市的平均值和中位值比较，成立了党组和没有成立党组之间有2倍的差，且有显著差异。有效样本数为北京115、浙江461、黑龙江353。

〔36〕全职工作人员数和媒体报道次数的平均值检验（t检验）的结果，除浙江省的媒体报道次数之外，其余两省均呈显著差异。利用电子邮件和开设主页的检验结果，前者北京，后者三省都呈显著差异。运用媒体表达社团要求的媒体形式（报刊、电视、网络）的使用频度（"经常"、"偶尔"、"没有"）与成立党组织的斯皮尔曼等级相关系数为，北京与电视（0.346）、与报刊（0.498），黑龙江与网络（0.160），其余没有显著差异。

〔37〕斯皮尔曼等级相关系数，黑龙江为0.282（N=387）且呈显著差异、北京（N=136）、浙江（N=538）没有显著差异。

〔38〕卡方检验结果，黑龙江（N=384）和北京（N=133）有显著差异。

〔39〕卡方检验结果，仅黑龙江（N=386）有显著差异。

〔40〕卡方检验结果，仅北京有显著差异（1%）。但采用费希尔精确检验之后，浙江有显著差异。

〔41〕方差检验结果，除了"重视环保"问题之外，其他问题均呈显著差异的仅有黑龙江。"重视环保"三省市都不存在显著差异。

〔42〕方差检验结果，仅黑龙江呈显著差异，但浙江在10%的范围内有显著差异。

〔43〕"社会团体的存在和发展对政府工作的影响"的选项中，从"非常积极"、"一般"、"非常消极"（"说不清楚"作为缺失值处理）分为5个等级。对此，斯皮尔曼等级相关分析的系数浙江和黑龙江分别为0.145、0.158，有显著差异。

〔44〕依据对党干部的影响力评价的增强是从党干部"非常有影响力"的比例增加而进行判断，对是否回答"非常有影响力"与是否有党组织之间进行了方差检验。检验结果都没有出现显著差异。

（本文作者辻中丰为筑波大学人文社会科学研究科教授；小桥洋平为早稻田大学研究员；本文译者黄媚为横滨市立大学兼职讲师）

Abstract

To better understand the political and social phenomenon in today's China, one must find an appropriate reference framework through which proper comparative studies can be made. Serious social science studies should look for insights from comparison while hastily defining "China's singularity" or randomly adding "adjectives" only makes relevant conclusions more implausible. Through an empirical comparison of China's social organizations at different levels, this article attempts to analyze the similarities shared by China's social organizations and their foreign counterparts. More specifically, the author identifies the positions and roles of China's social organizations in politics and society through a comparison with social organizations in Japan and Korea, summarizes the economic, social and political characteristics of social organizations through comparing social organizations in different regions like Beijing City, Zhejiang Province and Heilongjiang Province, and weigh the party's influences on social organizations through examining the differences between social organizations with and without party branches in terms of resources, activities and perceptions on policies. Based on these comparisons, the author attempts to present a full picture of the universality and singularity of Chinese social organizations.

Keywords

Chinese Social Organizations; International Comparison; Regional Comparison; Year-on-year Comparison; Party Branches

美国社会消防治理体系及其借鉴

司 戈

摘 要：介绍美国社会消防治理体系形成过程，分析借鉴美国在联邦与州和地方政府的消防安全事权划分、职业与志愿相结合的消防力量体系、非营利组织等社会消防力量的发展、市场机制的运用和公民消防安全意识的培育等方面的特点。结合国情，就推进中国社会消防治理体系和治理能力现代化，提出厘清中央与地方政府消防事权责任边界、加快构建城乡全面覆盖的消防力量体系、积极培育社会消防组织、充分发挥市场机制和宣传教育培训作用的实现路径。

关键词：美国 消防 治理

一、美国社会消防治理体系的简要发展历程

1608年1月，英国人在美洲的首个定居点詹姆斯镇被大火焚毁，是新大陆第一场有记录的火灾。1678年，波士顿出现以灭火获取收入的消防员。1718年，波士顿建立了第一个邻里互助的灭火组织，并逐步发展为志愿消防队。1776年建国后，志愿消防队一直是美国主要的消防力量，

---

* 本文系公安部软科学课题"美国社会消防治理研究"的阶段性成果。

直到19世纪初美国开始工业革命，1853年辛辛那提建立美国第一支职业消防队，1865年纽约市的志愿消防队被职业消防队取代。[1]

在19世纪、20世纪之交的"进步时期"，美国从自由资本主义向垄断资本主义转型，1894年工业生产总值跃居世界首位，这一阶段，公共权力在行政管理职责的扩展与能力的提升方面明显滞后，政治发展与经济发展失衡，贫富分化、政治腐败等问题集中爆发，火灾同样严重威胁公共安全，恶性火灾时有发生。如：1871年的芝加哥大火（烧毁近三分之一城区，死亡约300人）、1903年芝加哥市的剧院火灾（602人死亡）、1911年纽约市的三角女式衬衣厂火灾（146人死亡）、1929年俄亥俄州克利夫兰市的医院火灾（125人死亡）、1930年俄亥俄州的州立监狱火灾（320人死亡）、1942年波士顿市的椰林夜总会火灾（493人死亡）、1958年芝加哥市的学校火灾（93人死亡），等等。在主要工业化国家中，美国的火灾发生率和死亡率一直居前列。[2]

为应对持续严峻的火灾形势，美国社会逐步推进壮大专业消防队伍、推广现代消防技术、发展社会消防组织等火灾防控措施。但在20世纪中叶前，主要局限于地方政府的行政管制和工商企业、社会组织的自发行为，地方化、碎片化，覆盖有限，缺乏整体突破和全局掌控。

1947年5月6日至8日，在杜鲁门总统倡议下，联邦政府在华盛顿召开全国防火大会，2000多名来自美国工商业、联邦和地方政府、消防部门、大学和军方的代表达成"火灾是全国性问题"的共识，大会通过的《行动纲领》提出了火灾防控的"3E"对策，即宣传教育（Education）、执法监督（Enforcement）和工程技术（Engineering）。[3]

1968年，国会通过《消防研究和安全法》，授权总统成立全国火灾防控委员会，"全面调查美国的火灾问题，以提出具有可操作性和实效性的火灾防控对策"。1973年，该委员会发布报告《美国在燃烧》，系统分析了美国面临的消防安全问题和深层次原因，就公民意识、政府责任、专业力量、技术装备、城乡统筹、教育培训等方面提出90条建议[4]。该报告影响深远，推动国会次年通过《联邦火灾防控法》，在商务部设立全国火灾防控局（NFPCA）。1978 年，火灾防控局更名为国家消防管理局（USFA），1979 年并入新成立的联邦紧急事务管理总署（FEMA）。

这一阶段，美国的消防宣传教育培训、基础研究和应用技术开发、社会消防专业人才和服务机构、非营利组织都发展较快，联邦政府广泛介入地方消防事务，社会消防治理体系渐趋完善，火灾危害逐步控制。1973—2012 年，美国火灾死亡从 6200 人降到 2855 人，受伤从 10 万人降到 16500 人，同期美国人口从 2.12 亿增加到 3.11 亿，火灾死、伤率分别下降了68.6% 和 88.7%。[5]

二、美国社会消防治理体系的主要特点

美国社会消防治理体系的主要特点是：把消防安全作为法治基础上的社会治理过程，在比政府管制范围更大的对话空间和语境之下，构建政府、社会单位、非营利组织、公民协同参与的社会治理结构，各层级政府之间消防事权划分明确、相互合作，多元主体协同互动，综合运用市场机制和宣传、教育、文化等手段，培育单位、公民的消防安全主体意识，提高全社会防控火灾能力。

（一）联邦、州和地方政府消防事权的动态调整

1. 消防事务属于典型的地方事权

作为宪政联邦共和制国家，美国设立联邦、州和地方三级政府架构。《合众国宪法》确定了联邦政府的结构和权力，并对州政府做出基本规定。各州均有州宪法，确定州内地方政府的结构和权力。从政府职责和权力的角度，美国宪法限定了联邦政府的权力和职责，宪法第十修正案规定："宪法未授予合众国、也未禁止各州行使的权力，由各州各自或由人民保留。"由于宪法未将消防安全确定为联邦政府职责，因此，消防安全属于州和地方政府负责的事务，是典型的地方事权。

2. 地方政府是管理消防事务的主要责任者

多数州将管理消防事务的权力授予地方政府，少数州直接承担这一职责。美国的地方政府形式多样、差别巨大，可分为一般目的地方政府和特殊目的政府，前者包括县、市、镇，提供普遍意义上的公共服务；后者是基于一定地理区域内的一项或几项具体公共需求（如教育、消防、供水、交通等）而建立，发挥有限的政府功能，通常被称为"特别区"。美国现有 90056 个地方政府，包括 38910 个一般目的政府（3031 个县、19519 个自治市、16360 个镇）和 51146 个特殊目的政府——其中"消防特别区" 5865 个，仅次于"学区"（12880 个），占全部特殊目的政府的 11.5%。[6]

作为地方政府管理消防事务的重要体现，消防特别区由州政府通过立法创设，主要目的是在郊区和乡村地区提供与城镇类似的灭火救援服务。各州对消防特别区的定义不尽相同，通常是指为在一定区域内提供火灾扑救和应急救援服务而设立的、具有征税和通过相应法令等有限自治权力的政治实体，其运作必须严格遵守对地方政府的各种规定（如选举、信息公开、回避），由民选官员管理。除火灾扑救、应急救援、医疗急救之外，有些消防特别区也提供市政供水、街路照明等服务。

3. 20 世纪 70 年代后联邦政府逐步介入消防事务

（1）完全由地方政府承担消防事务的弊端逐渐凸显。地方政府承担消防事权，既有宪法原则等深层次原因，也与美国人民崇尚地方自治的传统密切相关。实践中，由于 50 个州政府、几万个地方政府在消防安全领域各自为政、重复工作，经费投入效率低下、保障水平参差不齐等问题日益突出。

（2）《美国在燃烧》是推动消防事权优化调整的里程碑。《美国在燃烧》提出了联邦政府在消防事务方面的职责：改善公共消防安全水平的倡导者，向地方政府提供经费和教育培训帮助的支持者，推动地方消防部门提高效能、扩展职能的拓展者。[7]这种积极关注、介入有度又避免越俎代庖的定位，与同期美国联邦政府在消除贫困、治理污染、城市重建、发展卫生教育事业等方面广泛支持地方事务的总体政策导向是契合的。

(3)"9·11"事件后联邦政府积极介入消防事务。20世纪90年代后,随着火灾等各类事故灾难、自然灾害乃至恐怖主义袭击的威胁程度、破坏规模和处置难度增大,联邦政府意识到消防部门作为覆盖范围最广、人员数量最多、专业化水平最高的综合应急救援力量,是处置各类事故灾害和突发事件的首要力量,作用无可替代,开始以多种形式支持地方消防事务。"9·11"事件后,国家消防管理局连同联邦紧急事务管理总署划归新成立的国土安全部。在消防部门职责不断加重,而州和地方政府消防经费投入难以满足需求的背景下,国会先后通过《消防人员援助专项拨款法》(AFG,2001)[8]、《消防和应急救援人员补充配置法》(SAFER,2004)[9]等法案。截至2014财年,联邦政府累计向州和地方政府提供93.2亿美元专项拨款,用于支持增加职业和志愿消防人员、更新消防车辆装备、改造消防站,体现了联邦政府强化公共安全事务的宏观政策导向。

作为联邦政府行政分支负责消防事务的具体机构,美国国家消防管理局主要有四项职责:收集分析和发布火灾信息,组织开展全国性的消防宣传教育,通过国家消防学院开展专业培训,组织消防安全基础研究和技术开发。[10]

4. 消防法律法规和标准规范体系

由于消防事务属于地方事权,美国没有全国统一的消防法,国会的相关立法只适用于联邦机构。州议会作为州的立法机构,有权制定消防法规,确定州内的消防管理体制。地方政府在州宪法确定的框架内,有权制定本地区的消防法规,但只能比州的规定更严格而不能放宽。

美国的消防技术规范,分建筑规范和防火规范两大类,前者适用于新建、改建工程(通常,建筑规范中三分之二的条款与消防安全有关),后者适用于已投入使用场所的消防安全管理。州和地方政府的立法机构举行听证会,综合各方意见,按照相应程序确定本行政区域内的规范,这些规范基本上都是以非营利组织编写的模式化规范(Model Code)为基础,并结合本地情况予以个性调整,一旦通过就是强制性法规。各地的消防法规差异很大,"在制定建筑规范方面,美国各地完全是成千上万个小的独立王国,每个地方都在自行其是,尽管找不到任何令人信服的理由,但是,在一个地方被允许的设计却常常在另一个地方被明令禁止!"[11]为解决这种混乱的局面,1994年美国三个主要的模式化规范编写机构联合成立国际规范理事会(ICC),并于2000年停止出版各自的规范,共同编写统一的模式化规范《国际建筑规范系列》。

(二)职业制与志愿制相结合的消防力量体系

1. 起源于殖民地时期的志愿消防体制

美国先有社会,后有国家,早期新英格兰殖民者通过订立契约组织起来,集体承担社区的公共事务。由于定居点建筑密集,且大多采用木质结构,导致火灾频发。当时,扑救火灾是全体成年男性共同的责任,一旦失火,男人们站成一队,用水桶接力取水灭火。17世纪后期,人们开始组织志愿消防队,承担火灾扑救职责,有的还开展基本的防火工作。开国元勋华盛顿、杰斐逊等都是著名的志愿消防队员。1736年,富兰克林在费城组建了30名成员的志愿消防队,这一模式在其他殖民地被广为复制。到1861年内战爆发时,仅费城就组建了18支志愿消防队。[12]

2. 工业革命促进职业消防体制迅速发展

随着欧洲工业革命成果传入美洲大陆,19世纪美国经济社会急剧变迁,在新的能源、通信与运输模式和全新的产品与服务推动下,新兴城市迅速发展,人口从乡村向城市中心的流动代替了向西部地区的移民,对州和地方政府的治理能力带来极大挑战。蒸汽机、电报等新技术在消防领域广泛应用,1829年出现了马拉的蒸汽消防泵,1852年波士顿出现了基于电报技术的城市火灾报警系统。新技术提高了灭火效率,也对消防队伍的组织管理提出更高要求,特别是在大城市,管理相对松散的志愿消防队逐步被组织严密的职业消防队伍取代。20世纪初,内燃机驱动的消防车迅速普及,加速了城市消防体制从志愿制向职业制的过渡。但在地广人稀的农村和人口较少的城镇,志愿消防队仍然是灭火救援的主要力量。

3. 现阶段美国消防力量的基本特点

（1）消防力量基本实现城乡全覆盖。截至2013年底，30052个地方政府建立了消防部门（在一定的行政区域内提供火灾预防、灭火救援和相关的紧急或者非紧急事件救援服务的公立机构），消防人员约114万，其中志愿消防人员78.6万（占69%），职业消防人员35.4万（占31%），每万人口拥有36.7名消防人员。[13] 剔除与消防无关的特殊目的政府，67%的地方政府建立了消防机构，其他地区主要通过与周边的地方政府签订区域合作协议，或者合同外包购买服务等方式提供消防服务，只有很少数地方政府尚未提供消防服务。

（2）城市以职业消防体制为主，小城镇和乡村以志愿消防体制为主。职业制与志愿制并不是非此即彼，很多消防部门同时有职业和志愿消防人员。在2.5万人口以上的城市，73.2%的消防部门为职业制或以职业人员为主，17个百万人口以上城市全部为职业制。在2.5万人口以下的村镇，54%—99%的消防部门为志愿制或以志愿人员为主。2477个职业制消防部门和1971个以职业人员为主的消防部门（占总数15%）保护了67%美国人口。19807个志愿制消防部门和5797个以志愿人员为主的消防部门（占总数85%）保护了34%美国人口。（见图1）

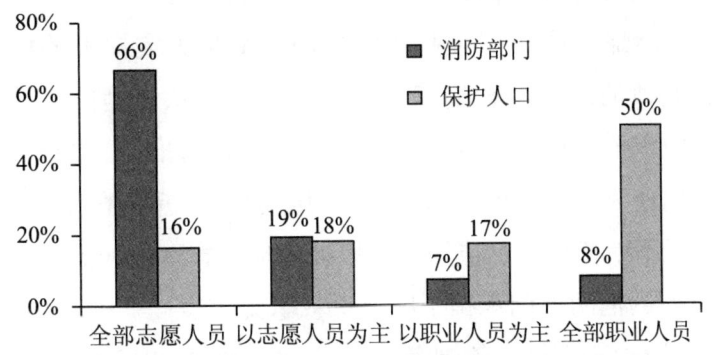

图1 美国四类消防部门及其保护人口的比例

资料来源：美国消防协会报告《美国的消防力量（2013年）》。

志愿消防队的经费主要来自地方政府投入和社会捐赠，志愿消防人员不领工资，但按照执勤班次、出动次数获得适量津贴、补助。根据美国劳工部规定，志愿消防人员获得的津贴（包括名义上的报酬）总额不得超过当地职业消防员收入的20%。[14]作为现代志愿服务最发达的国家之一，在美国，志愿消防队被公认为职责任务最艰巨、社会贡献最大的志愿服务，受全社会普遍尊重，志愿消防人员平均每年贡献6500万个小时，货币价值1398亿美元，大大减轻了地方政府经费支出压力。[15]

（3）近30年职业消防人员明显增加，志愿消防人员缓慢减少。1983—2013年，职业消防人员从22.7万增加到35.5万，增长56.4%；志愿消防人员从89.5万减少到78.6万，减少12.2%。志愿消防人员持续减少的原因是：岗前培训要求更为严格，"门槛"提高将一些人排除在外；双职工家庭增多，可从事志愿消防服务的人员相对减少。针对这一问题，《消防和应急救援人员补充配置法》专门规定，必须将不少于10%的联邦政府拨款用于志愿消防队伍。[16]

4. 消防部门职能向火灾预防、灭火救援和医疗急救"三位一体"发展

（1）地方消防部门从单一的火灾扑救向"防消并重"发展。20世纪70年代之前，消防部门95%经费用于火灾扑救，只有5%花在消防监督检查、消防安全教育方面，但偏重于"灭"的策略并未扭转严峻的火灾形势，《美国在燃烧》指出"强化火灾预防是减少火灾损失的根本出路"。近几十年，城镇消防部门普遍建立了防火机构，从事消防宣传、监督检查、消防设施审核、火灾调查等工作。消防站普遍推行"防消结合"，消防队员结合到辖区熟悉演练，同时开展消防检查、指导整改火灾隐患。消防部门的职能不断拓展，已成为火灾以外其他灾害事故应急救援的主要力量，还有62%的消防部门承担了医疗急救职责。[17]

（2）消防站建设和装备配备注重实效。截至2013年底，美国共有55150个消防站，配备水罐消防车69150台、云梯消防车7000台、其他消防车76300台。[18]美国消防站的特点是"小而密"，每个站通常只配备水罐车、云梯消防车和急救车各一台，由于点多面广，消防车出动行车时间短,基本实现了初期控火和灭火。美国的消防装备强调实用,不搞"高大上",云梯消防车的工作高度基本不超过30.5米。

(3)地方消防经费持续增长。1980年地方政府消防经费57亿美元,2011年为423亿美元,按消费者价格指数调整后实际增长172%,增幅与警察等其他公共服务领域类似。经费增长的主要原因:一是随着《公平劳动标准法》的适用范围涵盖消防部门,职业消防人员每周的标准工时缩短,而灭火救援任务又持续增多,地方政府必须增加职业消防人员,或者支付更多的加班费用;二是医疗急救等职责任务拓展,增加了对专业人员和装备的需求;三是社会保障标准提高,职业消防人员的退休金和职业健康支出增加。[19]

(三)非营利组织全面参与社会消防治理

除志愿消防队之外,行业协会、工会等其他非营利组织是美国社会消防治理体系重要组成部分,对政府履行监管职权、单位承担主体责任都发挥着重要的支持、沟通、连接和补充作用。

1. 专业技术类组织在消防科研、标准规范编制等领域发挥重要作用

美国消防协会(NFPA)、消防工程师学会(SFPE)等行业组织和一些综合性的专业技术学会,广泛参与消防技术研发、标准规范编制、行业自律、宣传教育、专业人才培训等工作。美国消防协会成立于1896年,已发展为重要的国际性非营利组织,近7万名会员分布在全球近100个国家,下设的230多个专业技术委员会编写了超过300部消防技术规范和标准,很多被美国国家标准学会(ANSI)采用为国家标准,有的已成为国际通行标准;该协会还承担了注册防火专家、注册消防检查员和注册消防设计审查员等的资格认定等工作。

一些综合性学会和化工、建筑等专门领域的社会组织也广泛参与了消防安全工作。如美国材料试验学会(ASTM,1898年成立)作为全球主要的非营利性标准化组织,1904年成立消防标准技术委员会,下设耐火极限、火灾试验等十余个分委员会,制定了大量消防技术标准。美国化学理

事会（ACC）建立"化学品运输应急中心"服务热线，提供危险品运输事故处置的信息服务和决策支持。

2. 消防人员工会组织、社团积极推进公共消防安全利益

结社传统在美国文化中根深蒂固。正如托克维尔在《论美国的民主》中所述："美国人不论年龄多大，不论处于什么地位，不论志趣是什么，无不时时在组织社团。""美国人干一点小事也要成立一个社团……似乎把结社视为采取行动的唯一手段。"国际消防队长协会（IAFC，1873年成立）、国际消防员协会（IAFF，1918年成立）、美国志愿消防员联盟（NVFC，1976年成立）作为典型的消防社团，代表消防人员和公共消防安全利益，类似的组织在各州和地方都存在。

成立于1989年的国会消防政策研究会（CFSI）由40多个全国性消防组织组成，致力于在联邦层面推动消防立法。该研究会的全国咨询委员会每半年在华盛顿召开一次全体会议，交换行业信息并研讨重点问题。小布什和克林顿总统以及副总统奎尔、戈尔、切尼、拜登都曾在该研究会的年度晚餐会发表主旨演讲。正是在上述社团组织所代表的利益集团推动下，国会通过了《消防人员援助专项拨款法》、《消防和应急救援人员补充配置法》等消防立法。[20]州和地方层面的情况也类似。

（四）市场机制在社会消防治理中广泛发挥运用

1. 保险机制的火灾风险管控和辅助社会管理功能

（1）微观层面，保险业全面参与火灾风险管控。1725年富兰克林在费城创办美国第一家火灾保险公司。18世纪末至19世纪中期，随着工业革命完成，机器生产代替手工操作，社会财富大量集中，火灾风险明显加大，保险行业迅速发展。1871年的芝加哥大火造成1.5亿美元损失，保险公司赔付1亿美元，显示火灾保险承保面之广，以及保险公司巨大的实力。

在市场经济体制下，保险公司为减少赔付，在火灾防控方面具有天然的动力，通过承保前的火灾风险评估和厘定费率、承保后的安全检查和灾

后的定损、理赔，保险机制在工商业火灾风险管理方面发挥了重要作用，并逐步扩展到安全标准编制、实验检测、产品认证、安全培训等众多领域。目前，工厂互助保险公司（FM，1835年成立）、美国安全检测实验室公司（UL，1894年成立）的安全产品认证、试验检验等延展服务，都被国际认可采用。

（2）宏观层面，保险业介入区域乃至城镇消防安全评估。美国保险服务处建立"城镇火灾风险评估体系"，评估结果分10级（1级最安全，10级最危险），供保险公司参考确定不同地区火灾保险的基准费率，并成为指导地方政府提高公共消防安全保障水平的重要依据。因此，奥斯特罗姆在《美国地方政府》中评价："火灾保险对所有消防服务提供者的工作产生的影响最大。""没有哪项政府政策能和美国保险服务处的衡量标准一样，对各种类型消防部门的标准和操作产生这么大的影响。"[21]

但是，保险业的城镇火灾风险评估体系也有其局限性，重点关注减少财产损失而非人员伤亡，评估建议主要围绕提高灭火救援能力，很少包含火灾预防内容，反映出作为市场主体的保险公司与承担公共服务职责的地方政府在关注点上的深层次差异。因此，《美国在燃烧》建议地方政府不应完全依赖保险业的风险评估，而要通过编制消防安全总体规划，构建"防消结合"的消防安全体系，合理配置可用社会资源，追求消防安全投入效能最大化。

2. 税收杠杆逐步成为鼓励提高消防安全水平的政策工具

美国现行税制以所得税为主，并辅以其他税种。其中，联邦以个人所得税、公司所得税和社会保险税为主，州一级税制不完全一致，地方政府主要以财产税为主。近年来，地方政府和联邦政府积极探索运用税收工具，推进普及自动喷水灭火技术。

2000年，马里兰州的蒙哥马利县立法，规定对于安装自动喷水灭火系统的住宅，当年最多可减征一半的房产税。2008年，南卡罗莱纳州立法，规定在法律未强制要求的住宅和工商业建筑内，如果主动安装自动喷水灭火系统，可申请减征25%的房产税，并向州政府申请按自动喷水灭火系统总投资的 25% 予以补助。[22]

2003 年 2 月 20 日，罗德岛州的车站夜总会火灾造成 100 人死亡，调查表明，未安装自动喷水灭火系统是人员重大伤亡的主要原因。美国消防界认为《国内税收法》关于建筑折旧年限的规定，严重制约了业主在老旧建筑增加自动喷水灭火系统的积极性（根据税法的固定资产折旧计算表，工商业建筑计提折旧的年限为 39 年，住宅为 27.5 年，加装自动喷水灭火系统的投资未列入折旧范围）。2003 年以来每届国会都有议员向参众两院提交《自动喷水灭火系统鼓励法案》，主要内容是将自动喷水灭火系统改造纳入折旧范围（折旧年限 15 年），鼓励业主在老旧建筑加装自动喷水灭火系统。[23]

3. 政府采购政策助力提高公共消防安全水平

20 世纪 70、80 年代，美国宾馆业火灾多发。1990 年，国会通过《宾馆和汽车旅馆消防安全法》，规定所有联邦政府工作人员公务旅行、召开会议时必须入住符合消防安全条件的宾馆（主要是安装火灾自动报警、自动喷水灭火系统），否则一旦因火灾出现伤亡和财产损失，联邦政府不予抚恤。虽然该法只适用于联邦政府，但其设定的消防安全门槛却发挥了"四两拨千斤"的杠杆效应：为争夺联邦政府采购这一重要市场，宾馆业竞相改造消防设施以达到标准，并积极申报纳入名单；同时，该政策还对地方政府、私营机构和社会公众产生了强烈的示范效应。1990—2012 年，美国宾馆业床位数从 307 万张增加到 490 万张，但火灾起数却从每年近万起下降到 3600 起左右，死亡人数下降 75%，再未发生死亡 10 人以上的火灾。[24]

（五）消防宣传教育培训发挥基础性作用

长期以来，美国社会对消防宣传重视不够，公众的消防安全意识总体薄弱，对火灾危害或者熟视无睹，或者认为根本"无力解决"，只能听之任之、被动接受，将保障自己生命和财产安全的责任完全"托付"给了消防队，并依赖保险公司弥补火灾损失。正如《美国在燃烧》开篇第一句话:"当前,美国最严重的消防安全问题,恰恰就是公众对消防安全问题漠不关心、置若罔闻的冷漠态度。"

基于对火灾防控经验教训的总结,特别是对偏重灭火和灾后救助理念的反思,自20世纪70年代后,美国社会逐渐形成共识:"在所有火灾防控措施中,消防安全宣传教育无疑最为重要。在火灾防控方面,面向公众的消防安全宣传教育,是最具潜力的一项措施。"

1. 政府和非营利组织协同开展公众消防宣传教育

(1) 联邦政府把宣传教育作为指导提高公共消防安全水平的主要手段。国家消防管理局的四项职责中,前三项均与宣传教育培训密切相关。针对90%的建筑火灾亡人发生在住宅的突出问题,消防管理局会同美国消防协会等非营利组织通过广泛宣传,推动州和地方政府立法推广住宅感烟报警器。1976年,感烟报警器在住宅的普及率尚不足10%,1986年已接近80%,到2013年96%—97%的美国家庭至少安装了一个感烟报警器。同期,美国住宅火灾的死亡率下降了近70%。[25]近年,又发起全国性的"消防安全人人有责"(Fire is Everyone's Fight)活动,指导各地消防人员运用现代社会营销策略,强化公众的消防安全意识,进一步减少家庭火灾的危害。

(2) 非营利组织广泛参与社会消防宣传教育。美国消防协会等机构的消防宣传注重分众化、精细化,针对重点人群(老幼病残)、重点场所(高层建筑、宾馆饭店、养老院等)、重点时段(冬春季节、假期)和重点致灾因素(用火、用电、烹饪、吸烟、放火),长期开展针对性的消防宣传教育。美国消防协会的官网设有专门的教育专题和博客,用十几种语言提供简单实用的宣传材料,仅中文就细分为繁体、简体两种。该协会面向儿童开展的"学会预防火灾"(Learn Not to Burn)专题教育已有40多年历史,深受欢迎,专门开发了面向儿童和教师、家长的APP、电子书,供免费下载。

从1922年起,美国消防协会承办每年的防火周活动(为纪念1871年10月8日至9日的芝加哥大火,10月9日所在的一周被确定为防火周)。

1925年，柯立芝总统发表第一份总统防火周宣言，这一传统延续至今。每年的防火周活动都确定一个主题，通常以家庭火灾预防和逃生自救常识为主，已成为美国在公共健康和安全领域延续时间最长、公众认知度最高的宣传教育活动。

2. 各类教育培训机构培养专业消防技术和技能人才

在美国，消防工作是一类重要的社会职业，《标准职业分类系统》（SOC）设有完整的消防职业体系，涵盖从预防到扑救的全过程（如消防工程师、消防员），根据不同的技能水平要求，分设于"专业技术类"和"安保服务类"两个层面（即白领与蓝领），并分别建立了职业资格和注册执业制度。

美国设有学历教育、继续教育、专业培训等不同层面的消防教育培训机构，满足了培养各类专业人才的需求。现有38所大学、180余所专科学院设有消防专业课程，开展本科和研究生教育。隶属国家消防管理局的国家消防学院（NFA）面向全国中、高级消防和相关领域人员开展免费的专业培训，其课程相当于专科学院/大学水平，通过了美国教育委员会（ACE）的评估，学分被其他院校认可，国家消防学院的继续教育课程也被国际继续教育和培训协会（IACET）认可。各州和很多城镇都有消防学校，培养消防员和其他消防职业人员，很多企业和非营利组织也参与社会消防培训。

3. 注重消防安全文化建设

（1）以具象化的符号为载体，开展潜移默化的消防宣传。1944年，国家林务局（USFS）推出吉祥物防火护林熊"斯莫奇"（Smokey），并把一只在林火中幸存的小熊命名为斯莫奇，送到华盛顿的国家动物园。斯莫奇被编入儿歌、童书，深入人心、家喻户晓，数百万名美国儿童专门到国家动物园看望它，斯莫奇每周收到一万多封信件，美国国家邮政局还专门为它确定了邮政编码。斯莫奇的形象沿用至今，成为美国森林防火宣传的重要载体。与此类似，美国消防协会于1951年将卡通斑点狗"斯巴奇"（Sparky）确定为防火周的吉祥物，深受少年儿童欢迎。[26]

（2）培养消防人员的职业荣誉感，树立消防事业崇高的社会形象。美国各地设有很多纪念殉职消防人员和重特大火灾罹难者的雕塑、纪念碑、纪念墙和铭牌等，国家消防学院专门建有大型雕塑，纪念"9·11"事件中殉职的343名纽约消防人员。美国的消防部门普遍注重历史积累和形象宣传、公共关系，消防站和很多公共场所都有介绍消防历史沿革的图片、展品。很多消防站都成为当地社区居民重要的活动和服务中心，通过与社区居民的良性互动，赢得民众的理解支持，增进了公众对消防安全的关注度，也为志愿消防队伍培养和储备了人才。

三、构建我国社会消防治理体系的思考

十八大以来，中央提出了全面建成小康社会、全面深化改革、全面推进依法治理等治国理政的总体框架，全面推进社会消防治理体系和治理能力现代化，面临重大发展机遇，必须明确消防安全服务和服从于经济社会发展大局的总体定位，遵循消防工作的客观规律，积极借鉴国外经验，转变发展观念，调整工作思路，创新方式方法。

鉴于我国社会消防管理偏重于政府单向管制的结构性问题，当前，必须突出转变政府职能，在法治框架下全面推进消防工作社会化，依法明确各级政府保障公共消防安全的主体责任，冲破政府包揽一切社会消防管理事务的桎梏，鼓励引导和支持社会力量广泛参与消防安全管理、技术服务和志愿服务，发挥政府、社会、市场的多中心治理优势，运用法律、行政、经济、文化等多维治理手段，实现社会消防治理多元主体的良性互动，进而全面提升社会火灾防控能力。

（一）厘清中央政府和地方各级政府的消防事权责任边界

1. 将消防事务明确纳入各级政府的基本公共服务清单

政治学者认为，政府运用其权威供给公共服务具有天然的正当性和必要性，保障包括消防安全在内的公共利益，是政府合法性存在的基础。美

国地方政府把消防事务作为最基本的职能之一,学术界在论述政府职能时,也经常以消防安全为例进行实证分析。诺贝尔经济学奖获得者埃莉诺·奥斯特罗姆在《美国地方政府》中选取了三项职责讨论地方政府的职能,其中就包括消防服务。[27]

在我国,公共服务作为政府职能,虽然早在概念产生前就以实践的方式存在,但总体上看发展相对滞后。改革开放后,随着经济社会快速发展,消防安全越来越受到各级政府重视。但从制度设计角度看,消防安全的基本公共服务属性尚未明确,相关制度建设滞后,《国家基本公共服务体系"十二五"规划》(国发〔2012〕29号印发)并未纳入包括消防安全在内的公共安全内容。

当前,必须把消防安全作为一项重要的基本公共服务,加强理论研究和制度建设,借鉴美国等发达国家经验,以法律和政策性文件的形式,将消防事务正式纳入各级政府的基本公共服务清单,明确主要内容、基本标准、目标任务和支出责任等保障性措施,确定约束性指标(如万人拥有消防站、万人拥有职业消防员人数和万人火灾发生率、伤亡率等)及考核标准,针对主要问题,编制发展规划,落实公共消防基础设施等重点建设项目,尽快建成供给总量有效扩大、城乡发展较为均衡、安全服务方便可及、人民群众较为满意的消防安全基本公共服务体系。

2. 地方政府应当承担本地区消防安全的主体责任

基于对公共服务供给效率的考虑,不同层级的政府需要对应不同的职责。正如美国经济学家奥物茨所说:"几乎每个国家都分为不同层级的政府,但分层不是目的,关键在于如何赋予不同层级政府适当的公共供给责任。"[28]政府间的公共服务职责分工,应突出所涉及服务内容的特点,遵循受益范围原则、事权与财权一致原则和法治化原则。[29]消防安全不但具有公共产品非竞争性、非排他性的典型特点,还具有明显的区域特征,与本地的社会发展、产业结构、人口规模、城乡格局乃至自然资源、地理、气候都密切相关,其受益范围也主要在本地区,这也是美国地方政府承担消防事务的重要原因。我国是单一制国家,地方政府的权力由中央政府授予，接受中央政府统一领导。现行《消防法》的总则明确规定"地方各级人民政府负责本行政区域内的消防工作"，这一定位符合客观规律，符合国际通行做法，应当坚持并进一步明确和细化。

特别是在常态化消防安全事务中，属地管理应当作为基础性制度，以突出地方政府尤其是市、县两级政府的责任；发生重特大火灾等灾害事故后，则要迅速启动跨区域应急联动预案乃至国家级应急预案，集中力量迅速处置，将损失和影响控制在最小范围。常态化的地方事权是基础和前提，应急状态时的中央干预是补充和保障，两者互为补充、缺一不可。

实践中，由于我国基层政府的财政收入尚未与其明显增多的公共服务责任匹配，制约和影响了其全面履行消防安全职责。解决问题的根本办法，是国家抓紧完善"事权决定财权"的顶层设计，赋予地方政府与其事权相适应的财权，以确保其有能力提供包括消防安全在内的基本公共服务。

3. 中央政府应当优化调整参与地方消防事务的方式

美国联邦政府无权直接参与地方的消防事务，在应对重大灾害事故时，不可避免会影响协调和救灾的效率。我国实行中央统一领导、地方分级管理的体制，根据《宪法》和《消防法》的规定，中央人民政府在消防事务方面享有宏观决策权和领导权，这一制度的突出优势是"一方有难，八方支援"，尤其在发生重特大灾害时动员力度大、响应及时，集中体现了社会主义制度的优越性。

但"举国体制"也带来一些问题：一方面，中央政府领导地方消防事务的手段相对单一，除财政拨款外，主要是直接行政命令，管了些"不该管"、"管不好"的中观甚至微观层面的事，客观上抑制了地方政府的积极性，也导致其责任主体意识淡化、产生依赖心理。另一方面，我国发展很不平衡，地区和城乡差异大，增加了中央政府领导和参与管理地方消防事务的难度，有可能造成资源配置不尽合理。比如，为各地编配现役消防警力，是中央政府支持地方消防事务的重要方式，如何综合考虑经济、人口等多种因素，兼顾公平与效率，实现现役消防警力在各省（区、市）

的优化配置，难度很大，也一直是地方政府高度关注的问题。

明确事权划分，厘清责任边界，是中央和地方各级政府在消防事务方面良性互动的前提。在此基础上，中央政府要尊重地方政府处理消防事务的主体地位，调整支持引导地方政府加强消防安全工作的方式，既要有行政命令、财政拨款和检查考核等刚性、直接的政策和手段，更要积极探索使用指导、建议、激励等柔性和间接的方式方法，发挥地方政府因地制宜管理消防事务的作用。

（二）加快构建城乡全面覆盖的消防力量体系

1. 我国消防力量体系建设面临城镇总量不足、乡镇基本空白的"双重挑战"

美国已基本实现消防力量的全面覆盖，而我国在长期的城乡二元结构下，形成了城乡差异化的公共服务供给制度，消防安全基本公共服务供给存在城乡差异大、总量不足、覆盖不全、标准不高的突出问题。由中央财政保障的现役消防队伍作为专业消防力量的主体，只配备到城市和县城，目前约17万人，缺口很大，据估算至少要增加到30万人以上，才能基本满足需求。

在广大乡镇和农村地区，没有专门的消防管理机构和灭火救援力量，以群众自防自救为主，很多小火因扑救不及时而酿成大灾。近年来，一些经济发达地区的乡镇开始建立专职消防队，据公安部消防局统计，截至2014年底全国共有7132支乡镇专职消防队。全国现有33162个乡镇，剔除1624个县城关镇（县政府所在地，基本都建有现役消防队）[30]，乡镇专职消防队的覆盖率为22.6%，其中一些队的装备、人员尚不能达到《乡镇消防队标准》要求，大量农村人口仍然享受不到便捷可及的消防安全服务。

2. 城市和县城仍应以现役消防队伍作为主要的消防力量

美国等发达国家在城镇普遍采用职业消防体制，取得相应职业资格的消防员作为政府雇员，长期从事消防工作，有利于保留专业技能人才，从而提高灭火救援水平、减少消防人员伤亡。以 2013 年为例，美国职业消防员的殉职率约为万分之 0.7，我国现役消防人员约为万分之 1.5。[31]由此也引发了改革我国消防队伍体制的讨论，2015 年全国"两会"期间相关的建议、提案就达十余件。

综合分析现阶段的国情和部分地方的试点经验，当前我国并不适于采用职业消防体制。首先，我国消防工作社会化仍处起步阶段，没有成熟的社会消防职业体系，没有取得相应职业资格的灭火救援人才队伍，不具备实行职业制的基本条件。其次，根据劳动用工法律法规，职业消防员每周工作 40 小时，"三班一运转"轮流值班（美国根据《公平劳动标准法》实行"四班一运转"），一个岗位需要 3 至 4 名职业消防员，如果我国全面推行职业消防体制，城市和县城约需 100 万名职业消防员，即增加 100 万名地方财政供养的公务员，这可能是地方财力难以承受的。最后，我国仍处在火灾等灾害事故持续多发、灭火救援压力居高不下的阶段，现役消防队伍执行统一的条令条例，统一调度指挥，战斗精神旺盛，作风过硬，在稳定火灾形势、抗震救灾等方面发挥了不可替代的重大作用。1984 年，深圳市开始职业消防体制改革试点，参照香港模式，1800 多名职业制消防民警"三班倒"执勤，但由于财政负担和战斗力等多原因，2008 年又成立了现役消防支队承担灭火救援任务。

城市和县城人口集中、经济发达，是消防安全保卫的重点，保持国家统一领导的现役消防队伍作为灭火救援的主力军，"养兵千日，用兵千日"，对于保障公共安全极为必要，也是执政为民、安全发展理念的具体体现。同时，现役消防体制也是中央政府领导和支持地方消防事务的重要体现，符合我国政治制度，符合现阶段国情，也符合消防工作实际。

现役制与职业化并不矛盾。针对现役体制士兵服役时间短、干部流动性大等实际问题，可借鉴俄罗斯、法国、西班牙、印度、巴西等国经验[32]，探索"现役体制下的职业化"，进一步提高士官比例，延长干部服役年限，全面强化业务训练、提高灭火救援技能，减少伤亡。现役消防警力的缺口，可由市、县政府招收劳动合同用工性质的专职消防员予以弥补，纳入现役消防队伍统一领导，按照职业消防员的定位，执行差异化的值班执勤、综合保障等管理制度。

3. 乡镇农村地区积极发展专职、志愿等多种形式的消防力量

乡镇农村地域广大、人口分散，不可能完全依靠现役消防力量。地方政府应当按照公共服务多元化供给的理念，结合农村地区实际，突出其差异化的消防安全需求，按照政府主导、社会参与的发展思路，构建专职、志愿相结合的灭火救援力量网络。

在全国重点镇、中心镇等人口相对集中和城镇化发展较快的区域，要积极发展乡镇政府专职消防队，作为扑救当地火灾和服务周边农村的基干专业消防力量。乡镇专职消防队必须坚持一队多能、一专多用的发展方向，承担消防宣传教育、消防安全巡查、应急救援救助和服务群众等综合职能，以提高队伍的生命力。在人口分散的农村地区，要借鉴美国等发达国家经验，积极引导发展志愿消防队伍，坚持民办公助，对志愿消防队给予政策扶持，如为志愿消防员提供免费的灭火救援技能培训、执勤补贴和意外伤害保险，为志愿消防队提供营房和车辆装备，对志愿消防服务行为进行褒扬奖励并提供社会机会回报等。

（三）积极培育社会力量全面参与消防治理

1. 大力发展消防专业技能和技术人才队伍

社会消防专业人才奇缺，是我国社会消防管理领域最为突出的"短板"，也是未来牵引和带动消防事业发展的"发力点"。即将发布的新版《中华人民共和国职业分类大典》调整新增了"消防工程技术人员"、"消防员"、"消防指挥员"、"消防装备管理员"、"消防安全管理员"、"消防监督检查员"和"消防设施操作员"等七个消防职业，为全面推进社会消防专业人才队伍建设奠定了基础，近年来陆续开展的消防行业特有工种职业技能鉴定、注册消防工程师考核认定工作，也初步构建起了"蓝领＋白领"的消防专业人才发展路径。

通过建立职业化的"消防安全管理员"和"消防设施操作员"队伍，

可为单位培养消防管理和消防设施操作的"明白人",从根本上提升单位的消防安全自我管理水平,预计这两类职业的就业规模在100万个岗位以上;通过发展取得职业资格的消防员和消防指挥员队伍,可为政府专职消防队、企业专职消防队提供职业灭火救援人员,并有效带动和提高现役消防队伍的职业化水平。通过全面实施注册消防工程师制度,培养消防技术咨询与评估、消防安全监测与检查、消防设施检测与维护、消防安全管理与培训、火灾事故技术分析等专业人才,可明显提高全社会消防工作的专业化水平。

2. 积极培育消防技术服务机构等社会消防组织

发展社会消防技术服务机构,提供消防设施维护保养检测、消防安全评估等专业化的消防安全服务,是提高社会消防治理水平的技术保障,也是消防部门从目前"越位"参与的具体技术性事务中有序退出的前提。各级政府和消防部门要制定管理规则,建立公平竞争的消防技术服务市场秩序,规范社会消防技术服务活动,监督技术服务机构遵循客观独立、合法公正、诚实信用的原则,提高消防技术服务的水平和质量。

3. 发挥消防协会等社团组织的行业自律作用

我国消防领域的社会组织发育滞后,各级消防协会的行政色彩较重,应当尽快与消防部门脱钩,去除行政化烙印,以逐步承担政府转移的职能。要积极鼓励发展消防领域的志愿服务组织和公益基金等非营利组织,为热心消防公益事业的公众参与消防事业、维护公共消防安全提供制度性的平台。

(四) 充分发挥市场机制在社会消防治理体系中的作用

1. 高度重视市场机制在社会消防治理体系中的作用

当前我国社会消防管理的突出问题,是各级政府过度依赖行政命令的单一手段,本应履行监管职责的消防部门"越位"参与单位具体的消防管理事务,面对市场经济体制下数量呈几何级数增长的社会单位,政府的管制能力全面"透支",社会消防管理水平停滞甚至下滑,火灾隐患和不安全因素大量滋生,与长期遗留的"老大难"问题交织成疾,重特大火灾时有发生,出现"强管理→弱社会→弱管理"的恶性循环。

十八届三中全会提出,要发挥市场在资源配置中的决定性作用。市场经济是以市场机制导向社会资源配置的经济形态,在社会消防治理领域,同样要高度重视市场机制,用"看不见的手"引导社会单位树立消防安全主体意识、提高自我管理能力,形成政府、市场、社会的良性互动关系。

2. 积极运用保险、征信、税收等市场机制服务社会消防治理

(1) 构建消防与保险的良性互动机制。消防部门和保险业在火灾风险评估、消防安全检查及防灾防损科研等方面加强合作,推动保险企业运用厘定费率、责任保险等手段,引导各类生产经营单位提高火灾风险防范意识和能力,并通过市场化的风险转移机制,发挥保险业的经济补偿和辅助社会管理功能。鼓励保险业通过建立公益基金、开展宣传教育等多种方式,支持和参与消防事业。

(2) 将消防安全信息全面纳入社会信用体系建设。市场经济也是信用经济,社会信用体系的核心,是把失信行为从个体间的矛盾转化为失信者与全社会的矛盾,使失信者"一处失信,寸步难行",从而达到惩戒失信、褒扬守信的目的。当前的重点是将消防安全信息纳入征信体系,建立行业、系统消防安全自律机制,公布存在消防安全违法行为和重大火灾隐患单位黑名单,让他们在银行信贷、政府采购等方面受到限制、丧失便利,在生产经营中会减少交易机会、提高交易成本,触动其核心利益,从而将遵守消防法律法规转变为自觉行动。

(3) 积极探索运用政府采购、税收等市场经济手段。借鉴美国等发达国家经验,紧密结合中国国情,在法制框架内,完善相关政策,运用政府采购、税收、贴息贷款等经济手段,发挥"四两拨千斤"的杠杆效应,鼓励和引导社会单位主动提高消防安全水平。

(五) 高度重视宣传教育培训的基础性和先导性作用

1. 加强消防常识的普及性宣传教育

2014年，公安部消防局委托国家统计局开展"国民消防安全知识知晓率"问卷调查。通过对全国近10万个有效样本的分析，国民消防安全知识知晓率得分只有64.27分，特别是"用电、用气、烹饪消防安全"（48.89分）、"人员密集场所安全出口关注度"（45.06分）和"灭火器使用"（40.63分）等方面明显不足，这也与火灾特别是群死群伤火灾中暴露出的问题吻合。[33]

提高全民消防安全意识和自防自救能力，是防控火灾的关键。要区分学龄前儿童、中小学生、老年人、农民工、农村留守人员等重点人群，针对不同时期的火灾防控特点，采取分众化、精细化对策，开发通俗易懂的宣传教育材料，综合运用广播、电视、报纸等传统媒体和网络、手机、微信、微博等新兴媒体，形成全方位、常态化的消防宣传格局，尤其要避免空泛的口号和枯燥的说教，力求入脑入心，培养公民的消防安全习惯。

2. 拓展专业化的消防教育培训

目前，我国只有中科大、矿业大学、武警学院等12所高等院校开设了消防工程技术专业，人才培养的数量和质量，都与全面推进社会消防治理体系现代化的需求差距很大。当前，要大力发展消防安全领域的高等教育、职业教育和继续教育，鼓励社会力量参与消防教育培训，培养社会急需的消防专业人才，并面向建筑设计、施工等其他相关领域的专业人员开展专题培训，提高相关领域从业人员的消防技能和技术水平。

3. 积极推进消防文化建设

社会消防治理，必须蕴涵安全文化导向。安全文化是安全理念、安全意识以及在其指导下各项行为的总称，作为社会消防治理体系的重要组成部分，要在全社会培育消防安全文化，并纳入全社会的文化建设，使之成为每个单位、每名公民自觉的修养和行为习惯。国家要建立消防方面的荣誉和表彰制度，褒奖在维护公共消防安全利益方面做出突出贡献的个人和单位；消防部门要加强公共关系建设，树立消防人员崇高的职业形象，吸引社会公众关注和参与消防事业。

【注释】

〔1〕美国志愿消防员联盟：《引以为豪的传统：美国志愿消防服务275年的历程》，第10页。

〔2〕美国全国火灾防控委员会编：《美国在燃烧》，司戈译，北京大学出版社2014年版，第254页。

〔3〕美国国家消防管理局：《1947年总统召集全国防火大会》。

〔4〕美国全国火灾防控委员会编：《美国在燃烧》，司戈译，北京大学出版社2014年版，序言。

〔5〕美国全国火灾防控委员会编：《美国在燃烧》，司戈译，北京大学出版社2014年版，序言。

〔6〕美国人口普查局：《2012年政府机构概要情况统计报告》。

〔7〕美国全国火灾防控委员会编：《美国在燃烧》，司戈译，北京大学出版社2014年版，第195页。

〔8〕美国国会研究服务局：《消防人员援助专项拨款法实施综述》。

〔9〕美国国会研究服务局：《消防和应急救援人员补充配置法实施综述》。

〔10〕美国国会研究服务局：《美国国家消防管理局综述》。

〔11〕美国全国火灾防控委员会编：《美国在燃烧》，司戈译，北京大学出版社2014年版，第112页。

〔12〕美国志愿消防员联盟：《引以为豪的传统：美国志愿消防服务275年的历程》，第15页。

〔13〕美国消防协会：《美国的消防力量（2013年）》，第1页。

〔14〕美国国际消防队长协会：《志愿消防队员如何执行公平劳动标准法》。

〔15〕美国消防协会：《美国的火灾总成本》，第28页，2014年3月。

〔16〕美国消防协会：《美国的消防力量（2013年）》，第5页。

〔17〕美国消防协会：《美国的消防力量（2013年）》，第27页。

[18] 美国消防协会：《美国的消防力量（2013年）》，第21页。

[19] 美国消防协会：《美国的消防力量（2013年）》，第27页。

[20] 丹戈：《美国消防部门"赢得"2012总统大选》，载《中国消防》，2013年二、三期合刊，第99—101页。

[21] [美] 文森特·奥斯特罗姆、罗伯特·比什：《美国地方政府》，井敏、陈幽泓译，北京大学出版社2004年版，第120页。

[22] 美国全国自动喷水灭火协会：《自动喷水灭火系统的改造》。

[23] 美国国会消防政策研究会：《自动喷水灭火系统鼓励法案》。

[24] 美国国家消防管理局：《宾馆和汽车旅馆火灾》，2010年。

[25] 美国消防协会：《美国住宅火灾中感烟报警器的作用》，2014年。

[26] 美国全国火灾防控委员会编：《美国在燃烧》，司戈译，北京大学出版社2014年版，第142页。

[27] [美] 文森特·奥斯特罗姆、罗伯特·比什：《美国地方政府》，井敏、陈幽泓译，北京大学出版社2004年版，第118—121页。

[28] [美] 华莱士·奥特茨：《财政联邦主义随笔》，载《经济文献杂志》，1999年第9期，第1120—1149页。

[29] 石国亮、张超、徐子梁：《国外公共服务理论与实践》，中国言实出版社2011年版，第45页。

[30] 民政部：《中华人民共和国行政区划简册》，中国地图出版社2014年版，第1页。

[31] 根据美国消防协会《2013年美国消防员殉职情况分析报告》，当年美国共有职业消防员354600名，在灭火救援和接警出动和归队途中殉职25人，殉职率约为万分之0.7；根据公安部消防局统计，2013年全国现役消防队伍一线执勤官兵约12万人，当年殉职18人，殉职率为万分之1.5。其他年份情况基本类似。

[32] 2001年，俄罗斯内务部消防总局划归民防、紧急情况和消除自然灾害后果部（紧急状态部），承担灭火救援和消防监督等职责，下辖的联邦消防队和联邦主体消防队为现役制，目前约有22万人。法国消防队伍分为现役制（主要在巴黎和马塞，约1.1万人）、职业制（约3.6万人）和志愿制（约20万人）。西班牙除各自治区的职业制消防队伍外，西班牙政府于2006年组建了现役应急救援部队（编制5个营、共3987人，分驻马德里和其他4个自治区），直接受

西班牙首相调动；此外，西班牙内政部国民警卫队的核生化救援队（NRBQ）也为现役制。2005年，印度国会通过《灾害管理法》，决定成立现役制的国家灾害应急救援部队（NDRF），由内政部管理，总编制10个营，分驻在灾害多发的10个邦，每营编制1149人，包括搜救犬队、建筑倒塌救援队、水上救援队、医疗救援队、化学危险品救援队等专业分队，其中4个营专门负责处置核生化事故灾难。巴西自1880年起，参照法国模式对消防队进行军事化管理，1990年后大多数州逐步将消防队从军事警察队伍中剥离出来，在地方政府建立职业制消防队伍的同时，各州政府建立职业化管理的"军事消防队"（Military Firefighters Corps），2001年为57605人。

〔33〕公安部消防局：《2014年全国国民消防安全知识知晓率调查报告》，2014年5月。

【参考文献】

〔1〕石国亮、张超、徐子梁：《国外公共服务理论与实践》，中国言实出版社2011年版。

〔2〕美国全国火灾防控委员会编：《美国在燃烧》，司戈译，北京大学出版社2014年版。

〔3〕[美] 文森特·奥斯特罗姆、罗伯特·比什：《美国地方政府》，井敏、陈幽泓译，北京大学出版社2004年版。

〔4〕中华人民共和国民政部：《中华人民共和国行政区划简册2014》，中国地图出版社2014年版。

〔5〕Congressional Research Service, "Assistance to Firefighters Program: Distribution of Fire Grant Funding", March 2014, http://nationalaglawcenter.org/wp-content/uploads/assets/crs/RL32341.pdf.

〔6〕Congressional Research Service, "Staffing for Adequate Fire and Emergency Response: The SAFER Grant Program", Jan. 2014, http://fas.org/sgp/crs/homesec/RL33375.pdf.

〔7〕Congressional Research Service, "United States Fire Administration: An Overview", Jan. 2014, http://fas.org/sgp/crs/homesec/RS20071.pdf.

[8] Congressional Fire Services Institute, "Fire Sprinkler Incentive Act", 2013, http://www.cfsi.org.

[9] International Association of Fire Chief, "Managing Volunteer Firefighters for FLSA Compliance", 2006, http://www.iafc.org/Operations/ResourcesDetail.cfm?ItemNumber=6876.

[10] National Fire Protection Association, "US Fire department profile 2013", Nov. 2014, http://www.nfpa.org/research/reports-and-statistics/the-fire-service/administration/us-fire-department-profile.

[11] National Fire Protection Association, "The Total Cost of Fire in the United States", March 2014, http://www.nfpa.org/research/reports-and-statistics/fires-in-the-us/overall-fire-problem/total-cost-of-fire.

[12] National Fire Protection Association, "Smoke Alarms in U.S. Home Fires", 2014, http://www.nfpa.org/research/reports-and-statistics/fire-safety-equipment/smoke-alarms-in-us-home-fires.

[13] National Fire Sprinkler Association, "Retrofit Fire Sprinkler Program-A Partial Listing", 2014, http://www.nfsa.org/info/retrofit.html.

[14] National Volunteer Firefighter Council, "A proud tradition: 275 years of the American volunteer fire service", 2012, http://www.nvfc.org/files/documents/Anniversary_Publication.pdf.

[15] United States Fire Administration, "Hotel and Motel Fires", 2010, http://www.usfa.dhs.gov/statisticd/reports/index.shtm.

[16] United States Fire Administration, "1947 President's Conference on Fire Prevention", 1994, https://apps.usfa.fema.gov/publications/display.cfm.

[17] United States Census Bureau, "Government Organization Summary Report: 2012", Sep. 2013, http://www2.census.gov/govs/cog/g12_org.pdf.

[18] Wallace E. Oates, "A Essay on Fiscal Federalism", *Journal of Economic Literature*, Vol. 3, 1999.

（本文作者司戈为公安部消防局社会消防工作指导处副处长）

Abstract

This article introduces the characters of U. S. socialized fire protection governance system, including the roles of federal, states and local governments, the career and volunteer departments, development of non-profit organizations, market mechanism and public fire protection awareness. With analysis of China's situation, this article proposes the steps to form China's socialized fire protection governance system, including clarifying the roles of central government and local governments, development of military career and volunteer fire-fighting force across nation, fostering of non-profit organizations, utilization of market mechanism, and fire protection education and training.

Keywords

U. S. ; Fire Protection; Governance

成功的医改需要法治思维与善治思维
——基于健康权三维理论的思考

黄清华

摘　要：新医改已取得诸多重要成果，但医药卫生领域仍然存在不少弊端，突出表现为看病难看病贵没有根本改变，医患关系没有明显改善及医疗保障上的不平等问题。实践证明，为实现医改总目标，医改中的法治思维和善治思维是必不可少的。以健康权三维理论指导医改法治和善治，从基本医疗卫生制度上重建中国卫生体系具有建设性。健康权内含民事权利、社会权利和政治权利等三重权利要素，为实现新医改战略目标指明了方向，即医改政策和措施的制定、相关法律法规的起草，应当围绕健康权所固有的三重权利要素谋篇布局，并且抓住"健康民主"这一核心问题，重点运用法治思维和善治思维逐步全面地认真落实。

关键词：新医改　健康权三维理论　权利要素　法治思维　善治思维　健康民主

当前，在推进国家治理体系和治理能力现代化的背景下，健康中国和法治中国战略的实施，对新医改的发展方向具有实质性的影响。这种影响意味着，成功的医改离不开法治与善治两种思维。

下文以健康权三维理论[1]为基础，探讨新医改过程中这两种思维的内容、具体要求及其运用。为此，首先提出判断新医改是否根本成功的标准；然后，重点说明健康权三维理论为何包含法治和善治两种思维，以及制定和实施医改政策措施为何需要法治和善治思维；接下来，讨论如何以法治和善治两种思维分别落实健康权的民事权利要素、社会权利要素和政治权利要素；最后，解释要保障新医改获得根本成功，健康民主为什么最为关键以及如何践行健康民主。

一、判断新医改根本成功的标准

新医改实施六年多来，基本医疗保险实现全覆盖，城市社区卫生组织和农村合作医疗得到发展，基层医院建设明显加强，医药网点越来越健全……一句话，新医改在"十二五"期间取得了重要的阶段性成果。[2]

然而，医药卫生领域仍然存在诸多问题需要通过深化改革予以解决。[3]这集中体现在三个方面：看病难看病贵没有根本改变，医患关系没有明显改善，医疗保障上的不平等问题仍然突出。这三个问题是否得到解决，可以作为判断新医改是否获得根本成功的标准。[4]

在看病难看病贵问题上，中国社会科学院2014年底的一份评估报告指出："政府对医疗卫生的巨大投入并未减轻个人的直接负担，个人绝对卫生支出仍在逐年上涨，而且政府、社会和个人三方中任何一方卫生支出的涨幅都远远超过物价涨幅，民众一直抱怨的'看病难、看病贵'的问题没有得到实质性缓解。"[5]尤其是，2015年6月国家取消部分低价药最高零售价后，"低价药价格应声上涨，涨价少则几倍，多的达上百倍"，患者"以前花50元可以买到三种药，现在只能买两种甚至一种"，而且，药品涨价的影响发酵到疗效上，"原来吃几颗药，现在要吃一把"。[6]尤为严重的是，基本药物供应十分匮乏，"五百多种基本药物"，有的地方"三百五十种缺货"。[7]更有甚者，"'救命药'为何总是缺货？10元一支药被炒至上万"[8]无疑，医改领域的某些作为和不作为无助于改善看病难看病贵状况。

在医患关系问题上，现有的医改措施难以改善医患关系。医院（生）

通过"吓病"的方式寻求过度医疗牟利[9]，这一现象似乎越来越普遍[10]；而医闹暴力事件并没有随着医改的深入看到明显的缓解迹象，以致全国上下不得不普遍动用警力来维护医疗秩序。这种做法本身已经证明，现有的医改政策和措施需要深入反思。就本质而言，改善医患关系，预防控制医闹暴力，不仅需要提供安全、有效、方便、价廉的基本医疗卫生服务，而且需要在医患关系中全面贯彻知情、尊重、参与和文化认同原则。否则，安全、有效、方便、价廉的医疗服务势必缺乏制度和文化保障。

在医疗保障问题上，北京大学中国社会科学调查中心《中国家庭追踪调查2015年度报告》指出："对很多中国人来说，特别是农村和小城镇居民，医疗机会不平等也一直是滋生不满情绪的一个原因。这些地区的医疗保险覆盖面较窄，医生和医院也较少。""女性、农村居民和低收入群体享有的医疗补贴较少，自付比例较高。"[11]《中国民生发展报告2015》同样指出：在医疗保障上，"本应起到减小收入差距作用的社保体系反而起到逆向调节的作用。健康状况更差的个体往往更加缺乏医疗保障资源，面临更大的就医压力。从收入上看，高收入人群享有更多的医疗补贴，医疗补贴不成比例的补贴给了富裕人群而不是穷人"[12]。可以说，如何攻克医疗保障上的不平等，可能是新医改面临的最大难题。

就这些问题，作者对一些医（学）院院长、卫生行政官员进行过深入访谈，普遍认为这是医疗卫生领域的三大难题。对此，比较一致的观点主张，中国卫生体系需要制度重建而不是修补。本文认为，解决这三大难题，对中国卫生体系进行制度重建，需要基于健康权三维理论的法治思维和善治思维，并以此为基础，采用新的方法和新的径路，而不仅仅是将现有的医改政策进行法制化的梳理。

二、健康权三维理论与新医改

（一）"健康权三维理论"的精髓

按照前述标准，新医改的根本成功，意味着上述三大难题得以解决。

以法治思维和善治思维进行思考,也就意味着人们在卫生保健过程中,健康权能够以较为经济、安全和便利的方式得到平等尊重、保护和实现。因此,医改政策和措施应当致力于以法治和善治的方式逐步全面落实"健康权所固有的民事权利、社会权利和政治权利的要素",即学理上的健康权三维理论。

健康权三维理论发轫于2000年联合国经济、社会和文化权利委员会《第14号一般性意见》(General Comment No. 14)——"最高可达到的健康水准的权利:《经济、社会和文化权利国际公约》实施中出现的实质性问题"。这一关于健康权的权威性解释文献中指出:"健康是一项为行使其他人权必不可少的基本人权。每个人都有权享有健康最高可达到的水准,以利于实现有尊严的生活。"[13]该意见进而以五部分共计65段,对《经济、社会和文化权利国际公约》(International Covenant on Economic, Social and Cultural Rights,缩写"ICESCR")第12条关于健康权的规定,分别从规范内容(第一部分)、缔约国的义务(第二部分)、违反行为或事例(第三部分)、国家层面的贯彻执行(第四部分)和缔约国以外的其他行为者的义务(第五部分)作了全面阐述。

这些阐述的核心议题,于国家而言,是"为实现人人最高可达到的健康水准,如何最大限度地利用可获得的资源,并提供一种符合良法标准和善治要求的制度安排"[14]。这种制度安排,综合《第14号一般性意见》的观点,"不仅应当包括社会保障、商业保险、民事赔偿和行政保护等方面,也应当包括健康民主制度上的安排,赋予城乡居民享有与健康相关广泛而切实的政治权利。例如,健康相关决策的投票权、参与权和民主监督权,可对抗健康权享有事实上存在的不平等和歧视待遇"[15]。正如《第14号一般性意见》第11段所言,健康权,"作为一项内容广泛的权利,不仅包括及时和适当的卫生保健,而且也包括决定健康的基本因素……。一个更重要方面,是在社区、国家和国际各个层面全体居民参与所有与健康有关的决策"。

健康权三维理论认为:"健康权除了具有通常我们注意到的民事权利

和社会权利要素,还内在地固有某些健康相关政治权利要素。"[16]该理论强调,与健康相关的平等的民事权利、社会权利和政治权利,对于每个人实现"体质和心理健康最高可达到的水准"不可或缺。

从健康权的本质属性来看,公民健康权对政府施加了三个层面的义务:尊重、保护和实现。健康权三维理论认为:"保护的义务,着重从民事权利的角度,表达了健康权的内在要求;实现的义务,着重从社会权利的角度,表达了健康权的内在要求;而尊重的义务,则着重从政治权利的角度,表达了健康权的内在要求。"[17]可以说,尊重健康权,首先就是要尊重公民的健康决策参与权。以上是"健康权三维理论"的精髓。

(二)健康权三维理论包含法治和善治两种思维

健康权三维理论要求医改决策者、决策执行者、监督决策执行者和其他参与者具有法治思维和善治思维。这为以较为经济、安全和便利的方式平等地尊重、保护和实现健康权所必须。

健康权三维理论是医改中法治思维的理论基础。该理论认为,"决定健康的因素和实现健康的条件,在法律上涉及尊重、保护和实现公民与健康相关的民事权利、社会权利和政治权利许多要素"[18],医改的过程就是如何平等地尊重、保护和实现公民健康权的过程。因此,医改过程必须具有法治思维。

医改中的法治思维,是指医改决策者、决策执行者、监督决策执行者和其他参与者能够在思想上运用法治原理、原则、相关制度和程序,以公平正义思维、人权保障思维、权利义务思维、责任后果思维、依法规权思维等等,想问题、作判断、立制度、出措施、保实施。医改中运用法治思维,意味着"凡是维护、促进、保持国民群体健康所必要,国家在其可获得的资源范围内又做得到,且运用法治方法可以调整、规范和指引的制度、措施和事项,都可以纳入法治思维考虑的范围,以法治方法处理"[19]。在这个过程中,"必须坚决摈弃人治思维和权力思维,改变一些领导干部头脑中长期存在的重权力轻权利、重治民轻治官、重管理轻服务等传统思维误区"[20],把仁心、良法加善行的法治原理作为医改决策、执行决策、监督决策执行的最基础要求,以此思考问题、开展工作、解决难题。

健康权三维理论也是医改中善治思维的理论基础。善治即"良好的治理"(good governance),是比法治更高级的(国家、社会、政府和企事业等)治理形式或状况。实现健康事业善治,除了要求法治思维外,还要求善治思维。"健康权三维理论"源于并服务于"人人实现最高可达到的健康水准而享有各种必要的设施、商品、服务和条件",必然要求以较为经济、安全和便利的方式平等地尊重、保护和实现健康权。这说明医改过程还必须具有善治思维。

从健康权三维理论出发,医改中的善治思维,是指医改决策、决策执行和监督决策执行,检验其正确性,应当考虑是否符合健康事业良好治理的那些基本要素,尽可能地满足利益相关人决策参与、过程协商、透明,决策公正合理、有力高效、遵从法治和问责制,对人群健康需求具有良好的反应性和包容性,以便能够以较为经济、安全和便利的方式平等地尊重、保护和实现健康权。

为此,要求医改决策者、决策执行者、监督决策执行者和其他参与者,明确医改是多行动主体的伙伴关系,对利益相关者的决策参与进行政治赋权,重视公众有效参与,尊重人权,践行法治,建设高效率和有效的公共部门,关注医改进程、决策、决策执行和监督决策执行的透明度和问责性,强调全社会获取医改信息、知识和教育,坚持健康事业发展的可持续性,培养健康利益相关者责任、团结和包容的价值观。

以上说明,医改中的法治思维和善治思维,就是医改决策者、决策执行者、监督决策执行者和其他参与者把法治原理原则和善治要素融入到医改之中,思考问题、开展工作、解决难题的过程。

(三)医改政策措施需要法治和善治两种思维

从法治和善治的角度观察,既然成功的医改表现为城乡居民在卫生保健过程中,健康权能够以较为经济、便利和安全的方式得到平等尊重、保护和实现,那么,以包含法治原理原则和善治相关要素的当代健康法治基础理论指导医改政策措施的制定和执行,显然特别重要。

然而,《第14号一般性意见》和健康权的各种权利要素包含的法治和善治思想及其医改含义,在我们以往的医改中没有得到应有的重视,具体表现为医改政策、措施的制定和实施,缺少健康权各种权利要素思维,没有将其作为制定和实施医改政策、措施的思想理论基础。例如,无论是《医改意见》[21]、还是《规划方案》[22];也无论是《关于公立医院改革试点的指导意见》[23],还是新的《指导意见》[24],这些重要的医改政策文件所设计的医改目标、指导思想、基本原则、基本路径和具体措施,除部分内容体现了健康权社会权利要素的某些思想,例如,新的《指导意见》提出"合理界定政府、公立医院、社会、患者的责权利关系","探索对公立医院进行第三方专业机构评价,强化社会监督",总的来说,普遍缺少如何运用健康权的民事权利要素如知情同意权,以及政治权利要素如健康决策参与权,这样的政策与制度安排;对于如何把握健康权社会权利要素的医改含义,也不够周到全面,突出表现为对于患者的权利义务问题明显地重视不够,对于健康相关领域的社会组织建设明显地重视不够。

凡此种种,导致制定和实施医改政策、措施所需的法治思维与善治思维明显不足。其结果,不仅医疗保障上的不平等问题难以有效解决,看病难看病贵和医患关系问题,同样严重影响医改的成功度和认可度,严重影响民众对于医改巨大投入的获得感(详见后文分析)。只有以法治思维和善治思维,将健康相关各种权利要素逐步全面地落实到各项改革政策和措施之中,既符合法治原理原则的要求,又尽可能地满足善治各种要素的要求[25],才有可能以较为经济、便利和安全的方式平等地尊重、保护和实现健康权,从而推动新医改迈向根本成功。

在法理上,对权利要素的解析是认识权利本质的基本方法。[26]将某项权利置于一定的时代背景下进行权利要素上的解析,可以深入挖掘该项权利及其要素的时代含义。这对于相关政策、法律的制定具有方法论层面的指导意义。

下文通过对健康权这三重权利要素及其医改含义的阐述,以法治思维和善治思维,探讨医改政策和措施逐步全面落实健康权的关键点,对重要的医改政策文件展开评论,进而根据《第14号一般性意见》重点解读健康权的政治权利要素,罗列其清单并简要点评,以此确保全面落实城乡居民健康权,通过健康领域的民主探索——即健康民主来实践"增量民主"(Incremental democracy)[27],为探索成功医改的中国法治道路和善治道路奠定理论基础。

三、以法治和善治两种思维落实健康权的民事权利要素

(一)健康权的民事权利要素

健康权的民事权利要素,是指"在民事法律关系中,个人作为民事主体依法享有并受法律保护的各种健康(相关)利益,其本质是个人实施某一行为(作为或不作为)以实现自己健康利益的可能性,包括对可能影响个人健康状况的各种行为知情同意(Informed Consent)和知情选择(Informed Choice)、请求制止或排除对个人健康状况危害行为、请求赔偿个人健康状况受损的权利。"[28]在对个人健康状况实施危害行为可能构成犯罪的场合,对个人健康权请求刑法保护附带民事赔偿,其请求权的基础同样是健康权的民事权利要素。

健康权的民事权利要素意味着:"民事主体为了实现其健康(相关)利益,不仅有权自己实施某一行为,而且有权要求他人实施某种行为或者不实施某种行为;当这种权利受到他人侵害时,权利主体可以通过民事和/或刑事途径请求国家机关予以救济和保护。除个人的健康状况因可能危及公共卫生,法律有必要予以规制外,个人得自由地利用这些权利要素。"[29]

由此可知,健康权的民事权利要素,其实质涉及人身(自由)权。依据这些权利要素,"民事主体可以自由地控制自己健康和身体,以排除

第三人对个人身体和心理健康的不法侵害，从而实现人身自由"[30]。在医患关系中，健康权的民事权利要素具有维护患者主体性、独立性和自主性的功能。因此，医改措施只有致力于维护患者在医患关系中的主体性、独立性和自主性，使其独立人格得到尊重，知情同意权利得以实现，个人隐私得到保护，患者民事权利上的健康利益才能得到尊重、保护和实现，才能"实现以病人为中心的目标"[31]，才能有效改善医患关系。因此，健康权的这些民事权利要素，都必须以法治思维和善治思维在医改政策和措施中得到落实。

（二）健康权民事权利要素的医改含义

健康权的民事权利要素提示我们，医改政策和措施应当致力于改革医疗服务系统、公共卫生系统和药品供应保障系统的运行方式，确保每个人民事权利意义上的健康权，能够以较为经济、便利和安全的方式平等地获得尊重、保护和实现。

为此，需要以法治思维和善治思维全面贯彻、认真落实诊疗上的知情同意制度、知情选择制度、医学人体实验上知情同意特殊保障制度和患者个人信息的隐私保护制度等医事法制度。特别是医疗服务过程中采取涉及患者人身利益和（或）财产利益的重要措施时，患者的知情同意权，作为在医患关系层面"参与所有与健康有关的决策"自治权，应当得到全面尊重、保护和实现。这对于解决看病贵问题，对于改善医患关系至关重要。

知情同意权的要义是，除了基于公共利益的公法规定可采取强制治疗措施的情形外，对个人的诊治和实验性治疗行为，都必须得到本人或其授权的人或者法律规定的人的同意。根据现代合同法原理，一个合法有效的"同意"必须满足三个条件：[32]（1）具有同意的能力、资格，即必须是完全民事行为能力人，且无精神疾病或昏迷等影响判断力的精神障碍；在代理同意的情况下，代理人必须能够代表被代理人的利益，与被代理人不存在利益冲突。（2）必须理解医疗行为的性质、目的、效果、风险和费用，了解是否有可替代的方案。(3) 自愿的同意，即必须向病人提供基于循证的必要或足够的真实诊疗信息。因此，在欺诈、胁迫、不当影响、信息不充分造成重大误解等情况下的"同意"，不构成法律上的同意。行为人基于这样的同意实施的诊疗行为，可构成医疗侵权。尤其在事关医疗安全风险[33]和（或）较高医疗费用支出的场合，知情的同意和自愿的同意都必须落实。由此可知，知情同意权意味着，医疗服务提供者应当以适当方式及时、准确告知相关信息，患者的同意以获得必要的真实医疗信息为基础。

以法治思维和善治思维落实知情同意权，医改措施应当从细节上引导医疗机构研究不同疾病的患者，以及同一疾病不同阶段、不同类型的患者，他（她）们对于医疗服务信息的不同需求，并注意这些信息交流的方式方法。例如，对于宫颈癌的病人，应当研究癌症早期、中期和晚期不同阶段的患者对于信息的特殊需求，从而满足她们体质和心理上的不同要求。[34]这可以解释为什么温岭案[35]尽管"种种医学数据均显示手术成功"[36]，被告人连恩青听到死刑判决后，对自己行凶杀害医生的罪行仍然毫无悔意，至死都不肯接受温岭医院提供的医疗服务。显然，用"种种医学数据"证明"手术成功"，这种单纯的生物医学方法，可能忽略了患者对健康相关真实信息的心理需求，欠缺对当代医疗服务健康关怀本质的注意。大量事实证明，这样的医疗服务确实不易得到患者的认同。这是造成医患关系紧张的一个重要原因。

在医学人体实验中，落实知情同意权就是要落实相关的特殊保障措施，包括：(1) 全面维护受试者知情权；(2) 严格履行知情同意全部程序；(3) 正确对待代理知情同意；(4) 正确对待免除知情同意；(5) 正确对待社区知情同意；(6) 正确认识知情同意的免责功能。[37]然而，我国近年来一些医疗机构以"医学创新"、"新型疗法"、"高新技术"名义实施的治疗行为带来的各种乱象，例如，"干细胞治疗乱象"[38]，充分表明，人体实验中，不仅患者知情同意权的特殊保障措施没有得到有效落实，而且虚假宣传等欺诈行为盛行，患者的权利和利益受到大面积损害。这也是造成医患关系紧张的一个重要原因。

改善这种状况,就需要从法治和善治的角度,通过具体的医改措施,例如通过"基本医疗卫生立法",建立患者知情同意法律制度,明确其适用范围、要求和程序,并以此为基础,通过广泛参与、透明和问责等善治方式,分别总结、归纳临床常规诊疗和人体实验中精神智力行为能力不同类型、不同疾病类型或者同样基本不同阶段,这些不同情况患者知情同意好的做法,转变医疗卫生服务的运行方式,落实包括患者知情同意权在内的健康相关民事权利要素,确保医疗卫生服务和医学人体试验得到患者或其监护人的同意、理解和配合,让患者获得"以病人利益为中心"的医疗卫生服务。[39]

同理,知情选择权和隐私保护权也是保障患者医疗自由的重要民事权利要素。落实患者知情选择权,对于提升医疗卫生服务的透明度和可选择性、提高医疗服务质量、减少服务成本、改善医患关系,同样具有重要意义;而隐私保护权不仅对于改善医患关系十分重要,对于新的《指导意见》所规划的"医疗卫生信息化建设",也是一项重要的法律原则,一个极为重要的注意事项。

由此可知,健康权民事权利的每一个要素都有其具体的医改含义,值得我们深入挖掘。

(三) 基于健康权民事权利要素的医改评论

以法治和善治两种思维落实健康权的这些民事权利要素,都是新医改必须推行的政策和措施。例如,《关于公立医院改革试点的指导意见》就如何"改革公立医院运行机制",要求"加强公立医院内部管理,落实各项医院管理制度,制订疾病诊疗规程并推广实施,加快推进信息化建设,保障医疗质量,提高服务效率,控制医疗费用,方便群众就医"。从健康权的民事权利要素来看,最重要的就是要通过法律制度、(知情、同意)标准及其实施机制建设,尤其是基本医疗卫生法律制度建设,全面落实患者知情同意权、知情选择权、人体实验知情同意特殊保障权和隐私保护权,以保障患者就医过程中的知情、认同、尊重和参与。这是确保患者获得安全、有效、方便、价廉的基本医疗卫生服务的医事法律制度保障,是解决看病难看病贵问题和改善医患关系的题中应有之意。

如果说这一指导意见发布于2010年初,对于如何以健康权的民事权利要素指导医改认识不深可以理解,那么,新的《指导意见》即《关于城市公立医院综合改革试点的指导意见》,在指导思想、基本目标、基本原则和基本路径等方面,以及"改革公立医院管理体制"、"建立公立医院运行新机制"、"推动建立分级诊疗制度"、"加快推进医疗卫生信息化建设"等部分,所提及的具体的政策安排和措施,仍无关于如何落实患者知情同意权、知情选择权、人体实验知情同意特殊保障权和隐私保护权的政策安排,就不得不说这是一个重大缺陷。没有这些方面的政策安排和具体措施,"不断优化医疗服务流程,改善患者就医环境和就医体验"等"强化公立医院精细化管理"的政策安排就显得空洞无物,公立医院法人治理结构和治理机制就难以完善,现代医院管理制度就难以建立。这既是世界上先进卫生体系建设的基本经验,也是笔者对英国公立医院运作的切身感受。

以上说明,健康权民事权利要素的理论,对于改革医疗服务运行机制,促进现代医院制度建设意义重大。卫生计生行政部门、(公立)医院管理机构和(公立)医院,应当从伦理和法律的角度,以法治思维和善治思维加强知情同意权等健康权民事权利要素的文化建设和制度建设。这是建设现代医院制度的题中应有之意。

四、以法治和善治两种思维落实健康权的社会权利要素

(一)健康权的社会权利要素

健康权的社会权利要素,是指合法居住者(不论是否拥有当地户口或者居住地国籍),作为一个社会中的成员,依照公认的国际人权法原则应

当享有的各种健康保障利益,集中体现为病患之时享有适宜的医疗权,即 ICESCR 第 12 条第 1 款规定的"及时和适当的卫生保健":具体包括:(1)获得为治疗其疾病所作必需的(基本)医疗卫生服务;(2)获得公正的(基本)医疗卫生服务;(3)获得费用节省的(基本)医疗卫生服务;(4)急诊病人应得到及时的(基本)医疗卫生服务。

健康权社会权利要素的核心"是一种健康保障体制(获得)权,以便为人们实现最高可能达到的健康水准提供均等机会"[40],其功能旨在以基本医疗卫生服务和其他相关公共服务,保护城乡居民能够作为社会主体参与文明社会的活动,使其在社会上能够生存并得以发展。从长远来看,这是一国经济建设、社会发展和国防稳固的基本条件。因此,"即使在资源严重短缺时代,社会弱势群体的成员也必须获得成本相对较低、有针对性的方案的保护"[41]。更何况,许多基本医疗卫生措施,"如旨在消除健康有关决定因素的大多数行动计划和方案,可透过采纳、修改或废除法律或传播信息,以最低的资源得以实施"[42]。由此可知,尊重、保护和实现城乡居民平等的健康保障体制(获得)权,对于政府而言,不是"能不能"而是"愿不愿"的问题。

作为生存与发展性质的权利,以健康保障体制(获得)权为核心的健康权社会权利要素,(卫生治理)伦理上至少包括七个方面的内涵:

1. 合法居住者有依法从社会获得基本医疗卫生服务作为其生存条件的权利;在这些条件不具备的情况下,有依法向居住地政府请求提供这些生存条件的权利:(1)请求政府采取积极措施,帮助社区和个人能够获得基本医疗卫生服务;(2)请求政府支持人们对自己的健康状况作出知情的选择。这意味着,中央政府和地方政府应当通过法律制度建设和其他必要措施,不仅创造提供基本医疗卫生服务的条件,使合法居住者生病时得以就医,保障人们在知情的基础上享有基本的保健设施、商品和服务[43],而且为解决好安乐死、脑死亡标准、器官捐赠移植和卫生新技术临床应用等问题提供良好的法律环境。只有解决好这些问题,才能最终处理好医疗卫生公共资源的公平分配问题。

2. 承认"作为生存条件的基本医疗卫生服务是一个国别概念,受制于一国经济和社会发展状况,但强调平等提供"[44]。此所谓平等提供,有两层含义:"一是公平公正地分配医疗卫生公共资源,二是要求医疗卫生服务提供者平等待患,一视同仁地对待不同病人。"[45]为此,应当建立制度,确保各种弱势群体和边缘群体,例如产妇和儿童,"在不歧视的基础上有权获得基本的卫生设施、商品和服务,确保公平分配公共卫生设施、货物和服务,根据世界卫生组织《基本药物行动计划》确定的时间提供基本药物"[46]。

3. 健康权的社会权利要素,"主要通过社会立法和行政措施得以实现,但也可获得缔约国国内司法救济"[47]。因此,当政府怠于提供这些生存条件时,或这些生存条件受到破坏时,城乡居民"可采取不同于私法救济的方式寻求帮助,包括提起集体诉讼、公益诉讼和个人诉讼,申请有关基本医疗卫生服务平等待遇的司法审查。[48]其目的,是指向政府那些"不愿意为实现健康权而最大限度地利用其可获得的资源"的行为。[49]政府有责任通过立法建立这样的司法救济机制。

4. 健康权社会权利要素的实现,是普及资格和增强能力的双重过程,而社会立法正是"普及资格"和"增强能力"的最佳方式。[50]这意味着"基本医疗卫生立法"既要坚持平等原则和可持续发展原则,又要强调公众参与、政府与社会共治、透明度原则,为筹建患者权利组织、病人安全组织和卫生绩效第三方评估组织等健康直接相关社会组织,并提高其活动能力提供制度保障。

5. 以社会立法实现健康权的社会权利要素之所以必要,归根结底,"社会权利的实现涉及社会各阶层利益关系的调整,以及国家、家庭、企业、社会各类组织的功能调整,是社会利益和社会责任重新分配的过程"[51]。这一原理对于我国如何以法治思维和善治思维开展"基本医疗卫生立法",构建城乡居民健康保护体制的框架,同样具有重要价值。它提示我们,"基本医疗卫生立法"应当明确国家、企事业、家庭(个人),以及病人权利组织、患者安全组织、卫生绩效第三方独立评估组织等健康直接相关社会组织在基本医疗卫生服务中的功能、作用和职责。

6. 落实城乡居民健康保障体制（获得）权，应当在公众参与和透明的程序基础上，制定"解决整个人口健康问题"的国家卫生战略或行动计划，例如我国的《医改意见》和（或）"基本医疗卫生立法"；除此之外，还应当定期审查它们的实施效果，建立问责机制。审查的内容，应包括"是否确定达到既定目标可用的资源，以及这些资源是否得到最经济有效的使用及其方法"[52]；审查所用的方法，"诸如健康权的指标和基准，以此对所取得的进展进行密切的监测，并应对各种脆弱或边缘群体给予特别注意"[53]。显然，健康权的社会权利要素是落实"健康权的指标和基准"的理论基础。

7. 明确个人行为也是健康的重要决定因素。基于此，从个人权利与义务的辩证关系出发，确认个人作为社会成员中的一员，在享受健康保障体制获得权的同时，对他人的健康权负有尊重义务，并对公共卫生负有协力义务。[54]这意味着，一方面，基于公共卫生理由对个人行为的限制，主要目的是保护个人的权利；另一方面，作为患者的义务也是健康保障体制不可或缺的部分。这些义务包括：（1）保持和努力恢复健康的义务；（2）积极配合合理诊治的义务；（3）依法遵守医院规章制度的义务；（4）依法支付医疗费的义务；（5）依法支持医学科研的义务；（6）依法支持临床医学教学的义务。显然，个人的健康义务只有在一国卫生体系基本法的框架下才变得更有意义。

这七个方面正是为实现《医改意见》政策目标所必需的"基本医疗卫生立法"的法治和善治基础，对于推进医改迈向根本成功不可或缺。

（二）健康权社会权利要素的医改含义

以法治和善治两种思维切实落实健康权的社会权利要素，医改政策、措施和"基本医疗卫生立法"不得不围绕以适宜的基本医疗卫生服务权为核心的健康保障体制（获得）权谋篇布局，并特别强调从以下三个方面确保城乡居民基本医疗卫生服务获得的平等性。

1. 特别考虑脆弱或边缘群体的承受力，解决看病难问题。这意味着，"国家对那些没有足够的收入的人，负有特殊责任提供必要的医疗保险和卫生保健设施"，并在基本医疗卫生服务方面"防止任何国际上禁止的歧视"。[55]具体措施：（1）建立统一的医疗保险法律制度。规定国家对无支付能力家庭的老年人、残疾人、产妇（产前和产后）和儿童等社会脆弱群体购买基本医疗保险，使他（她）们能够获得费用减免的基本医疗卫生服务。（2）建立社区平价医院法律制度。社区平价医院可由地方政府投资兴建，也可由地方政府收购一些民营医院组建；或者，在每一个社区向一所或数所民营医院为在该社区居住的无支付能力的"老、幼、病、残、孕"等脆弱人群，大宗购买基本医疗卫生服务，以此平抑服务价格。（3）建立分级医疗和双向转诊法律制度。明确各级各类医疗机构的职责和分工，制定双向转诊国家标准，从制度上确保不同类型医疗卫生机构的资源发挥其最大效益。对于社区平价医院难以胜任的基本医疗卫生服务，通过建立双向转诊法律制度要求社区平价医院或者下级医院一视同仁地及时联系对口上级或专科医院转诊，解决看病无序和看病难问题。（4）建立对口支援法律制度。通过制度建设支持、规范各类医疗联合体发展和各种形式的技术合作、指导，引导、安排联合体内上级医院的专家医师定期到社区平价医院、基层医院、地方医院或下级医院接诊，提供技术支持和专业指导。通过这些法律制度建设，着力于解决大城市、大医院患者过于集中问题。

科学建立和有效实施上述四项以解决看病难为目标的具体法律制度，必须纠正公立医院产业导向的卫生政策，加强社区平价医院和地方医院的诊疗能力建设，做到常见病和多发病的诊疗，城市不出社区、农村不出乡镇；大病不出地级市、复杂疑难疾病不出省、罕见病不出国。

2. 控制医药费用不合理增长，解决"看病贵"问题。"看病贵"问题的直接原因是产业导向的卫生政策导致放弃适宜技术、过度医疗，表现为重复检查、不必要的手术和昂贵的医药品、大处方。因此，控制医药费用不合理增长的具体措施，应当包括：（1）通过"基本医疗卫生立法"，明确诊疗适宜技术的法律地位、适用要求，定期公布常见病、多发病诊疗的适宜技术，敦促放弃产业导向的卫生政策；（2）建立患者诊断信息共享法律制度。实施这一制度，建议在较大的镇，以及县、市和省一级建立一个或若干个医学检验诊断中心，集中高、精、尖诊断仪器设备的采购和使用，实现患者诊断信息共享，避免不必要的重复检查。（3）建立基本药物法律制度。采取切实措施保证基本药物的平价和充足供应。对那些利润较低临床必需的药品，尤其是疗效确切且价廉、安全的特效药、救命药等传统经典药物，明确政府有政治责任和法律义务采取必要措施，例如，生产补贴、经营减（免）税和奖励使用，解决"药品生产商不愿意生产，流通企业不愿意经营，医疗机构不愿意使用"[56]问题。（4）建立手术适应症法律制度。在省一级行政区域建立诊疗规范，明确不同疾病的手术适应症或手术指征，建立急诊类和非急诊类手术（即"择期手术"）清单，要求非急诊类大中型手术必须经三级医师（住院医师、主管医师、主任医师）确认，并得到患者或其监护人真实知情的同意。（5）建立顾问医师法律制度。依法设立顾问医师，为能够择期接受诊疗的患者就拟接受的昂贵的和（或）高风险的医疗服务提供独立的医学意见，确保诊疗措施的合理性和安全性，预防、控制过度医疗和医疗过失。（6）完善医疗保险机制，发挥保险机构对过度医疗的监督作用。过度医疗是"看病难看病贵"的重要成因之一。完善医疗保险机制，不仅由保险机构承担医疗保险被保险人相当比例的相关费用，包括医疗过失赔偿费用，而且在发生医疗纠纷时，授权保险机构进行调查、协调并追偿，对于防范过度医疗十分必要。[57]总之，控制医药费用不合理过快增长要建立新机制，综合施策。[58]

3. 致力于公平分配医疗卫生公共资源。通过"基本医疗卫生立法"，（1）建立科学的卫生规划法律制度，优化配置卫生资源，公平分配卫生公共设施、货物和服务。以提高卫生服务能力，解决看病难、看病贵为目的，通过新设、并购、重组或托管，尽可能减轻医疗卫生公共资源城乡之间、中心城市与边远地区之间不应有、不合理的巨大差别，确保弱势群体和边缘群体在不歧视的基础上获得基本医疗卫生服务。（2）建立统一的城乡居民大病医疗保险法律制度，逐步使全国各地城乡居民患大病可能获得的诊治机会尽可能一致。为此，应当建立相应的财政转移支付法律制度。（3）建立医疗卫生公共资源分配的伦理审查和司法审查机制。确保医疗卫生公共资源的分配满足平等原则、医疗需求、健康受益最佳化，以及年龄、疾病的个人责任和支付能力等伦理因素的要求[59]，确保在基本医疗卫生服务的供应方面，着重"从人权思想、伦理因素、分配工具和法治环境与司法机制等方面"[60]，加强卫生法治，改善卫生善治，实现医疗卫生公共资源和服务的公平分配。

唯有如此，才能以较为经济、便利和安全的方式平等地全面尊重、保护和实现城乡居民以适宜的基本医疗卫生服务权为核心的健康保障体制（获得）权。这是健康权社会权利要素的核心要求。

（三）基于健康权社会权利要素的医改评论

在落实健康权的社会权利要素方面，伦理上，政府及其相关职能部门和公立医院负有基本义务，具体包括政府的组织领导和保障职责，相关职能部门的管理和（或）监督职责[61]，而公立医院则有义务提供安全、有效、价廉、方便的（基本）医疗卫生服务；此外，健康相关其他企事业、社会组织和社会力量的作用也不可忽略，患者作为社会的一分子，其医疗保健上的权利义务需要明确。这样才能形成一个比较完整的健康保障体制。因此，以法治思维和善治思维评论新的《指导意见》制定得好坏，评价其科学性，主要取决于该意见能否在实践中为城乡居民提供一套制度和机制，能够以较为经济、便利和安全的方式平等地实现人们以适宜的基本医疗卫生服务权为核心的健康保障体制（获得）权。

一方面，新的《指导意见》确立了明确的政策目标，即"建立起维护公益性、调动积极性、保障可持续的运行新机制；构建起布局合理、分工协作的医疗服务体系和分级诊疗就医格局，有效缓解群众看病难、看病贵问题"，提出了建立高效的政府办医体制、优化城市公立医院规划布局、落实政府投入责任、推进社会力量参与公立医院改革、构建各类医疗机构协同发展的服务体系、构建分级诊疗服务模式、完善与分级诊疗相适应的医保政策、落实公立医院自主权、建立以公益性为导向的考核评价机制、强化公立医院精细化管理、加强人才队伍培养和提升服务能力、加快推进医疗卫生信息化建设、建立符合医疗行业特点的人事薪酬制度，并且提出了强化组织实施的具体安排，包括明确进度安排、强化组织保障、加强督导评价和及时总结宣传。这些政策和相关具体措施，对于实现城乡居民健康保障体制（获得）权，无疑具有重要价值。

另一方面，新的《指导意见》也存在某些明显不足：一是对于公众参与原则不够重视，二是多方监管机制不完善，"强化社会监督"缺少具体措施，三是患者的权利义务不明确。这些不足必然导致城乡居民健康保障体制不健全，公立医院法人治理结构和治理机制不完善，难以有效保障公立医院公益性的回归，难以确保城乡居民以较为经济、便利和安全的方式平等地获得普遍可接受的基本医疗卫生服务。

具体而言，新的《指导意见》明显地忽略了患者权利保障和病人安全立法问题，社会公众成立自己的健康相关社会组织缺少法律依据，难以有效组织起来，或参与"社区、国家和国际各个层面"所有与健康有关的决策，或成立代表社会监督力量的独立"第三方专业机构"，以致在发达国家医药卫生领域习以为常的社会组织建设，例如，患者权利组织、病人安全组织，在我国严重滞后，没有相应的社会组织能够代表患者利益参与健康相关决策、决策执行和监督决策执行，尤其是在医疗安全、医疗服务价格、医药品价格、医保范围、受益人群、医保基金监管等方面。其结果，个体患者一盘散沙，要么成为听任主管部门、医疗机构、医药企业摆布的"顺民"，要么成为实施医闹暴力的"狂徒"，难以文明地、有组织地以"公民"、"市民"地位参与健康相关决策，从事病人安全活动，维护患者应当享有的各种权益，最终（将）导致民众医改"获得感"大打折扣，卫生事业法治和善治始终难以达成。

完善新的《指导意见》，根本解决公众健康决策（包括政治决策）参与问题，健全多方监管机制，提升公众医改"获得感"，必须关注健康权的各种权利要素,尤其是政治权利要素,并建立相关的具体法律制度,确保新医改过程能够以健康权权利要素思维想问题、作判断、出措施、保实施。为此,下文开始讨论健康权三维理论最重要的创新点,健康权的政治权利要素、健康民主及其医改实益。

五、以法治和善治两种思维落实健康权的政治权利要素

(一) 健康权的政治权利要素

为了每个人的健康都实现最高可达到的水准,"健康权内在地具有某些政治权利要素,包括与健康相关的选举、决策参与、结社、集会、罢工、游行、示威、出版和言论自由、迁徙自由乃至提起违宪审查之诉等"[62]。之所以如此,是因为这些政治权利要素同样是一国人群健康水平的决定因素。"没有这些政治权利要素,健康权所固有的民事权利要素和社会权利要素,就难以得到实现和保护。"[63]这是《第14号一般性意见》向我们揭示的最重要的一条健康规律。

根据《第14号一般性意见》,决定健康的重要因素,"不仅包括是否存在可以支付得起的卫生服务和药品、适当的卫生条件和能否获得清洁水,以及卫生和相关领域的财政预算,也包括贫困、歧视、透明度、政府政策和国家立法架构"[64],并包括城乡居民参与健康问题(政治)决策的程度,等等。因此,健康权政治权利要素的理论观点,强调的是健康相关各种政治权利要素,同样是决定健康的因素,是健康权内在的、固有的、规律性的东西,制定相关政策和法律不可忽视,更不可违背。这与作为"健康权保障的政治权利"[65]所讨论的政治权利是不同的。后者来源于健康权的外部,非健康权所固有,其实践指导意义意味着可以用政治权利来保障健康权,也可以不用,是否用取决于"需要"。显然,"健康权保障的政治权利",这一提法具有很强的主观性、随意性,不是对健康规律的科学性认识。

实践证明,"人们享有的健康权民事权利要素、社会权利要素和政治权利要素越多越平等,医疗卫生公共资源就越能得到有效利用,人们就越健康长寿。而这种平等性尤其取决于其中政治权利要素的多寡"[66]。一般来说,人们享有的政治权利要素越多,就越有可能成为"社会的完全成员"[67],获得保护和实现健康权所必需的各种设施、商品、服务和条件的机会也就越多,也就越能成就"体质和心理健康最高可达到的水准"。例如,参与健康决策程度越高的国家(地区)的居民,平均寿命水平往往也越高,例如,法国、日本、西班牙和英国。[68]可以断言,对于不同国家而言,一定程度上,正是健康权这三种权利要素的各自发育程度,以及它们作为一个整体结构的健康权构型(状况),决定了各国(卫生政策法律)对健康保障不平等状况的影响程度。[69]

由此可知,健康权政治权利要素指向的问题是,如果城乡居民"民事权利和社会权利意义上的健康权不能得到有效的实现和保护,人们应如何运用健康权内在的各种政治权利要素来成就其民事权利和社会权利意义上的健康权?"[70]

(二)健康权的政治权利要素清单及其简评

健康权政治权利要素理论提示我们,新医改的社会目标,从根本上说,应当是在健康领域接纳尽可能多"社会的完全成员"。基于此,详细地列出健康权的政治权利要素并简要点评其(医改)含义就显得格外重要:

1. "不受歧视权、平等权、获得信息权,以及结社、集会和迁徙的自由。所有这些和其他(未予列明)的权利和自由都构成健康权不可或缺的组成部分"[71]。由此看来,我国健康权理论,其内涵需要深化而外延则需要拓宽。必须明确,只有(能够)揭示健康规律的健康权理论,方能成为科学理论。

2. "健康权必须理解为实现最高可达到的健康水准而享有各种必需的设施、商品、服务和条件的权利"[72]。其中,"条件"当然包含一定的政治条件,即与人的体质和精神健康相关的政治权利和自由。这是健康规律最易被卫生政策法规制定者忽略的地方。

3. "健康权一个更重要方面,是在社区、国家和国际各个层面全体居民参与所有与健康有关的决策。"[73] "特别是在社区和国家层面,参与健康相关的政治决策的权利"[74]。"规划和实施国家卫生战略和行动计划,应尊重不歧视和人民参与的原则。只有国家保障人民的参与,有效提供健康服务才能得到保证。"[75] 由此可知,在社区、地方和国家层面,如何实现全体居民健康相关的政治决策的参与权,是推动新医改迈向根本成功不可忽视的前提条件。

4. "尊重(健康权)的义务,意味着不得审查、扣留或故意误报与健康相关的信息,也不得阻止人民参与健康相关事项的活动。"[76] 政府"违反尊重的义务……。例子包括:由于法律上或事实上的歧视,剥夺某些个人或群体获得(基本)卫生设施、商品和服务的权利……通过暂停立法或采纳干涉享有健康权任何构成要素的法律或政策。"[77] 显然,尊重健康权,就是要让健康权的"任何构成要素"都发挥作用。这对于医改政策法规的制定,具有极为重要的指导意义。

5. "实现(健康权)的义务,要求缔约国在国家政治和法律制度上对健康权给予充分的承认,更可取的是通过立法措施,并为实现健康权通过一项带有详细计划的国家卫生政策。"[78] "国家卫生战略和行动计划还应建立在问责制、透明度和司法独立等原则的基础上,因为良好的治理对实现所有人权,包括健康权的有效实施是必要的。"[79] 由此可知,尊重、实现和保护健康权的过程,不仅是践行法治的过程,也是善治得以实现的过程。

6. ICESCR缔约国应提供一个促进社会的所有成员——个人,包括卫生专业人员,家庭、当地社区、政府间组织、非政府组织和民间社会组织,以及私营商业部门,履行实现健康权责任的环境。[80] 此所谓"环境",当然包括相应的政治和法律环境。健康权的这一内涵实际上也涉及健康权的政治权利要素。这对于明确我国"基本医疗卫生(服务)法"[81]的立法框架，无疑具有重要的指导意义。

以上是《第 14 号一般性意见》提及的健康权政治权利要素。这一清单实证地证明，健康权确实内在地具有某些政治权利要素。这是健康权三维理论的实证基础。可以说，以法治思维和善治思维落实城乡居民健康权各种政治权利要素，是世界上先进卫生体系建设的一条基本经验。

（三）基于健康权的政治权利要素的医改评论

健康权的政治权利要素，"其意义并不在于创设新的权利，而在于将健康权的民事权利要素和社会权利要素平等地赋予尽可能多的人"[82]，使人们的这些权利要素以较为经济、便利和安全的方式平等地得到尊重、实现和保护。这应当是从法治和善治的角度推进新医改迈向根本成功的核心议题。

前述中国社会科学院的评估报告显示，新医改以来，"个人的卫生支出金额大幅上涨，政府对医疗卫生的巨大投入并没有减轻个人的直接负担"，"现如今，财政新增投入的大部分被浪费掉了，流向了医院、医生、药房和制药企业，他们的收入大幅增加，但患者得到的服务和质量没有相应提升，投入产出比很低"。[83]究其原因，本文认为，我国截至目前出台的新医改政策和措施，无论是《医改意见》，还是《规划方案》，抑或新的《指导意见》，诸如此类医改重要政策文件，都没有提及如何落实上文所列健康权政治权利要素。

例如，在下至社区、上至国家所有这些层面，《规划方案》和新的《指导意见》，均未提及如何落实城乡居民和（或）健康相关社会组织参与健康相关的政治决策的权利，没有按照卫生领域善治的要求，做到医改决策、决策执行和监督决策执行，都有包括患者及其相关社会组织在内的所有利益相关者的政治参与，没有形成政府与社会共治的善治局面。表现为，在医改过程中，"政府、医药企业、医疗机构和医生，都可以有组织地发声音，唯独患者在我国没有一个专门的病人权利组织可以经常性地代表他们开展活动，倾听他们的意见和建议，反映他们的愿望和要求，监督政府、医药企业、医疗机构和医生的活动"[84]，以致具体的医改政策和措施及其执行情况，要么使好的医改措施难以平等地惠及到尽可能多的人群，要么使"财政新增投入的大部分被浪费掉了"，医疗保障方面的不平等难以克服，看病贵问题难以缓解，甚至医闹暴力仍然严重。这恐怕是我国当前在利益格局不断调整的情况下，医患关系越来越紧张的体制因素。

又如，新的《指导意见》就公立医院经营管理运行的监督，对卫生计生行政部门（含中医药管理部门）、医疗行业协会、医学会，以及人大、监察、审计机关这些体制内的监督，着墨甚多；然而，对来自患者权利组织和（或）病人安全组织的监督——这些最有效、最能代表患者利益、最有利于实现医改目标的监督，却语焉不详，"强化社会监督"成一句空话，难以落实。

医疗体制改革存在的上述问题同样反映在医药体制方面。以"廉价药荒难治"为例，不断有媒体报道：治疗罕见病婴儿痉挛症的注射用促皮质素，国家指导价格一盒为7.8元，但在很多家医院难觅踪影，而"黑市"上却卖到4000元。[85]针对诸如此类的"廉价药荒"、"断供"问题，有关部门陆续出台过一些措施，例如，2014年，国家卫生计生委、国家发展改革委等八部门联合印发了《关于做好常用低价药品供应保障工作的意见》（国卫药政发〔2014〕14号，简称《意见》），从生产、流通、价格、招采、使用等各方面提出了明确要求。"但由于落实不到位，如同'开了方子，没下药'，导致廉价药荒。"[86]具体原因包括：常用低价药品"生产供应信息系统"不完善、低价药品生产流通监督管理落实不到位、药品采购供应和临床使用方面激励机制不完善等问题。[87]

那么，《意见》落实为什么难以到位？仔细研读不难发现，《意见》有关加强部门协作、改进价格管理、完善采购办法、建立常态短缺药品储备、加大政策扶持、开展短缺药品动态监测、加强综合监管、做好社会宣传八个方面的政策安排，忽略了病人权利组织、患者安全组织等健康利益相关人的健康决策参与权，没有充分体现政府与社会共治原则，以至于在解决"廉价药荒"、"断供"这种事关民生的问题上，决策、决策执行和监督决策执行这些环节，都没有具有直接利害关系的代表患者利益的社会组织参与，导致常用低价药品供应保障的决策、决策执行和监督决策执行，都难以代表患者利益。这才是问题的症结。

凡此种种，究其根源，我国与医改有关的政策体系和法律体系没有解决好城乡居民健康相关的结社权、决策参与权和选举权问题，无法确保患者自由地结社，自由地参与医改（政治）决策，患者和社会公众不能进入到法律程序有组织地发声，在医改博弈中难以维护患者群体的正当权益。这说明，健康权政治权利要素的理论认知，对于改造公立医院多方监管机制，对于完善医改相关政策体系，对于建立医改相关法律体系，极其重要。

解决这些问题，关键在于以法治思维和善治思维确保医改措施能够全面落实健康权的政治权利要素，尤其是关于公众民主参与和政治参与的善治要求，践行健康民主。为此，应当将新医改置于我国全面深化改革的背景下统筹谋划，建设服务型政府，建设廉洁政府和节约型社会，并采取必要的法治和善治措施全面落实健康权的各种政治权利要素，重点解决与健康相关的结社权、决策参与权和选举权问题，立法鼓励成立患者权利组织和病人安全组织，建立所有利益相关人参与的医疗服务价格、医药品价格和医疗保险谈判机制，推动健康相关社会组织参与国家和地方的医改决策，确保健康相关社会组织有权参与医改政策制定、执行，并监督政策的执行，使医疗、医药和医保在健康民主的框架下联动改革，而"不应当将公众参与原则仅仅理解为让公众提提意见建议，反映一下问题那样简单"[88]。可以预见，没有这些政治权利要素的落实，现有各种医改意见、政策和措施的实际效果，最终都只能代表既得利益集团和社会"精英"的利益，中国社会各阶层在卫生保健领域的不平等将进一步扩大，广大民众的医改"获得感"将难以提升，卫生事业善治的愿望将难以实现。

以上说明，以法治思维和善治思维确保医改政策和措施落实健康权的民事权利和社会权利要素，是推进新医改迈向根本成功的基础；而以健康民主落实健康权的政治权利要素，则是推进新医改迈向根本成功的关键。

（四）健康民主是关键

健康权的政治权利要素，提示我们在医改过程中推行健康民主的重要性。其内在动因有二：

一方面，结社、获得信息和参与健康相关重大决策等权利，为尊重、实现和保护健康权的题中应有之意；或者说，这些权利和自由为每个人成就"体质和心理健康最高可达到的水准"所必需。例如，无论是组织以城乡居民为主体的患者权利机构或（和）病人安全机构，使之能够代表患者利益参与社区、城区、城市、省级行政区域和国家的医改决策，对公立医院经营管理运行进行社会监督，还是立法上建立违反基本医疗卫生服务平等性的司法审查机制，都需要我们首先在政策体系和法律体系上解决（卫生领域）民主建设方面面临的问题。不解决好这些问题，患者权利法、病人安全法一类的社会立法工作，就难有突破；或者，即便是勉强立法，其内容和实践效果也将大打折扣。一句话，对这一类立法，必须深刻领会其健康民主要旨。

另一方面，尊重健康权的义务，其内在含义包括缔约国必须避免直接或间接地干涉健康权。[89]因此，"城乡居民未能平等地获得比较满意的基本医疗卫生服务，患者权利组织未能代表患者参与健康相关（政治）决策，工人为避免恶劣劳动环境对健康的侵害，……基于这些方面的原因而依法组织、举行的结社、集会、罢工、游行和示威等活动，理应得到法治政府的尊重和善治政府的指引"[90]。这些活动是民众为健康权而斗争的理性表达，是成熟的公民社会的具体表现，相比目前全国各地此起彼伏的医闹暴力，无疑要文明得多，可接受得多。

加强健康民主建设，可考虑在"基本医疗卫生立法"中明确规定：城乡居民为尊重、实现和保护其（民事权利和社会权利意义上的）健康权，"得自由地行使结社、集会、罢工、游行、示威、出版、选举、参与健康相关政治决策等权利，并有权提起违反基本医疗卫生服务平等性审查之诉"[91]。依据这一规定，进一步制定患者权利法、病人安全法、公立医院法等重要卫生法律，以法律、法治推动医改。

可同时考虑先在局部地区立法，将地方政府及其相关职能部门履行健康权义务的情况，作为选举当地主要领导人和相关部门主要领导人的标准和依据之一，在城乡居民健康问题上，逐步探索以民主方式全面落实以上清单中所列的健康权各种政治权利要素，有计划地实践健康民主，以此破解医疗保障方面不平等、医改"获得感"低等社会难题。[92]这与党中央、国务院所设想的扩大地方直接选举的范围，在中国实行渐进式民主进程，目标上是完全一致的。

唯有如此，城乡居民民事和社会权利意义上的健康权才更有保障，才能确保政府对医疗卫生的巨大投入能够用于减轻个人的直接负担，才能确保患者得到的基本医疗卫生服务，在质和量上能够随着政府卫生投入的增加有相应的提升，才能有效维护社会弱势群体的健康利益，卫生保健领域的社会不平等才能攻克，新医改才有可能取得根本成功。这是健康权三维理论在医改领域的核心观点。

健康民主同样符合政治学原理。在政治理论上，健康民主就是在健康领域实践"增量民主"。[93]俞可平认为："增量民主意味着政治改革和民主建设必须有足够的'存量'，但同时必须在原有的基础上有新的突破，形成一种新的增长，是对'存量'的增加。增量民主的实质，是在不损害人民群众原有政治利益的前提下，最大限度地增加其政治利益。"[94]为了实现增量民主，俞可平主张，"不仅应当深化党内民主和实现基层民主，而且应当实现由基层民主向高层民主的推进"[95]。由此可以认为，通过在部分经济基础较好的城市试点逐步推行健康民主，正是推动基层民主向高层民主发展的一种具体形式，一种有益的尝试。而且，这种形式和尝试最易得到城乡居民的理解、参与和支持，得到全社会的认同，可能是实践"增量民主"的最佳选择。

以上分析说明，推进新医改迈向根本成功，必须以法治思维和善治思维在健康民主上下功夫，逐步并最终彻底解决城乡居民健康权的平等性问题，确保尽可能多的人首先在健康领域成为"社会的完全成员"。这可能是医改决策和相关政策法律制定最重要的注意事项。

六、结论

成功的医改就是以较为经济、便利和安全的方式平等地尊重、实现和保护健康权的过程，是践行法治和善治的双重过程。为此，需要新的理论、新的思维，并以此为基础，探索新的方法和新的路径。

1. 新的理论即健康权三维理论。这是探讨医改新思维、新方法和新路径的理论基础。

健康权三维理论主张："健康权内在地具有健康相关的民事权利要素、社会权利要素和政治权利要素。这三种要素，既相互独立，又相互依存，缺一不可。"可以预见，缺少其中任何一种权利要素，促进健康权得到尊重、保护和实现的卫生政策体系和卫生法律体系就存在缺陷，制度上重建中国卫生体系的新医改总体目标就难以实现，城乡居民就难以成就"体质和心理健康最高可达到的水准"。

以健康权三维理论指导医改有其方法论径路，强调的是如何以较为经济、便利和安全的方式平等地尊重、保护和实现决定全民健康水平的民事权利、社会权利和政治权利要素，关注的是这些权利要素的法治含义、善治含义和医改含义，主张新医改应当在这三种权利维度上不懈努力，尤其抓住民事权利中的知情同意、社会权利中的健康保障体制获得和政治权利中的健康决策参与这些关键要素施政施策。

2. 新的思维即法治思维和善治思维。为了推进新医改迈向根本成功，必须以法治和善治两种思维深刻领悟健康权的本质属性。医改政策、措施的制定，相关法律、法规的立法，都应当尽可能从健康权民事权利要素、社会权利要素和政治权利要素三个维度作出回应，并且围绕健康决策参与权逐步推进健康民主建设，使中国卫生体系不仅符合法治要求，并且逐步达到世界最先进卫生体系所具有的平等、人权、参与、透明度、可持续、反应性、包容性、效率和高效等善治标准。

3. 新的方式即法治方式和善治方法。实践中，法治思维和善治思维必然体现为法治方式和善治方法。法治方式强调通过"基本医疗卫生立法"推进医改。立法上应当明确规定城乡居民享有适宜的基本医疗卫生服务权、健康保障体制（获得）权、知情同意权和健康决策参与权等方面的健康权，从政府的领导职责和保障职责，卫生计生行政部门的监管职责，其他相关职能部门的管理职责，公立医院的公益性角色，民办医疗机构和医药企业的社会责任，健康相关社会组织的功能、城乡居民相应的法律权利与义务这些法治要素，确保城乡居民能够通过个人诉讼、集体诉讼或者公益诉讼的方式，提起有关基本医疗卫生服务平等待遇的司法审查和其他相关法律诉求，以指引、调整和规范相关的医改行为，为城乡居民"依法"平等享有基本医疗卫生服务权提供法律依据和制度保障。

善治方法即把卫生与健康领域的平等、人权、参与、透明度、可持续、反应性、包容性、效率和高效这些善治要素，以及由此派生出来的各项具体制度要求，按照"统筹推进医疗保障、医疗服务、药品供应、公共卫生、监管体制等综合改革"的思路，从规划、人才、人事、技术、设施、财产、资金、价格、信息、药械和投融资等卫生要素方面，就如何组织、提供、促进和规范基本医疗卫生服务，作出制度化、具体化、条文化安排，使其具有一定程度的约束力和强制执行力，

4. 新的路径即健康民主的路径。它要求探索在卫生保健领域全面落实健康权固有的各种权利要素的中国道路，围绕城市公立医院综合配套改革，重点解决与健康相关的结社权、决策参与权和选举权问题，制定"患者权利法"和"病人安全法"，鼓励成立患者权利组织和病人安全组织，吸收一切健康相关社会组织参与医改决策、决策执行和监督决策的执行，在医疗、医保和医药联动改革中建立所有利益相关人参与的谈判机制，并使之制度化运行。

这很可能是推进新医改迈向根本成功的"秘诀"。

【注释】

[1] 该理论的基本含义,详见黄清华:《健康权——健康中国的法治理论》,载《中国卫生》,2016年第10期,第35—36页。该理论的形成过程和具体内容,详见黄清华:《健康权再认识——论健康权的民事、社会和政治权利属性》,载《社会科学论坛》,2016年第1期,第193—212页。

[2] 详见李克强:《政府工作报告(摘登)》,载《人民日报》,2016年3月7日第1版。

[3] 钟南山:《医改四年改进不大 没有抓住最核心问题》,载《中国日报》,2014年3月10日看世界版。

[4] 关于判断新医改是否成功的标准,存在一定的认知差异。钟南山认为:"医改成功与否的标准,一看看病难看病贵有没有改变,二看医患关系有没有改善,三看医务人员的积极性有没有提高。"详见索有为:《钟南山:这几年的医改并没有得到改善》,见网易新闻,http://news.163.com/14/0305/16/9MJ9RU0F0001124J.html(访问时间:2014年3月24日)。

[5] 相关数据详见李唐宁、方烨:《社科院报告称政府医疗投入并未减轻个人负担》,载《经济参考报》,2014年12月10日财经版。

[6] 张秀丽:《低价药应声涨,换新药吃不惯》,载《信息时报》,2015年11月5日第2版。

[7] 这是作者2016年3月27日到位于深圳市福田区中康路23—17的友和医药梅林店调查所得。

[8] 刘宝、王锦霞、张亚同:《"救命药"为何总是缺货?》,载《生命时报》,2016年9月30日第2版。

[9] 详见王荣海、向清顺、陈凌燕:《英国博士质问武汉副市长:病人是医院的唐僧肉吗?》,载《楚天都市报》,2014年7月5日社会版。

[10] 从本文作者2010年5月—2016年5月年对湖南、广东和浙江的一些医院调查了解到的情况来看,过度医疗确实是严重而且普遍存在的问题。过度医疗不仅浪费资源,而且损害就医人员健康状况,破坏生产力。

[11] 参考消息网,http://money.163.com/16/0201/05/BENCCBFV00253B0H.html(访问时间:2016年2月1日)。

[12] 王羚:《中国社会不平等趋势扩大:1%的家庭占全国三分之一的财产》,参见

《中国民生发展报告 2015》，东方网，http：//news.eastday.com/c/20160113/u1 a9178790.html（访问时间：2016 年 2 月 1 日）。

〔13〕Para 1, General Comment No. 14.

〔14〕黄清华：《健康权——健康中国的法治理论》，载《中国卫生》，2016 年第 10 期，第 36 页。

〔15〕黄清华：《健康权再认识——论健康权的民事、社会和政治权利属性》，载《社会科学论坛》，2016 年第 1 期，第 195—196 页。

〔16〕同注释 15，第 194 页。

〔17〕同注释 14，第 35 页。

〔18〕同注释 14，第 36 页。

〔19〕同注释 14，第 36 页。

〔20〕黄清华：《治理术与国家治理能力现代化》，载《武陵学刊》，2015 年第 1 期，第 43 页。

〔21〕指《中共中央国务院关于深化医药卫生体制改革的意见》，2009 年 06 号。

〔22〕指《"十二五"期间深化医药卫生体制改革规划暨实施方案》，国发〔2012〕11 号。

〔23〕指卫医管发〔2010〕20 号文件。该文件经国务院同意，卫生部、中央编办、国家发展改革委、财政部和人力资源社会保障部 2010 年 2 月 11 日正式发布。

〔24〕指《关于城市公立医院综合改革试点的指导意见》，国办发〔2015〕38 号文件。

〔25〕因为治理活动完全满足"参与、协商、透明、遵从法治、反应性、公正合理与包容性、有力和效率、问责制"这些善治要素，是件很困难的事。世界上只有少数治理的好的国家，其治理活动能够接近满足这些善治要素。See The Independent Commission on Good Governance in Public Services, *The Good Governance Standard for Public Services*, Printed by Hackney Press Ltd., London, 2005, p. 5.

〔26〕参见张文显：《法学基本范畴》，中国政法大学出版社 2001 年版，第 300—309 页。

〔27〕俞可平：《增量政治改革与社会主义政治文明建设》，载《公共管理学报》，2004 年第 1 期，第 9—11 页；俞可平：《增量民主与善治》，社会科学文献出版社 2005 年版，第 5—8 页。

〔28〕同注释15，第210页。

〔29〕同注释15，第214页。

〔30〕同注释15，第214页。

〔31〕Department of Health（UK），*Handbook to the NHS Constitution*，2007，p. 1.

〔32〕Emily Jackson，*Medical Law*：*Text，Cases，and Materials*，Oxford，2006，pp. 229 – 248.

〔33〕在Pearce v United Bristol NHS Healthcare Trust（1998）有关同意的职业标准一案中，英国大法官Woolf勋爵判决：对于任何会合理地影响病人作出同意治疗决定的重大风险，经治医生都有告知义务。

〔34〕Qinghua HUANG，"Information Needs of the Patients with Cervical Cancer"，*Global Journal of Health Science*，Vol. 1，No. 1，2009.

〔35〕即"10·25"温岭袭医事件：2013年10月25日，浙江温岭市第一人民医院发生一起患者刺伤医生案件，3名医生在门诊为病人看病时被一名男子捅伤，其中，耳鼻咽喉科主任医师王云杰因抢救无效死亡。

〔36〕对于温岭杀医案起因的认知，2014年4月7日央视新闻称"种种医学数据均显示手术成功"，但未能解释被告连恩青为什么感觉医院治疗鼻炎有"黑幕"，并且在央视独家专访时，被告仍然认为医院在撒弥天大谎，狠狠地说"自作孽不可活，他爸由自取。"详见央视独家专访：《温岭杀医案被告的"杀医逻辑"》，http：//www. tfi. cn/t44918 – 1 – 1. htm（访问时间：2014年4月25日）。

〔37〕详见郭永松：《医学科研伦理》，见孙福川、王明旭主编：《医学伦理学》，人民卫生出版社2015年版，第189—191页。

〔38〕"干细胞治疗乱象"的直接原因是"在临床医生的推荐下，不少患者将干细胞治疗误认为是一种成熟的临床方案，特别是那些患有严重疾患且目前尚无有效治疗手段的患者，未经证实的干细胞治疗被描述成为他们可能的希望所在"。详见缪航：《干细胞治疗乱象的社会建构与责任反思》，载《自然辩证法通讯》，2015年第1期。

〔39〕有一种错误观点认为，"医改是医药卫生'体制'改革的简称，体制改革不涉及细枝末节问题"，健康权的民事权利要素，"基本上与体制改革无涉"，因而"对医改的指导意义不大"。实际上，"医改"必然涉及医药卫生管理体制和医疗服务运行机制两个方面的改革，患者知情同意这些"细枝末节"问题处理得好坏，恰恰是医改的艰巨任务之一。

[40] Para 8. General Comment No. 14.

[41] Para 12. General Comment No. 3.

[42] Para 18. General Comment No. 14.

[43] Para 53. General Comment No. 14.

[44] 同注释15，第209页。

[45] 刘俊荣：《医德基本范畴》，载孙福川、王明旭主编：《医学伦理学》，人民卫生出版社2015年版，第67页。

[46] Para 18. General Comment No. 14.

[47] 陈寒枫、周卫国、蒋豪：《〈经济、社会及文化权利国际公约〉及其实施》，载《外交学院学报》，2001第3期，第61—62页。

[48] 同注释15，第213页。

[49] Para 47. General Comment No. 14.

[50] 杨雪冬：《社会权利的实现与发展》，载《学习时报》，2009年8月20日民主与法治版。

[51] 同注释50。

[52] Para 53. General Comment No. 14.

[53] Para 43（6）. General Comment No. 14.

[54] For details, see The preamble of ICESCR, UN.

[55] Para 19. General Comment No. 14.

[56] 高国顺：《构建药品供应保障体系需解决的几个问题》，载《光明日报》，2007年12月13日社会版。

[57] 尹梅：《临床典型伦理问题》，载孙福川、王明旭主编：《医学伦理学》，人民卫生出版社2015年版，第132页。

[58] "综合施策"还意味着，让公立医院回归公益性，不仅仅要破除以药养医，还要破除整个社会唯利是图的倾向。为此，要着力建设服务型政府、廉洁政府和节约型社会，否则，医疗机构和医生难以独善其身。

[59] Emily Jackson, *Medical Law: Text, Cases, and Materials*, Oxford, 2006, pp. 39–58.

[60] 详见黄清华：《医疗卫生公共资源公平分配的伦理和法律问题》，载《国外社会科学》，2014年第2期，第76—79页。

[61] 根据《北京市城市公立医院综合改革实施方案》，领导职责具体包括政府"在

公立医院规划布局、功能定位、目标任务、选配班子等方面的"领导职责;保障职责具体包括政府"在公立医院编制、财政投入、价格、薪酬、基本建设、设备设施购置和维护、重点专科发展、公共卫生投入、突发事件应急保障、建立健全符合公益性的运行机制等方面的"保障职责;管理职责具体是指政府相关部门"在公立医院人、财、物等重大决策、对外投资合作、成本费用控制、促进效率和公益性等方面的"管理职责,监督职责具体是指卫生计生行政部门"在促进医院和医务人员合法合规执业、提高医疗服务质量、保障安全等方面的"监督职责。

〔62〕同注释15,第215页。

〔63〕同注释15,第215页。

〔64〕Para 53, 54, 55, General Comment No. 14.

〔65〕"健康权保障的政治权利"来源于对"健康权三维理论"的一种审稿意见。

〔66〕同注释15,第216页。

〔67〕Thomas Humphrey Marshall, *Citizenship and Social Class and Other Essays*, Cambridge University Press, 1950, p. 2.

〔68〕WHO, *The World Health Report 2000. Health Systems: Improving Performance*, pp. 23 – 27.

〔69〕这一结论性表达,套用了陈鹏关于公民权的表述:"一定程度上,正是公民权三个要素的各自发育程度以及作为一个整体结构的公民权构型,决定了其对社会不平等的影响程度。"参见陈鹏:《公民权社会学的先声——读 T. H. 马歇尔〈公民权与社会阶级〉》,载《社会学研究》,2008 年第 4 期,第 228—229 页。

〔70〕同注释15,第214页。

〔71〕Para 3. General Comment No. 14.

〔72〕Para 9. General Comment No. 14.

〔73〕Para 11. General Comment No. 14.

〔74〕Para 17. General Comment No. 14.

〔75〕Para 54. General Comment No. 14.

〔76〕Para 34. General Comment No. 14.

〔77〕Para 50. General Comment No. 14.

〔78〕Para 36. General Comment No. 14.

〔79〕Para 55. General Comment No. 14.

〔80〕Para 42. General Comment No. 14.

〔81〕"基本医疗卫生法"是官方提法，本文作者主张制定"基本医疗卫生服务法"：其一，容易理解，更有利于密切国家与社会、政府与公（群）众的关系，实现立法的政治目标；其二，更有利于明确立法目的，集中可获得的医疗卫生公共资源解决基本医疗卫生服务普遍保障和平等保障问题；其三，立法技术上更易操作、可行。

〔82〕同注释15，第215页。

〔83〕相关数据请参见文学国、房志武：《医改蓝皮书：中国医药卫生体制改革报告（2014—2015）》，社会科学文献出版社2014年版。

〔84〕黄清华：《深化医改如何保基本、强基层、建机制——略论基本医疗卫生服务法律制度建设》，载《中国党政干部论坛》，2013年第9期，第66—67页。

〔85〕同注释8。新华：《廉价药荒难治：标价7.8元黑市叫价4000元》，载《北京青年报》，2016年10月8日第3版。

〔86〕同注释85。

〔87〕同注释85。

〔88〕同注释84。

〔89〕Para 33, General Comment No. 14.

〔90〕同注释15，第209页。

〔91〕同注释15，第208页。

〔92〕对于教育、卫生和其他社会保障领域的不平等，北京大学中国社会科学调查中心《中国家庭追踪调查2015年度报告》指出："这些问题需要得到有效的解决。""否则，它们很可能会威胁到社会稳定，成为社会经济发展的瓶颈。"

〔93〕俞可平：《增量民主的改革思路》，载《财经》，2012年第6期，第7页。

〔94〕俞可平：《增量民主：三轮两票制镇长选举的政治学意义》，载《马克思主义与现实》，2000年第3期，第27页。

〔95〕同注释94。

【参考文献】

〔1〕黄清华：《建设健康中国须准确理解健康权——"健康权三维理论"笔谈》，载《中国卫生》，2016年第10期。

〔2〕黄清华:《健康权再认识——论健康权的民事、社会和政治权利属性》,载《社会科学论坛》,2016年第1期,第193—212页。

〔3〕李克强:《政府工作报告(摘登)》,载《人民日报》,2016年3月7日第1版。

〔4〕李唐宁、方烨:《社科院报告称政府医疗投入并未减轻个人负担》,载《经济参考报》,2014年12月10日财经版。

〔5〕Committee on Economic, Social and Cultural Rights, *General Comment No.14: The Right to the Highest Attainable Standard of Health*, 2000.

〔6〕黄清华:《治理术与国家治理能力现代化》,载《武陵学刊》,2015年第1期。

〔7〕The Independent Commission on Good Governance in Public Services. *The Good Governance Standard for Public Services*, Printed by Hackney Press Ltd., London, 2005, p.5.

〔8〕张文显:《法学基本范畴》,中国政法大学出版社2001年版,第300—309页。

〔9〕俞可平:《增量政治改革与社会主义政治文明建设》,载《公共管理学报》,2004年第1期,第9—11页。

〔10〕俞可平:《增量民主与善治》,社会科学文献出版社2005年版,第5—8页。

〔11〕Department of Health (UK), *Handbook to the NHS Constitution*, 2007, p.1.

〔12〕Emily Jackson, *Medical Law: Text, Cases, and Materials*, Oxford, 2006, p.485.

〔13〕Pearce v United Bristol NHS Healthcare Trust (1998) 48 BMLR 118.

〔14〕孙福川、王明旭主编:《医学伦理学》,人民卫生出版社2015年版,第67、132、189—191页。

〔15〕缪航:《干细胞治疗乱象的社会建构与责任反思》,载《自然辩证法通讯》,2015年第1期。

〔16〕Qinghua HUANG, "Information Needs of the Patients with Cervical Cancer", *Global Journal of Health Science*, Vol.1, No.1, 2009.

〔17〕陈寒枫、周卫国、蒋豪:《〈经济、社会及文化权利国际公约〉及其实施》,载《外交学院学报》,2001第3期,第61—62页。

〔18〕The preamble, and article 12, International Covenant on Economic, Social and Cultural Rights, ICESCR.

[19] 杨雪冬：《社会权利的实现与发展》，载《学习时报》，2009年8月20日民主与法治版。

[20] 黄清华：《公共医疗卫生资源公平分配的伦理和法律问题》，载《国外社会科学》，2014年第2期，第76—79页。

[21] Thomas Humphrey Marshall, *Citizenship and Social Class and Other Essays*, Cambridge University Press, 1950, p. 2, 6, 8, 10.

[22] WHO, *The World Health Report* 2000. *Health Systems*: *Improving Performance*, pp. 23 –27.

[23] 陈鹏：《公民权社会学的先声——读T.H.马歇尔〈公民权与社会阶级〉》，载《社会学研究》，2008年第4期，第31—40页。

[24] 文学国、房志武：《医改蓝皮书：中国医药卫生体制改革报告（2014—2015）》，社会科学文献出版社2014年版。

[25] 黄清华：《深化医改如何保基本、强基层、建机制——略论基本医疗卫生服务法律制度建设》，载《中国党政干部论坛》，2013年第9期，第66—67页。

[26] 俞可平：《增量民主的改革思路》，载《财经》，2012年第6期，第7—8页。

[27] 俞可平：《增量民主：三轮两票制镇长选举的政治学意义》，载《马克思主义与现实》，2000年第3期，第27—28页。

（本文作者黄清华为法律与医学方向留英博士，深圳市法学会特聘研究员，《深圳法学》执行主编，广东省法学会咨询专家，首都医科大学"高层次人才队伍建设计划"讲座教授）

Abstract

There are some defects in new healthcare reform in spite of many postive resoults have been got, such as no fundamental change in diffcult and expensive to see doctor, no obvious improvement in the relationship of doctor-patient, and the problem of inequalities in healthcare security. Practice has proved that, in order to achieve the general goals of China's health reform, the two thoughts of rule of law and good governance in the healthcare reform are indispensable. To guide the reform with triple attributes theory of health right, by which to rebuilt China's health system from basic healthcare regime, is constructive, because that rule of law and good governance is the key to push forward the reform towards ultimate success. The right to health includes three attributes of civil rights, social rights and political rights, direct a sound road to realise the target of the reform for us, namely, policies and measures of the reform must be layout around the three kind elements of the right to health which is inherent, and while fully fulfil the elements with serious and comprehensive measures, seize a key— "health democracy", by mainly using the thought of rule of law and the thought of good governance step by step.

Keywords

New Healthcare Reform; Triple Attributes Theory of Right to Health; Right Elements; Rule of Law Thought; Good Governance Thought; Health Democracy

■ 治理案例 | Governance Case

治理现代化的浙江探索

蓝蔚青

摘　要：随着全面深化改革和全面推进依法治国的总目标的提出，特别是"四个全面"战略布局的形成，治理现代化的探索必将进入一个新的阶段，即必须更加注重改革创新的系统性、整体性、协同性和依法推进的阶段。近年来，浙江广大干部群众在中国特色社会主义理论指引下，积极进行治理现代化的探索，取得了丰硕的成果，积累了丰富的经验。在迄今为止七届"中国地方政府创新奖"的获奖名单中，浙江省以18项占14.63%，名列榜首。本文通过分析浙江省十多年来的公共管理创新案例，梳理了浙江探索治理现代化的大背景、进程、特点和趋势，可以在一定程度上了解中国走向治理现代化的轨迹。

关键词：治理现代化　浙江探索　案例　轨迹

近年来，浙江广大干部群众在中国特色社会主义理论指引下，积极进行治理现代化的探索，取得了丰硕的成果，积累了丰富的经验。在迄今为止七届"中国地方政府创新奖"的获奖名单中，浙江省以18项占14.63%，名列榜首。分析浙江省十多年来的公共管理创新案例，可以在一定程度上了解中国走向治理现代化的轨迹。

一、浙江探索治理现代化的大背景

中共十六大报告从维护社会稳定的角度，提出了落实社会治安综合治理的各项措施，改进社会管理的要求。十六届四中全会《关于加强党的执政能力建设的决定》，第一次系统提出了加强社会建设和管理，推进社会管理体制创新的要求。十六届六中全会《关于构建社会主义和谐社会若干重大问题的决定》，确定了到2020年构建社会主义和谐社会的目标和主要任务，提出了社会管理的基本要求。十七大报告第一次把社会建设置于同经济建设、政治建设、文化建设同等重要的战略地位。十八大报告把加快形成科学有效的社会管理体制，完善社会保障体系，健全基层公共服务和社会管理网络，建立确保社会既充满活力又和谐有序的体制机制，作为全面建成小康社会和全面深化改革开放的重要目标，提出了中国特色社会主义社会管理体系的基本框架，要求加快形成"党委领导、政府负责、社会协同、公众参与、法治保障的社会管理体制"，"政府主导、覆盖城乡、可持续的基本公共服务体系"，"政社分开、权责明确、依法自治的现代社会组织体制"以及"源头治理、动态管理、应急处置相结合的社会管理机制"。并在总结经验的基础上，对于加强和创新社会管理，提高社会管理科学化水平，提出了一系列富有针对性的要求。

十八届三中全会通过的《关于全面深化改革若干重大问题的决定》，把全面深化改革的总目标定位在"完善和发展中国特色社会主义制度，推进国家治理体系和治理能力现代化"，把"治理"作为全面深化改革的核心范畴，治理的主体包括整个国家机器和政党、社团、公民，治理的客体包括市场和社会，治理的领域全面覆盖经济、政治、文化、社会、生态文明和党的建设。按照这个总目标和总框架的要求，确定了社会领域的任务，要求坚持系统治理、依法治理、综合治理、源头治理，改进社会治理方式，创新社会治理体制。

十八届四中全会通过的《关于全面推进依法治国若干重大问题的决

定》提出了全面推进依法治国的总目标："建设中国特色社会主义法治体系，建设社会主义法治国家"，把全面推进依法治国作为一个系统工程，作出了顶层设计。《决定》指出，依法治国是实现国家治理体系和治理能力现代化的必然要求，依法执政是党治国理政的基本方式，一方面要求规范和约束公权力，另一方面要求推进多层次多领域依法治理，进一步确立了法治在治理现代化中的基础地位。

浙江这些年来对治理现代化的探索，始终遵循中共十六大、十七大、十八大和历次中央全会关于构建中国特色社会主义社会管理体系的要求，加快推进社会体制改革，加快形成党委领导、政府负责、社会协同、公众参与、法治保障的社会管理体制，加快形成政府主导、覆盖城乡、可持续的基本公共服务体系，加快形成政社分开、权责明确、依法自治的现代社会组织体制，加快形成源头治理、动态管理、应急处置相结合的社会管理机制，努力在贯彻落实顶层设计中走在前列，又从浙江实际出发开拓创新，并注重成功经验的规范化制度化，取得了丰硕成果。

二、浙江探索治理现代化的进程

2003年7月，在召开的浙江省委十一届四次全会上，时任省委书记的习近平同志提出了"八八战略"作为治省总纲。2004年5月，浙江省委十一届六次全会作出的建设"平安浙江"、促进社会和谐稳定的决策部署，是全国第一个全面系统的省域社会治理的行动纲领。半年后，省委十一届七次全会对推进法治社会建设提出了总体要求，2006年4月，浙江省委十一届十次全会又作出了关于建设"法治浙江"的决定，在全国率先进行总体部署。这一系列战略部署，为浙江探索治理现代化奠定了坚实的基础。

2007年召开的浙江省第十二次党代会，提出坚定不移地走创业富民、创新强省之路，把社会体制改革和体制创新作为全面改革创新的重要组成部分。同年召开的浙江省委十二届二次全会作出了关于推进创业富民创新强省的决定，对制度创新、社会管理创新、党建工作创新等都作了专门论述和具体部署。"两创"总战略的提出，使创新全面开花并得到全面保障。社会管理和公共管理创新进入了蓬勃开展的阶段。

社会管理和公共管理是两个交集很大的概念。社会管理主要是政府和社会组织为促进社会系统协调运转，对社会系统的组成部分、社会生活的不同领域以及社会发展的各个环节进行组织、协调、监督和控制的过程。其基本任务包括协调社会关系、规范社会行为、解决社会问题、化解社会矛盾、促进社会公正、应对社会风险、保持社会稳定等方面。广义的社会管理是指专门机构对社会的经济、政治和文化事务进行的统筹管理；狭义的社会管理是指由相关职能部门对不能划归已有经济、政治和文化部门管理的公共事务进行的专门管理。但不管是广义还是狭义，社会管理都是就管理的领域而言的，是指对广义或狭义的"社会"的管理。

而公共管理是指对公共事务的管理，包括以政府为主要执行主体的公共组织和以公共利益为指向的非政府组织为实现公共利益，为社会提供公共产品和服务的活动。公共管理是就所管理事务的性质而言的。在我国，公共管理的主体还包括作为政治领导核心的执政党的各级组织、作为国家权力机关的各级人民代表大会、作为协商民主专门机构的人民政协和各参政党。由参照公务员管理的人员组成工作机构的人民团体，目前是介于政府和非政府组织之间的重要的公共管理主体。以政府为主体的行政管理只是公共管理的一部分。

2009年，为进一步弘扬以创业创新为核心的浙江精神，带动和引领各行各业的创业创新，鼓励和推进解放思想新探索、科学发展新实践，促进"两创"总战略等一系列重大决策部署的贯彻实施，浙江省委宣传部和省委政策研究室联合三大省属媒体开展了"创新典范·浙江最具影响力党政工作创新典型"推介活动。经专家评审，有60项党政工作创新范例入选。2010年3月以来，为进一步贯彻落实中共中央关于加强和创新社会管理的重大战略部署，加快浙江科学发展，总结和推动全省各级各部门在公共管理领域，尤其是社会管理方面的创新实践，由浙江省委办公厅（第二届起又增加了省社会管理综合治理委员会办公室）指导，《今日浙江》

杂志社、浙江省公共政策研究院、浙江大学公共政策研究中心（后更名为浙江大学公共政策研究院）联合组织开展"浙江省公共管理创新案例"评选推介活动，至今已由省内外专家进行了三届评选。这三届评选共收到各地推荐的创新案例560多个（其中有少量两次申报的），共有69个创新案例入选（其中有14项曾入选2009年的党政工作创新范例）。这115个创新案例（同一创新主体同一主题两次入选的作为一个案例）中，始于上个世纪的有7个，占6%，最早的是始于60年代并在新时期得到创新发展的枫桥经验。始于新世纪初2007年以前的有31个，占27%，2007年以来实施的77个，占67%。可以说这些案例大体上反映了近十来年浙江省通过公共管理创新探索治理现代化的进程。

三、浙江探索治理现代化的特点

要找出浙江探索治理现代化的特点，就需要对这些创新案例进行分类。此事颇费斟酌。因为所有的治理创新都是问题导向的，社会问题的成因、解决的措施、取得的成效基本上都是综合性的。相对合理的分类方法，是循着这些年来各级党委政府的工作思路，按照各项创新所要达到的主要目标来分门别类。不同的研究者很可能见仁见智，本文只能提供一孔之见。

（一）公共服务和社会建设类的创新案例有40个，占34.8%

治理不仅是管理，更是服务。进入全面小康阶段以后，人民群众的需求日益多样化并不断提高，党政机关以人为本、执政为民的执政理念逐步强化，政府职能的转变也使政府有更多的精力和财力从事公共服务和社会建设，这就使建设公共服务型政府和深入推进服务型基层党组织建设成为浙江近年来治理创新的一个鲜明特点。各级党委政府愈来愈注意寓管理于服务之中，用人民满意的服务赢得对管理举措的支持。其中较为集中的是这几个方面：

1. 统筹城乡公共服务促进一体化

浙江省是城乡居民收入差距最小的省份之一，近年来又致力于缩小城乡公共服务的差距，促进城乡一体化发展，这方面的案例有 14 个，嘉兴市较为突出。嘉兴市以现代新市镇和城乡一体新社区"两新"工程建设改善服务条件，促进农民生产生活方式双转换，既提高了城乡居民的生活质量，又提升了城乡社会的治理水平。嘉兴市还实施城乡居民社会养老保险全覆盖；推行公共图书馆总分馆制，构建城乡一体化的服务体系。云和县探索小县"大城"，走以城带乡、以工哺农、以乡促城、城乡联动的欠发达地区新型城镇化之路。一体化建设的重点是新农村建设，这方面湖州市、丽水市和衢州市较为突出。湖州市与浙江大学市校合作共建社会主义新农村实验示范区。湖州安吉县"中国美丽乡村"建设整体化实施、品牌化经营，放大了新农村建设的示范效应；进而探索美丽乡村标准化建设。丽水市深化集体林权制度改革，从根本上解决林农的贷款担保难问题，突破了发展瓶颈；该市农村金融改革的探索与实践取得显著成效，成为全国的试点；丽水龙泉市探索林地经营权流转，促使林地增效、农民增收。衢州市实施万名农民素质工程，开展素质扶贫；该市的"农家乐"文化大篷车常年深入农村，为农民群众提供丰富多彩、积极健康的免费文化套餐。舟山市根据海岛特点实施"暖人心、促发展"工程，切实做好三渔三农工作。瑞安市"创业银行"助力低收入农户创业增收，为他们雪中送炭。

2. 公共服务平台建设

这方面的创新案例有 11 个。近年来，浙江各地都积极建设各种实体和网上的公共服务平台，运用不断进步的技术手段，为人民群众提供便捷的"一站式服务"。上虞市（现绍兴市上虞区）便民服务中心是全国首个"政府服务超市"，是公共服务平台的 1.0 版；宁波市海曙区 81890 求助服务中心对接供求双方并进行监督，提供多样化、高质量的社区服务，带动了服务业的发展，这一模式被省内外许多地方学习借鉴，打造了公共服务平台的 2.0 版；庆元县整合政府应急联动、公安 110、"数字城管"、民政

"96345"社会公共服务、情报信息五个分中心,形成综合化管理平台,通过派单制和反馈制进行全程跟踪监督和问责,实现社会服务管理大联动,成为公共服务平台的3.0版;金华市全面整合党政资源、市场资源和社会资源,开设了8890便民服务平台,创建了应急与非应急"两轮联动",市、县、乡"三级网络"和电话、网络、短信、微信"四位一体"的便民服务与社会治理新模式,可看作公共服务平台的4.0版。象山县网络民情会办中心,绍兴市民生价格信息公开平台,海宁市司法微博,绍兴市柯桥区的企业投资项目行政审批"中介超市",义乌市的涉外政务服务平台,舟山市的公共文化服务"网上淘"社会化运作平台,衢州市的"农技110"综合服务平台,都是各具特色的专业性平台。这些平台适应了"互联网+"和"大数据"的时代潮流,不断提高服务和管理效率,具有很强的可拓展性和可整合性,能够为治理现代化插上翅膀。

3. 基层公共服务和治理

由于政府特别是基层政府愈来愈注意寓管理于服务之中,而且尝到了甜头,因此在很多案例特别是基层的案例中,社会管理和公共服务密不可分。这方面的案例有9个。舟山市推行"网格化管理、组团式服务",以配套服务促进管理细化和全覆盖,形成长效机制。衢州市实施以"建立民情档案、定期沟通民情、为民办事全程服务"为主要内容的"三民工程",完善农村基层服务管理体系。松阳县共享手绘"民情地图",建立长效服务机制。金华市金东区创造农村养老"金东模式"。湖州市构建"三好六有"社区和农村警务新模式,密切警民关系,规范基层警务工作。绍兴县(现绍兴市柯桥区)实施乡镇干部担任驻村指导员制度,加强了基层领导力量。余姚市依托一网一报一校一办法,加强对高校毕业生农村(社区)工作者的教育管理培养。浙江各地还深化基层服务型党组织建设,发挥党组织和党员在基层民主建设和社会治理中的骨干作用和先锋模范作用。舟山市建立完善党员联系和服务群众工作,教育了党员,增强了基层党组织的凝聚力、战斗力。温州市以建设活力和谐企业为目标,推进非公企业党建工作。服务与管理的有机结合,既提高了城乡居民的生活质量，又提升了城乡社会的治理水平。

4. 社会事业建设

这方面有 6 个创新案例，集中在推进医疗和教育公平。长兴市实施"教育券制度"，扶贫助学，推进教育公平。衢州柯城区组织"名校托管"力量较弱的学校，建立"团体支教"机制，助推城乡教育均衡发展。温州市激发社会力量，深化民办教育综合改革。开化县新型农村合作医疗为农民健康系上"安全带"。宁波市鄞州区从农村入手破解群众"看病难、看病贵"问题。杭州市江干区建立"首诊在基层、大病去医院、康复回社区"的分级诊疗新体系，既方便群众，又使医疗资源合理利用。

（二）社会治理类的创新案例有 55 个，占 47.8%

这是近年来治理创新的重点领域。在治理内容上，这些案例侧重于化解社会矛盾、外来人口管理与服务、公共安全和环境治理等群众呼声强烈的社会问题；在治理主体上，注重多方的民主参与、民主监督和发挥社会组织的作用；在治理方式上，注重德治与法治相结合。

1. 民主参与

这方面的创新案例有 11 个。杭州市在这方面特别突出，开展了多层次系列创新：市委通过"两轮推荐、两轮票决"选拔市管正局级领导干部，促进选人用人科学化、民主化；市政府构建"开放式决策"运行机制，提高了市民民主参与的层次；以民主促民生，创新了解决民生问题的民主保障制度、党政机关与市民的沟通渠道和基层民主的实现方式；构建多种形式的民主民生互动平台，拓宽民主参与渠道，创新民主参与方式；市委办公厅、杭州文广集团通过"我们圆桌会"，搭建社会沟通的公共话语平台，理性探讨热点社会问题，产生良好的社会影响。温岭市也是持续创新民主参与途径的热土："民主恳谈"拓宽了民主参与渠道，促进了决策的民主化、科学化；"参与式预算"落实了人大对预算的决定权。温州市则从决策和监督两大环节上切入：推动民间智库参与公共决策；组建市民监督团推动公众参与城市管理。台州市椒江区在全国率先试行党代会常任制，扩大党内民主，20多年来不断完善党内制度。天台县推行以"民主提案、民主议案、民主表决、创业承诺、监督实施"为主要内容的村级民主决策"五步法"，是全面发展基层民主的积极探索。

2. 外来人口管理与服务

这方面的创新案例有8个。新世纪以来，浙江省外流入人口增量增速都居全国首位，不少地方外来人口超过甚至数倍于户籍人口，外来人口管理与服务成为社会治理的重头戏。奉化市成立全国首家外来人员自治组织，走出外来人口自我管理、自我服务、自我教育的新路子。慈溪市在村级普遍建立和谐促进会，搭建交流沟通平台，团结新老村民共建共享和谐。宁波市构建了公共服务、权益保障、引导激励、社会环境和组织领导五大体系构成的外来务工人员服务管理"宁波模式"。嘉兴市全面改革户籍管理制度，有序推进城乡公共政策一体化，促进了市域资源要素合理配置和流动；该市还建立了"专门机构协调型"流动人口服务管理新体制。诸暨市探索"以外管外"的外来建设者服务和管理"店口模式"，促进外来建设者融入当地社会。温州市实施了新居民积分制管理。德清县户籍改革逐步消除依附于户口性质差别待遇。这些探索都反映了浙江各地既善待外来人口，充分发挥他们在各项建设中的生力军作用，又积极解决人口剧增超过某些资源的承载能力带来的新问题的不懈努力。

3. 化解社会矛盾

这方面的创新案例有7个。多年来，浙江创新发展"枫桥经验"，统筹推进经济、政治、文化、社会、生态等领域的"大平安"，源头治理、动态管理、应急处置多管齐下，注重通过全方位的治理，自觉运用法治思维和法治方式破解各类在国内早发先发的矛盾和问题，维护社会和谐稳定。诸暨市创新发展源于本地的"枫桥经验"，从源头上预防和减少矛盾纠纷的产生。苍南县打造以乡镇为基点，联结县机关、村居、站所的"五站式"民情服务模式，上下联动化解社会矛盾。永康市建立党政主要领导、政府职能部门、司法部门专家"三堂会审"制度，有效破解信访难题。杭州市余杭区编制法治指数，量化评估基层法治建设，促进依法治理。舟山市首创法律援助周转金制度，鼓励和支持弱势受援人坚持依法维权。宁波市通过整合第三方保险理赔处理机制和人民调解机制，畅通了医疗纠纷处置途径。衢州市纪检监察部门举行信访公开听证，变"暗箱操作"为"阳光作业"，有效化解疑难复杂信访案件。这些都有助于及时发现和依法化解社会矛盾，使城乡群众的安全感和满意度保持在较高水平。

4. 发挥社会组织作用

这方面的创新案例也有7个。公众有序参与需要提高公民的组织化程度。浙江注重发挥人民团体的作用。如义乌市建构了党委领导、政府支持、工会运作、部门配合、多方参与的社会化维权机制，实现了职工维权主体的社会化、多元化、协调化，使维权对象覆盖农民工。温岭市建立依托行业协会和行业工会开展行业工资集体协商机制，保障职工的合法权益，构建和谐劳动关系。台州市的区域共青团整体化建设构建了以团组织为核心，以青年社团为重要组成部分，以青年自组织、网络虚拟组织为有益补充的团的组织体系。在农村则注重发挥合作经济组织的作用。嘉兴市组建农村合作经济组织联合会，为农村合作经济发展提供了组织保证，构建新型农村社会化服务体系。同时，浙江又积极引导和支持新社会组织的发展。温州市引导异地商会规范健康发展，增强对外出经商办企业的温籍工商业者的凝聚力，该市还鼓励和引导行业商（协）会承接政府职能转移。宁波市海曙区打造了社会组织服务管理新平台。

5. 把德治作为治理的重要手段

这方面的案例有6个。社会治理需要将法治和德治相结合，发挥法律的规范作用和道德的教化作用。各地普遍重视把德治作为治理的重要手段，大力弘扬与时俱进的浙江精神，继承优秀传统文化，践行当代浙江人共同价值观，开展"最美"现象系列活动，树立道德模范，争做"最美浙江人"，增强法治建设的道德底蕴。宁波市鄞州区首创廉政文化建设，促进了教育方式的民主化、教育途径的多元化、教育效果的持久化、教育范围的社会化。德清县的"草根道德奖"通过民间设奖评奖，推动公民道德建设。桐乡市"德治、法治、自治"相结合，加强基层社会治理。

仙居县建设"慈孝仙居",用传统文化资源搞好社会治理。温州市龙湾区建立"龙湾好人"关怀帮扶机制,引领道德建设新风尚。宁波市江东区推广"微型党课",实现党课教育的大众化。

6. 民主监督

这方面的创新案例有5个,包括多层次多角度的创新。金华市推行政务公开,打造"阳光政府",促进了党风廉政建设、民主法制建设与和谐社会建设。乐清市人大实施"人民听证制度",构筑人民监督政府新平台。武义县建立村务监督委员会制度,推进农村基层惩防体系建设,被纳入《村民委员会组织法》。绍兴县(现绍兴市柯桥区)加强农村集体"三资"监管。湖州市建立民意导向型的"警务广场"治理模式。这些都是群众路线的新发展。

7. 公共安全

这方面的5个创新案例主要在应急管理和食品安全领域。舟山市定海区推行重大事项社会稳定风险评估机制,从源头上预防和减少不稳定因素。金华市建立110社会应急管理联动体系,形成了运转高效的联动机制;该市还依托出租车治安管理网络,有效打击违法犯罪。三门县"合五为一"整合食品检测资源;衢州市衢江区发展放心农业,建设从田间到餐桌的农产品质量安全全程可追溯的诚信体系、监管机制和追溯系统;它们都有效加强了食品安全监管。

8. 环境治理

近年来,环境治理受到了愈来愈强烈的关注,在这批案例中有4个。嘉兴市率先建立排污权交易制度,运用市场机制促进减排治污。金华市金磐扶贫经济开发区引导和支持欠发达地区异地发展,解决扶贫开发与生态环境保护的矛盾。杭州市开创垃圾清洁直运的"杭州模式",其先进技术和管理方法被国内多个城市引进。桐庐县建立农村生活垃圾分类处理和资源化利用模式,不仅推动了循环经济的发展,而且使治理垃圾成为村民自治的重要内容和生态文明教育的很好载体。

社会治理领域还有2个案例富有风景旅游城市特色，在全国领先，并已产生重大影响。一是杭州免费开放西湖，实现公共资源利用效益的最大化、最优化，带动旅游业产业链；二是杭州市建设网点布局合理、服务质量优良的公共自行车交通系统，破解行路停车难。

（三）行政体制改革类的案例有20个，占17.4%

政府负责、政府主导不等于政府管得越多越好。浙江按照发挥市场对资源配置的决定性作用的要求，深化改革，转变政府职能，大力推进政府自身改革，加大简政放权力度，多次削减行政审批事项，推进各级政府事权规范化、法律化，更多地运用法律手段调节经济关系、规范经济行为、维护各类市场主体的合法权益。

1. 机关作风效能建设

这是近年来政府系统内部管理的一个创新重点，有7个案例。温州市率先开展"效能革命"，加强机关作风建设；近年来温州市又创新实施"考绩法"，以科学分类的考核指标引导和激励干部。玉环县在全国首创全程办事代理制，方便了群众，提高了效率。丽水市实行乡镇"住村联心"工作制度，促进乡镇全体干部深入基层。庆元县建设技能型乡镇政府，解决"知识恐慌、本领恐慌"，创造切合乡镇实际的基层服务型政府管理模式。嵊州市深入开展"农民创业服务一线行"活动，促进干部下基层。嘉善县打造"亲民城管"，确立刚柔并济、情理交融的执法导向。自身建设的加强使政府在社会治理中能够更好地发挥应有作用。

2. 优化政府权力配置

有6个案例，其中2个是下放权力、优化权力纵向配置的案例。绍兴县（现绍兴市柯桥区）实施扩权强镇，实现权责统一。嘉兴市探索行政审批市县同权改革，把能够下放给县的权力尽可能下放。还有4个是整合权力，优化权力横向配置的案例。富阳市（现杭州市富阳区）建立跨政府部门的专门委员会制度，增强整体合力，优化资源配置，打造高效执行团队。象山县归并行政许可职能，实现审批与监管分离，一个窗口对外。

宁波市北仑区在全省首创全域综合行政执法,克服了多头执法、重复执法、相互推诿的弊端。舟山市率先整合工商局、质量技术监督局、食品药品监督管理局职责,改革市场监管体制。

3. 转变政府职能

有4个在经济领域正确发挥政府作用的创新案例。杭州市向市民发放消费券,增强消费能力、改善消费预期、提升消费信心、扩大消费需求,应对国际金融危机。温州市实施"质量立市、名牌兴业"持续创新战略,引导产业提升和经济转型。产学研相结合的"德清模式"明显提升了科技创新能力。海宁市通过建立综合评价排序制度,实施差别化要素资源配置,形成倒逼与激励相结合的转型升级机制。

4. 规范权力行使

有3个创新案例。杭州市上城区在全国率先探索行政管理与公共服务标准化,进一步理清了职责权限,规范了行政行为。富阳市(现杭州市富阳区)在全国县级政府中第一个公布权力清单、责任清单、负面清单和权力运行图,大幅度减少了审批事项,进一步优化审批流程,明显提高了审批效能。宁海县探索乡村"微权清单"制度,规范村级组织和村干部的权力。

四、浙江探索所反映的治理现代化趋势

上述以社会治理创新和行政体制改革为主的创新案例结构,在一定程度上反映了中共十六大以来国家治理领域的拓展、创新和治理理念的深化、转变。

改革开放以来,国家治理的思路经历了一个明显的变迁:从社会问题政治化,单纯从政治视角观察社会问题,用政治手段解决社会问题,到社会问题经济化,单纯用经济视角观察社会问题,用经济手段解决社会问题,再到十六大以来认识到社会问题的重要性、综合性、复杂性,把社会领域分立出来予以高度关注,以人为本,重视民生,把各级党委政府工作的着力点和公共财政的投入方向更多地转向社会领域，出台了大量的社会政策，不断增强政府的公共服务职能。同时，在政府与市场和社会的关系上，也从主要强调政企分开，扩展为同时强调政企分开和政社分开。社会领域从政治领域和经济领域的边缘地带和附属物上升为万众瞩目的领域。社会治理的创新探索也就如雨后春笋般发展起来。而且由于这个领域贴近人民群众的日常生活，地方和基层的自主权比较大，创新的政治和经济风险小，旧框框比较少，因此创新的动力足、空间大。加上浙江民间力量活跃，创新氛围浓厚，财力比较充裕，各级党委政府和相关职能部门大力倡导和支持，因此这一领域的创新案例就特别丰富。

社会治理的创新又突出了公共服务、多元参与、加强基层、促进公平和立足疏导五大趋势。一是执政为民、以人为本和寓管理于服务之中的理念深入人心，注重向城乡居民提供更广泛、更便捷的公共服务，愈来愈多地运用现代化的信息采集、传输、加工手段来提高服务绩效。二是随着民间资源的积累、民间力量的成长和民主意识的增强，积极拓展民主参与和民主监督的渠道，搭建民主参与和民主监督的平台，提高民主参与和民主监督的成效，促进民主参与的民主监督的规范化制度化。三是把加强和改善治理和服务的重点放在城乡基层，努力扩大覆盖面，提高治理水平，使之真正惠及广大民众。四是根据基本公共服务均等化的要求，注重在力所能及的范围内，拆除旧体制藩篱，缩小城乡居民之间、新老市民之间享受基本公共服务的差距。五是把法治和德治有机结合起来，致力于通过疏导化解矛盾。

而行政体制改革方面的创新也比较多，并且侧重于政府运行机制的改革和完善。这主要是因为重点推进行政体制改革体现了积极稳妥地推进政治体制改革的要求，是目前政治体制改革的着重点，可操作性更强，也是地方创新的自主权比较大的领域。而涉及到完善根本政治制度和基本政治制度的改革创新则需要由中央统一设计部署，并且通过更加严格的立法程序后，在更高层面上启动。

形成这样的创新案例结构也有操作层面的原因。经济领域的改革创新，主要由发改委系统组织实施和总结；党的建设领域的改革创新，主要由党委组织部门组织实施和总结；宣传文化工作领域的创新，主要由宣传系统组织实施和总结。因此，这些方面的公共管理创新案例进入这三届公共管理创新案例评审的就相对较少。而参与组织创新案例评审的省社会管理综合治理委员会办公室所指导的工作领域中，被推荐参评的创新案例相对较多。

五、提高社会治理创新水平的管见

随着全面深化改革和全面推进依法治国的总目标的提出，特别是"四个全面"战略布局的形成，治理现代化的探索必将进入一个新的阶段，即必须更加注重改革创新的系统性、整体性、协同性和依法推进的阶段。十八届三中全会和十八届四中全会通过的两个决定分别作出了全面深化改革和全面推进依法治国的顶层设计，中央全面深化改革领导小组正在陆续审定颁布各个领域改革的总体方案。加强顶层设计并不意味着不再需要摸着石头过河，不再需要地方和基层的探索创新，而是需要把它们更好地结合起来。不仅正在设计的改革方案需要地方和基层的探索创新提供经验依据，促成共识，就是中央已经出台的改革方案，也需要地方和基层的探索创新提供适应本地实际的实施细则和科学的操作方法，使之进一步丰富完善。同以往相比，中央推广地方成功经验的力度加大，速度加快。

根据"四个全面"的要求，今后的治理创新应该有更强的全局观念，无论是创新项目的选择培育还是成功案例的总结推广，都要更加自觉地指向"木桶的短板"即改革的薄弱环节，特别是影响大局的薄弱环节，以重点突破促进改革的整体推进。同时坚持以法治思维推进改革，出台改革措施要严格遵守法定程序，具有普适价值的成功经验要及时制度化规范化，重要的应通过立法程序成为法律规范。在社会领域，要避免重视社会建设和公共服务变成政府越位和社会事务过度行政化，克服越俎代庖的倾向。凡是不需要依靠政府的权力和权威就能办成的事，都应该鼓励和支持基层自治组织和其他社会组织去做，对公益性事务可以由政府购买服务。要注重通过社会政策和社会治理创新，激发各项社会事业的活力，在更多的社会领域促进社会公平，保障全面小康在覆盖领域和覆盖人群上的全面性，同时也要防止脱离实际超越阶段。在生态文明建设领域，要着力创新和完善环境保护、环境治理和生态修复制度。在经济领域，要围绕使市场在资源配置中起决定性作用和更好发挥政府作用推进治理创新，防止"创新"异化成向旧体制复归。在政治领域，要更多地关注和推进人大和政协系统的创新探索，大力发展多层次多主体的协商民主，争取在根本政治制度和基本政治制度的进一步完善上有所作为。在法治领域，要及时发现和总结推广科学立法、严格执法、公正司法、全民守法各个环节上的创新案例。在党的建设领域，要在治标造势的基础上及时跟进，通过不失时机的制度创新解决治本问题。对创新探索的指导要注重可复制性，经得起实践检验的成功经验不但要长期坚持，避免"人亡政息"甚至"昙花一现"，还要大力宣传及时推广，变"盆景"为"风景"。

（本文作者蓝蔚青系浙江省政府咨询委员会委员，浙江省公共政策研究院研究员，浙江省城市治理研究中心首席专家）

Abstract

With the adoption of the grand objective of "Comprehensively Deepening the Reform and Comprehensively Pushing Forward the Rule of Law" and the formation of "Four-Pronged Comprehensive Strategy" in particular, China's exploration for governance modernization is to enter a new stage, which is characterized by the systematicness, holiness, coordination and legal implementation of the reform and innovations. In recent years, the cadres and local people of Zhejiang Province have been actively involved in governance reform experiments and gained some invaluable experiences. Among the winner programs of "Innovations and Excellence in Local Chinese Governance Awards" to date, there are 18 programs from Zhejiang Province, accounting for 14.63% in the total and ranking first in the whole country. By examining innovation cases in public management of Zhejiang Province in the last decade, the article aims to comb out the background, processes, features and tendencies of governance reform efforts in Zhejiang Province, which to some extents mirrors China's trajectories towards governance modernization.

Keywords

Governance Modernization; Zhejiang Efforts; Cases; Trajectories

书刊架 | Latest Books and Articles

中文论文

1. 曹海军、熊瑞涛：《城市治理视野下的政府与社会资本合作研究》，载《天津行政学院学报》，2016年第1期。
2. 陈万球、石惠絮：《大数据时代城市治理：数据异化与数据治理》，载《湖南师范大学社会科学学报》，2015年第5期。
3. 陈新：《互联网时代政府回应能力建设研究——基于现代国家治理的视角》，载《中国行政管理》，2015年第12期。
4. 丁长艳：《从结构性依赖到制度性认同：中国国家治理现代化的发展逻辑》，载《上海行政学院学报》，2015年第4期。
5. 方盛举：《对1949—1978年国家治理的反思》，载《云南行政学院学报》，2015年第1期。
6. 冯仕政：《社会冲突、国家治理与"群体性事件"概念的演生》，载《社会学研究》，2015年第5期。
7. 高奇琦：《试论比较政治学与国家治理研究的二元互动》，载《当代世界与社会主义》，2015年第2期。
8. 郭永园、彭福扬：《元治理：现代国家治理体系的理论参照》，载《湖南大学学报》（社会科学版），2015年第2期。
9. 韩福国、张开平：《社会治理的"协商"领域与"民主"机制——当下中国基层协商民主的制度特征、实践结构和理论批判》，载《浙江社会科学》，2015年第10期。

10. 韩兆柱、翟文康：《大数据时代背景下整体性治理理论应用研究》，载《行政论坛》，2015年第6期。

11. 何显明：《基于有效治理的城市治理创新逻辑》，载《江苏行政学院学报》，2015年第6期。

12. 何增科：《论中国社会主义初级阶段民主政治的制度化、规范化、程序化》，载《政治学研究》，2015年第2期。

13. 黄晗：《治理尺度的变迁及国家角色再认识——中国空气污染治理的政治学思考》，载《武汉大学学报》（哲学社会科学版），2015年第3期。

14. 黄卫平、陈文：《国家治理与政治安全》，载《党政研究》，2015年第1期。

15. 黄徐强：《美国城市治理结构的模式演进及其对中国的启示》，载《广东行政学院学报》，2015年第6期。

16. 计永超、焦德武：《城市治理现代化：理念、价值与路径构想》，载《江淮论坛》，2015年第6期。

17. 匡亚林：《城市治理的有效性探微：有限分权、有序参与、利益整合与风险化解》，载《云南行政学院学报》，2015年第6期。

18. 赖先进：《论城市公共危机协同治理能力的构建与优化》，载《中共浙江省委党校学报》，2015年第1期。

19. 李江静：《大数据对国家治理能力现代化的作用及其提升路径》，载《中共中央党校学报》，2015年第4期。

20. 李明超：《城市治理导向的社会服务管理创新刍议——以杭州为例》，载《当代经济管理》，2015年第11期。

21. 李一男：《大数据和物联网在国外城市治理中的前沿应用：公共价值促生的可操作化》，载《兰州学刊》，2015年第10期。

22. 刘家义：《国家治理现代化进程中的国家审计：制度保障与实践逻辑》，载《中国社会科学》，2015年第9期。

23. 刘建军、马彦银：《层级自治：行动者的缺席与回归——多中心治理视野下的城市基层治理研究》，载《杭州师范大学学报》（社会科学版），2015年第1期。

24. 刘彦平：《迈向善治：依法治国背景下的中国城市治理转型》，载《城市》，2015年第2期。

25. 吕方、田毅鹏：《"后单位时代"的城市社会治理》，载《新视野》，2015年第1期。

26. 马长山：《农业转移人口公民化与城市治理秩序重建》，载《法学研究》，2015年第1期。

27. 齐卫平：《中国共产党与国家治理现代化：角色使命和责任担当》，载《求实》，2015年第7期。

28. 钱再见、高晓霞：《国家治理体系中的公共问责困境研究——以公共权力运行公开化为视角》，载《天津行政学院学报》，2015年第2期。

29. ［瑞典］乔恩·皮埃尔：《城市政体理论、城市治理理论和比较城市政治》，陈文、史滢滢译，载《国外理论动态》，2015年第12期。

30. 邱实、赵晖：《国家治理现代化进程中政商关系的演变和发展》，载《人民论坛》，2015年第5期。

31. 任剑涛：《现代化国家治理体系的建构：基于近期顶层设计的评述》，载《中国人民大学学报》，2015年第2期。

32. 任勇、周飞：《国家治理现代化与政治文化重塑》，载《江西师范大学学报》（哲学社会科学版），2015年第1期。

33. 田国强、陈旭东：《中国如何跨越"中等收入陷阱"——基于制度转型和国家治理的视角》，载《学术月刊》，2015年第5期。

34. 田凯、黄金：《政府的城市治理与社会底层生存权利的博弈与平衡》，载《兰州学刊》，2015年第5期。

35. 王海峰：《机遇、挑战与责任：中国共产党与国家治理体系现代化》，载《中国延安干部学院学报》，2015年第1期。

36. 王家峰：《国家治理的有效性与回应性：一个组织现实主义的视角》，载《管理世界》，2015年第2期。

37. 王新松：《国家法团主义：新加坡基层组织与社区治理的理论启示》，载《清华大学学报》（哲学社会科学版），2015年第2期。

38. 文少保：《高校智库服务政府决策的逻辑起点、难点与策略——国家治理能力现代化的视角》，载《中国高教研究》，2015年第1期。

39. 翁士洪：《全球治理中的国家治理转型》，载《南京社会科学》，2015年第4期。

40. 吴胜、王彩云：《非政府组织参与生态城市治理：契机、价值和模式创新》，载《社会科学论坛》，2015年第1期。

41. 吴晓林、李咏梅：《治理研究的中国图景及其"中国化"路径》，载《湖南师范大学社会科学学报》，2015年第4期。

42. 徐琳：《机遇和挑战：大数据时代中国国家治理的双面境遇》，载《社会科学家》，2015年第5期。

43. 薛澜、张帆、武沐瑶：《国家治理体系与治理能力研究：回顾与前瞻》，载《公共管理学报》，2015年第3期。

44. 燕继荣：《现代化与国家治理》，载《学海》，2015年第2期。

45. 颜佳华、吕炜：《协商治理、协作治理、协同治理与合作治理概念及其关系辨析》，载《湘潭大学学报》（哲学社会科学版），2015年第2期。

46. 杨宏山：《城市治理绩效评估的模式比较——以北京市朝阳区和美国巴尔第摩市为例》，载《国家治理》，2015年第15期。

47. 杨雪冬：《体系绩效、治理现代化与人民代表大会制度》，载《教学与研究》，2015年第6期。

48. 于江、魏崇辉：《多元主体协同治理：国家治理现代化之逻辑理路》，载《求实》，2015年第4期。

49. 张闯、刘福元：《行政参与中的激励机制探析——以城市治理中参加人的利益平衡为视角》，载《吉林大学社会科学学报》，2015年第2期。

50. 张紧跟：《论国家治理体系现代化视野中的基本公共服务均等化》，载

《四川大学学报》(哲学社会科学版),2015年第4期。

51. 赵成福:《基于包容性治理的农民工市民化:逻辑与路径》,载《河南师范大学学报》(哲学社会科学版),2015年第4期。

52. 赵宇峰、林尚立:《国家制度与国家治理:中国的逻辑》,载《中国行政管理》,2015年第5期。

53. 郑杭生、邵占鹏:《治理理论的适用性、本土化与国际化》,载《社会学评论》,2015年第2期。

54. 周善东:《城市治理的社会路径:价值、内涵与构建》,载《山东大学学报》(哲学社会科学版),2015年第6期。

55. 周杨:《城市政治学的三维视角》,载《重庆社会科学》,2015年第12期。

56. 朱未易:《论城市治理法治的价值塑型与完善路径》,载《政治与法律》,2015年第2期。

57. 庄立峰、江德兴:《城市治理的空间正义维度探究》,载《东南大学学报》(哲学社会科学版),2015年第4期。

中文书目

1. 包国宪：《政府绩效管理学——以公共价值为基础的政府绩效治理理论与方法》，高等教育出版社 2015 年版。
2. 曹荣湘主编：《生态治理》，中央编译出版社 2015 年版。
3. 陈家刚主编：《基层治理》，中央编译出版社 2015 年版。
4. 陈潭等：《大数据时代的国家治理》，中国社会科学出版社 2015 年版。
5. 陈天祥等：《基层治理中的国家与社会：角色、动力与行为》，中山大学出版社 2015 年版。
6. 邓大才、史亚峰、胡雅琼等：《思明提升：共同缔造中的基层治理现代化》，中国社会科学出版社 2015 年版。
7. 邓集文：《中国城市环境治理的信息型政策工具研究》，中国社会科学出版社 2015 年版。
8. 丁宏：《中国政府治理绩效评估》，山西经济出版社 2015 年版。
9. 范逢春：《县级政府社会治理质量测度标准研究》，中国人民大学出版社 2015 年版。
10. ［美］G. 斯托克：《转变中的地方治理》，常晶等译，吉林出版集团股份有限公司 2015 年版。
11. 顾朝曦：《社区治理现代化探索研究》，人民出版社 2015 年版。
12. 桂家友：《国家与社会变革中的城市社会治理研究》，上海人民出版社 2015 年版。

13. 韩超：《政府行为与规制治理：制度影响视角的理论与实证分析》，中国社会科学出版社2015年版。
14. 何增科、陈雪莲主编：《政府治理》，中央编译出版社2015年版。
15. 胡佳：《区域环境治理中的地方政府协作研究》，人民出版社2015年版。
16. 皇甫晓涛：《城市文化与国家治理——当代中国城市建设理论内涵与发展模式建构》，经济科学出版社2015年版。
17. 黄璇：《寻求合作共治：当代中国治理的价值取向与哲学阐释》，北京大学出版社2015年版。
18. 戢浩飞：《治理视角下行政执法方式变革研究》，中国政法大学出版社2015年版。
19. 蒋三庚：《特大城市建设与治理》，首都经济贸易大学出版社2015年版。
20. 赖波军：《司法运作与国家治理的嬗变：基于对四川省级地方法院的考察》，北京大学出版社2015年版。
21. 赖先进：《论政府跨部门协同治理》，北京大学出版社2015年版。
22. 李金红：《社区权力：一个城市社区治理结构的政治社会学解读》，湖北人民出版社2015年版。
23. 李亚娟：《现代城市治理与城市文化建设研究》，上海人民出版社2015年版。
24. 刘德林、魏崇辉：《当代中国政治语境下公共治理理论有效适用初论》，中央编译出版社2015年版。
25. 刘少华：《国家治理体系现代化与政治治理》，湖南人民出版社2015年版。
26. 龙宁丽：《治理、问责与非政府组织发展》，中国社会科学出版社2015年版。
27. 龙宁丽主编：《政府改革与公共治理》，中央编译出版社2015年版。
28. 娄成武等：《中国社会转型中的政府治理模式研究》，经济科学出版社2015年版。

29. ［美］弥尔顿·L. 穆勒：《网络与国家：互联网治理的全球政治学》，周程、鲁锐、夏雪、郑凯伦译，上海交通大学出版社 2015 年版。

30. 莫吉武：《转型期国家治理研究》，吉林大学出版社 2015 年版。

31. 潘家华：《中国的环境治理与生态建设》，中国社会科学出版社 2015 年版。

32. 史云贵：《中国基层社会治理机制创新研究》，天津人民出版社 2015 年版。

33. 唐亚林、李瑞昌、朱春等：《社会多元、社会矛盾与公共治理》，上海人民出版社 2015 年版。

34. 涂卫：《仲裁机构监管与治理机制研究》，法律出版社 2015 年版。

35. 汪波：《城市群流空间与区域一体化治理——京津冀城市群实证研究》，北京师范大学出版社 2015 年版。

36. 王丛虎：《政府购买公共服务理论研究——一个合同式治理的逻辑》，经济科学出版社 2015 年版。

37. 王稼琼主编，蒋三庚、彭文英副主编：《特大城市治理研究》，首都经济贸易大学 2015 年版。

38. 王维国：《善治之道：当代中国社会治理创新的伦理路径研究》，人民出版社 2015 年版。

39. 王新松：《制度的力量：中国农村治理研究》，社会科学文献出版社 2015 年版。

40. 王燕燕主编：《三农问题与乡村治理》，中央编译出版社 2015 年版。

41. 魏礼群主编：《创新政府治理 深化行政改革》（上下册），国家行政学院出版社 2015 年版。

42. 谢正富：《基层治理行动逻辑研究》，华中科技大学出版社 2015 年版。

43. 许可：《国家主体功能区战略协同的绩效评价与整体性治理机制研究》，知识产权出版社 2015 年版。

44. 许敏：《基于协商民主的网络群体性事件治理研究》，上海交通大学出版社 2015 年版。

45. 颜海娜：《治理转型视域下我国地方政府绩效评估实证研究》，新华出版社 2015 年版。
46. 燕继荣：《社会资本与国家治理》，北京大学出版社 2015 年版。
47. 燕继荣：《国家治理及其改革》，北京大学出版社 2015 年版。
48. 杨国斌：《城乡社区治理中实施参与式预算对策研究》，中国农业科学技术出版社 2015 年版。
49. 杨少星：《制度转型期的利益集团现象及其治理》，中国政法大学出版社 2015 年版。
50. 杨正联：《规范与过程——政治、社会视角下的公共治理研究》，光明日报出版社 2015 年版。
51. 叶青：《国际治理体系与治理能力现代化进程中法治对策研究》，上海社会科学院出版社 2015 年版。
52. 俞可平：《论国家治理现代化》（修订版），社会科学文献出版社 2015 年版。
53. 俞可平、〔德〕托马斯·海贝勒、〔德〕安晓波主编：《中共的治理与适应：比较的视野》，中央编译出版社 2015 年版。
54. 于小英：《协调民主的国家治理研究》，中央编译出版社 2015 年版。
55. 袁峰：《当前中国的腐败治理机制——健全反腐败惩戒、防范和保障机制研究》，学林出版社 2015 年版。
56. 张林江：《走向社区＋时代—当代中国社区治理转型》，社会科学文献出版社 2015 年版。
57. 张明澍、田改伟、陈海莹编：《国家治理问题研究》，中国社会科学出版社 2015 年版。
58. 张文显：《良法善治：民主法治与国家治理》，法律出版社 2015 年版。
59. 张翼主编：《社会治理与城乡一体化》，社会科学文献出版社 2015 年版。
60. 周红云主编：《社会治理》，中央编译出版社 2015 年版。
61. 周红云主编：《社会治理与社会创新》，中央编译出版社 2015 年版。

英文论文

1. Angela Ke Li, "Towards a More Proactive Method", *China Perspectives*, Iss. 4, 2015, pp. 15 – 24.
2. Anna L. Ahlers, Gunter Schubert, "Effective Policy Implementation in China's Local State", *Modern China*, Vol. 41, Iss. 4, July 2015, pp. 372 – 405.
3. Beibei Tang, "'Not Rural but Not Urban': Community Governance in China's Urban Villages", *China Quarterly*, Vol. 223, September 2015, pp. 724 – 744.
4. Bo Rothstein, "The Chinese Paradox of High Growth and Low Quality of Government: The Cadre Organization Meets Max Weber", *Governance*, Vol. 28, Iss. 4, October 2015, pp. 533 – 548.
5. Carolyn Cartier, "Territorial Urbanization and the Party – State in China", *Territory, Politics, Governance*, Vol. 3, Iss. 3, July 2015, pp. 294 – 321.
6. Desheng Xue, Fulong Wu, "Failing Entrepreneurial Governance: From Economic Crisis to Fiscal Crisis in the City of Dongguan, China", *Cities*, Vol. 43, March 2015, pp. 10 – 17.
7. Eduardo Araral, Yahua Wang, "Does Water Governance Matter to Water Sector Performance? Evidence from Ten Provinces in China", *Water Policy*, Vol. 17, Iss. 2, April 2015, pp. 268 – 282.
8. Ernan Cui, Ran Tao, Travis J. Warner, Dali L. Yang, "How Do Land Tak-

ings Affect Political Trust in Rural China?", Vol. 63, Iss. S1, April 2015, pp. 91 – 109.

9. Genia Kostka, Yu Xiaofan, "Career Backgrounds of Municipal Party Secretaries in China", *Modern China*, Vol. 41, Iss. 5, Sep. 2015, pp. 467 – 505.

10. Graeme Smith, "Getting Ahead in Rural China: The Elite – Cadre Divide and Its Implications for Rural Governance", *Journal of Contemporary China*, Vol. 24, Iss. 94, 2015, pp. 594 – 612.

11. Jiaqi Liang & Laura Langbein, "Performance Management, High-Powered Incentives, and Environmental Policies in China", *International Public Management Journal*, Vol. 18, Iss. 3, 2015, pp. 346 – 385.

12. Jing Ye, "Representation without Taxation: Political Changes in Chinese Authoritarian Regimes", *Journal of Contemporary China*, Vol. 24, Iss. 96, Nov2015, pp. 1111 – 1128.

13. Jiwei Qian, "Reallocating Authority in the Chinese Health System: An Institutional Perspective", *Journal of Asian Public Policy*, Vol. 8, Iss. 1, Mar 2015, pp. 19 – 36.

14. Junwen Luo, Gonzalo Ordonez-Matamoros, Stefan Kuhlmann, "Aggregated Governance by R&D Evaluation Mechanism—Case Study of Chinese Academy of Sciences", *Asian Research Policy*, Vol. 6, 2015, pp. 56 – 72.

15. Kevin Lo, "How Authoritarian Is the Environmental Governance of China?", *Environmental Science & Policy*, Vol. 54, December 2015, pp. 152 – 159.

16. Mei Chen, Xin Qian, Longjiang Zhang, "Public Participation in Environmental Management in China: Status Quo and Mode Innovation", *Environmental Management*, Vol. 55, No. 3, 2015 Mar., pp. 523 – 535.

17. Oran R. Young, Dan Guttman, Ye Qi, Kris Bachus, David Belis, Hongguang Cheng, Alvin Lin, Jeremy Schreifels, Sarah Van Eynde, Yahua Wang, "Institutionalized Governance Processes: Comparing Environmental Problem Solving in China and the United States", *Global Environmental*

Change, Vol. 31, March 2015, pp. 163 – 173.

18. Qiang Fu, Shenjing He, Yushu Zhu, Si-ming Li, Yanling He, Huoning Zhou, Nan Lin, "Toward a Relational Account of Neighborhood Governance: Territory-Based Networks and Residential Outcomes in Urban China", *American Behavioral Scientist*, Vol. 59, Iss. 8, pp. 992 – 1006.

19. Qiao Liang, George Hendrikse, Zuhui Huang, Xuchu Xu, "Governance Structure of Chinese Farmer Cooperatives: Evidence From Zhejiang Province", *Agribusiness*, Vol. 31, Iss. 2, Spring 2015, pp. 198 – 214.

20. Qilu Tan, Zongguo Wen, Jining Chen, "The relationships between industrial pollution intensity and economic growth based on intensity environment Kuznets curve: study on China's pilot cities", *The International Journal of Sustainable Development and World Ecology*, Vol. 22, Iss. 3, May 2015, pp. 231 – 241.

21. Qinghua Wang, GangYu Guo, "Yu Keping and Chinese Intellectual Discourse on Good Governance", *China Quarterly*, Vol. 224, December 2015, pp. 985 – 1005.

22. Rogier Creemers, "The Pivot in Chinese Cybergovernance", *China Perspectives*, Iss. 4, 2015, pp. 5 – 14.

23. Rong Tan, Tianxiao Zhou, "Decentralization in a Centralized System: Project-based Governance for Land-Related Public Goods Provision in China", *Land Use Policy*, Vol. 47, September 2015, pp. 262 – 272.

24. Shou Huisheng, "Between the Formal and Informal: Institutions and Village Governance in Rural China", *China: An International Journal*, Vol. 3, No. 2, August 2015, pp. 24 – 44.

25. Simone Arnaldi, GianLuca Quaglio, Miltos Ladikas, Hannah O'Kane, Theodoros Karapiperis, Krishna Ravi Srinivas, Yandong Zhao, "Responsible Governance in Science and Technology Policy: Reflections from Europe, China and India", *Technology in Society*, Vol. 42, August 2015, pp. 81 – 92.

26. Siu Wai Wong, "Urbanization as A Process of State Building: Local Governance Reforms in China", *International Journal of Urban and Regional Research*, Vol. 39, Iss. 5, September 2015, pp. 912 - 926.

27. Sylvia Schwaag Serger, Mats Benner, L. Liu, "Chinese University Governance: Tensions and Reforms", *Science and Public Policy*, Vol. 42, Iss. 6, 2015, pp. 871 - 886.

28. Tabitha Grace Mallory, "Preparing for the Ocean Century: China's Changing Political Institutions for Ocean Governance and Maritime Development", *Issues and Studies*, Vol. 51, No. 2, June 2015, pp. 111 - 138.

29. Ting Gong, "Managing Government Integrity under Hierarchy: Anti-Corruption Efforts in Local China", *Journal of Contemporary China*, Vol. 24, Iss. 94, 2015, pp. 684 - 700.

30. Ting Gong, Na Zhou, "Corruption and Marketization: Formal and Informal Rules in Chinese Public Procurement", *Regulation & Governance*, Vol. 9, Iss. 1, Mar 2015, pp. 63 - 80.

31. Wei Shen, Matthias Vanhullebusch, "Where Is the Alchemy? The Experiment of the Shanghai Free Trade Zone in Freeing the Foreign Investment Regime in China", *European Business Organization Law Review*, June 2015, Vol. 16, Iss. 2, pp. 321 - 352.

32. Xiaoyuan Wan, "Changing Governmentalities of Neighborhood Governance in China: A Genealogical Exploration", *Critical Policy Studies*, Vol. 9, Iss. 4, Apr. 2015, pp. 454 - 472.

33. Xiao Zhu, Lei Zhang, Ran Ran, Arthur P. J. Mol, "Regional Restrictions on Environmental Impact Assessment Approval in China: The Legitimacy of Environmental Authoritarianism", *Journal of Cleaner Production*, Vol. 92, April 2015, pp. 100 - 108.

34. Xunan Feng, Anders C. Johansson, Tianyu Zhang, "Mixing Business with Politics: Political Participation by Entrepreneurs in China", *Journal of*

Banking & Finance, Vol. 59, October 2015, pp. 220 – 235.

35. Yanliu Lin, Pu Hao, Stan Geertman, "A Conceptual Framework on Modes of Governance for the Regeneration of Chinese 'Villages in the City'", *Urban Studies*, Vol. 52, Iss. 10, pp. 1774 – 1790.

36. Yanliu Lin, Xiaoling Zhang, Stan Geertman, "Toward Smart Governance and Social Sustainability for Chinese Migrant Communities", *Journal of Cleaner Production*, Vol. 107, November 2015, pp. 389 – 399.

37. Yiqing Xu, Yang Yao, "Informal Institutions, Collective Action, and Public Investment in Rural China", *American Political Science Review*, Vol. 109, Iss. 2, May 2015, pp. 371 – 392.

38. Zhengxu Wang, Deyong Ma, "Participation and Competition: Innovations in Cadre Election and Selection in China's Townships", *Journal of Contemporary China*, Vol. 24, Iss. 92, Mar. 2015, pp. 298 – 314.

英文书目

1. An Chen, *The Transformation of Governance in Rural China: Market, Finance and Political Authority*, Cambridge: Cambridge University Press, 2014.
2. Barry Naughton, Kellee S. Tsai, *State Capitalism, Institutional Adaptation, and the Chinese Miracle*, Cambridge: Cambridge University Press, 2015.
3. Benjamin J. Cohen, *Currency Power: Understanding Monetary Rivalry*, Princeton University Press, 2015.
4. Daniel C. Lynch, *China's Futures: PRC Elites Debate Economics, Politics, and Foreign Policy*, Stanford University Press, 2015.
5. Elena Meyer-Clement, *Party Hegemony and Entrepreneurial Power in China: Institutional Change in the Film and Music Industries*, London: Routledge, 2015.
6. Emma S. Norman, Christina Cook, Alice Cohen (eds.), *Negotiating Water Governance: Why the Politics of Scale Matter*, Ashgate Publishing, Ltd., 2015.
7. François Gipouloux, *China's Urban Century: Governance, Environment and Socio-Economic Imperatives*, Edward Elgar Publishing, 2015.
8. Fulong Wu, *Planning for Growth: Urban and Regional Planning in China*, Routledge, 2015.

9. Hongguang He, *Governance, Social Organisation and Reform in Rural China: Case Studies From Anhui Province*, Hampshire: Palgrave Macmillan, 2015.

10. Jamie Gaskarth (ed.), *Rising Powers, Global Governance and Global Ethics*, Routledge, 2015.

11. Jessica C. Teets and William Hurst (eds.), *Local Governance Innovation in China: Experimentation, Diffusion, and Defiance*, London: Routledge, 2014.

12. Jie Lu, *Varieties of Governance in China: Migration and Institutional Change in Chinese Villages*, Oxford·University Press, 2015.

13. Joe C. B. Leung, Yuebin Xu, *China's Social Welfare: The Third Turning Point*, Wiley, 2015.

14. Jon R. Lindsay, Tai Ming Cheung, Derek S. Reveron, *China and Cybersecurity: Espionage, Strategy, and Politics in the Digital Domain*, New York: Oxford University Press, 2015.

15. Karin Bäckstrand, Eva Lövbrand (eds.), *Research Handbook on Climate Governance*, Edward Elgar Publishing, 2015.

16. Leon van den Dool, Frank Hendriks, Alberto Gianoli, Linze Schaap, *The Quest for Good Urban Governance: Theoretical Reflections and International Practices*, Springer VS Verlag für Sozialwissenschaften, 2015.

17. Li Zonggui, *Between Tradition and Modernity: Philosophical Reflections on the Modernization of Chinese Culture*, Chartridge Books Oxford, 2015.

18. Linda Tjia Yin-nor, *Explaining Railway Reform in China: A Train of Property Rights Re-arrangements*, Routledge, 2015.

19. Maria Cristina Paganoni, *City Branding and New Media: Linguistic Perspectives, Discursive Strategies and Multimodality*, Palgrave Pivot, 2015.

20. Matthew P. Goodman, David A. Parker, *Navigating Choppy Waters: China's Economic Decisionmaking at a Time of Transition*, Lanham: Rowman & Littlefield, 2015.

21. Michael T. Rock and Michael Toman, *China's Technological Catch-Up Strategy: Industrial Development, Energy Efficiency, and CO_2 Emissions*, Oxford University Press, 2015.

22. Nabo Chen, *State, Market and Life Chances in Contemporary Rural Chinese Society: Evidence from Guangdong*, Berlin: Springer, 2015.

23. Pak Nung Wong, Yu-shek Joseph Cheng (eds.), *Global China: Internal and External Reaches*, World Scientific Publishing Company, 2015.

24. Peter H. Koehn, *China Confronts Climate Change: A Bottom-Up Perspective*, Routledge, 2015.

25. Peter Kien-hong YU, *Ocean Governance, Regimes, and the South China Sea Issues: A One-dot Theory Interpretation*, Singapore: Springer, 2015.

26. Qianqing Mai, Maria Francesch-Huidobro, *Climate Change Governance in Chinese Cities*, New York: Routledge, 2014.

27. Reza Hasmath, Jennifer Y. J. Hsu (ed.), *NGO Governance and Management in China*, Routledge, 2015.

28. Sébastien Billioud and Joël Thoraval, *The Sage and the People: The Confucian Revival in China*, Oxford: Oxford University Press, 2015.

29. Shakhar Rahav, *The Rise of Political Intellectuals in Modern China: May Fourth Societies and the Roots of Mass-Party Politics*, Oxford: Oxford University Press, 2015.

30. Simon Joss, *Sustainable Cities: Governing for Urban Innovation*, Palgrave Macmillan, 2015.

31. Surya Deva (ed.), *Socio-Economic Rights in Emerging Free Markets: Comparative Insights from India and China*, London: Routledge, 2015.

32. Tai-Chee Wong, Sun Sheng Han, Hongmei Zhang (eds.), *Population Mobility, Urban Planning and Management in China*, Switzerland: Springer International Publishing, 2015.

33. Tetty Havinga, Frans van Waarden and Donal Casey, *The Changing Land-*

scape of Food Governance: Public and Private Encounters, Edward Elgar Publishing, 2015.

34. The Hertie School of Governance, The Governance Report 2015, Oxford University Press, 2015.

35. Thomas J. Christensen, The China Challenge: Shaping the Choices of a Rising Power, W. W. Norton & Company, 2015.

36. Tony Saich, Governance and Politics of China (4th Edition), Palgrave Macmillan, 2015.

37. Wenhong Chen (ed.), The Internet, Social Networks and Civic Engagement in Chinese Societies, Routledge, 2014.

38. Wenying Fu, Towards a Dynamic Regional Innovation System: Investigation into the Electronics Industry in the Pearl River Delta, China, Springer-Verlag Berlin Heidelberg, 2015.

39. World Bank Group, East Asia's Changing Urban Landscape: Measuring a Decade of Spatial Growth, Washington, DC: World Bank, 2015.

40. Xiaonan Liu (ed.), Public Budgeting Reform in China: Theory and Practice, Springer-Verlag Berlin Heidelberg, 2015.

41. Xuedong Ding, Jun Li, Incentives for Innovation in China: Building an Innovative Economy, Routledge, 2015.

42. Yanzhong Huang, Governing Health in Contemporary China, Routledge, 2015.

43. Yang Zhong, Local Government and Politics in China: Challenges from Below, Routledge, 2015.

《中国治理评论》约稿函

《中国治理评论》是一份发表中外治理研究成果的专业学术出版物，计划每年出版2—4辑。《中国治理评论》秉持学术宗旨，采用当今国际学术刊物通行的匿名审稿制度，提倡严谨治学，鼓励理论创新，关注实证研究，以期为中国政府和社会治理的研究者提供一个学术交流的平台。该刊由俞可平教授任编委会主任和主编。

《中国治理评论》主要有"主题探讨"、"治理案例"、"书评"、"学术动态"、"书刊信息"等栏目。"主题探讨"栏目每期一个主题，发表对治理领域某一专题进行探讨的理论研究论文；"治理案例"栏目刊登对国内外政府和社会治理的描述与分析性案例研究文章，每个研究案例字数要求为1万—1.5万字；"书评"栏目介绍和评论国内外新出版的重要治理研究著作，每篇书评字数要求为5000—8000字；"书刊架"栏目介绍当前国内外治理方面的最新文献资料，并选择其中有代表性的若干篇文章作摘要性介绍；"学术动态"栏目反映国内外关于治理研究的会议信息（含杂志社的有关活动）。

本刊特向学界同仁诚挚约稿。本刊投稿不限中文，被录用的外文文章由编辑部负责翻译成中文，由作者审查定稿。来稿须未曾在大陆任何公开出版物上发表，请勿一稿两投。优稿优酬。请遵守学术规范，如出现剽窃，文责自负。投稿体例如下：

一、稿件要求

（一）形式要求

1. 电子文件

Microsoft Office 软件文本。

2. 打印文件

A4 纸。

（二）文本要求

1. 正文文本

5号宋体，单倍行距，页边距上下限、左右边距均采用Office软件的默认设置。

2. 文章标题

一级标题："一、二、三……"；

二级标题："（一）（二）（三）……"；

三级标题："1. 2. 3.……"；

四级标题："（1）（2）（3）……"。

一、二、三级标题各占一行，其中一级标题居中，二、三级标题缩进两个字符且左对齐，四级及以下标题后加句号且与正文接排。

3. 图表文件

（1）统计表、统计图或其他示意图等，均用阿拉伯数字连续编号，后加空格并注明图表名称；

（2）表号及表名须标注于表的上方且居中；

（3）图号及图名须标注于图的下方，且末尾不加标点符号。

如图表下有标注补充说明或资料来源，格式为：先标注补充说明，再另起一段标注资料来源，具体为："注"须标注于图表的下方，以句号结尾；"资料来源"须标注于"注"的下方，并按正文引用格式标注文献。

示例如下:

表3 自民党与自由党的二元变量分析,2010

变量	相关系数
人口结构比例	-0.362***

注:N=36,不包括监狱人员和外籍短期逗留人员,***、**和*分别表示相关系数通过0.01、0.05和0.10水平的显著性检验。

资料来源:日本大藏省党派研究中心报告(2010)。

(三) 信息要求

1. 第一页

应包括如下信息:

(1) 文章标题;

(2) 作者姓名、单位、通信地址、电话与电子邮箱地址。

2. 第二页

应提供以下信息:

(1) 文章中、英文标题;

(2) 200字以内中、英文摘要,以及3—5个中、英文关键词。

二、注释体例

本刊采用文尾注释。正文中注号用阿拉伯数字加六角括号标注于相关句子的右上角,通常应在相关标点之外。文后注号亦加六角括号,按出现先后次序连续排号,以尾注方式置于文后。

参考文献连续排序,用阿拉伯数字加六角括号表示。参考文献按先中文,后译文、外文排序,按照拼音和字母顺序A—Z升序排列为序。

例证如下:

(一) 中文

马克思:《工资、价格和利润》,见《马克思恩格斯选集》第 2 卷,人民出版社 1995 年版。

沙菲克:《进化模式将是胜利者》,载《经济社会体制比较》,2004 年第 6 期,第 1—11 页。

张康之:《超越官僚改制:行政改革的方向》,http://theory.people.com.cn/GB/40764/55942/55945/4054675.html,2006 年版。

周子康:《中国地方政府编制管理定量分析的研究》(会议论文),东部地区公共行政组织第十四届大会,1991 年版。

(二) 译文

[英] 亚历山大·罗森伯格:《经济学理论的认知地位如何》,见罗杰·E. 巴克豪斯编:《经济学方法论的新趋势》,张大宝等译,经济科学出版社 2000 年版。

[美] 杰·D. 怀特:《公共行政研究的叙事基础》,胡辉华译,中央编译出版社 2011 年版。

(三) 外文

Putnam, Robert D., *Making Democracy Work*, Princeton: Princeton University Press, 1993.

Gambetta, D. (ed.), *Trust*, Oxford: Blackwell, 1988.

Romer, P., "Increasing Returns and Long-run Growth", in *Journal of Political Economy*, Vol. 94, 1986, pp. 1002 – 1037.

Sabel, Charlels F., "The Re-emergence of Regional Economies", in Paul Hirst and Jonathan Zeitlin (eds.), *Reversing Industrial Decline*, Oxford: Berg, 1988.

三、权利与责任

（一）根据《中华人民共和国著作权法》有关规定，经本刊发表的文章，其版权均属本刊专有；涉及国外版权问题，均遵照《中华人民共和国著作权法》及有关国家法规执行。凡向本刊投稿者皆被认定遵守上述约定。

（二）来稿由本刊编辑部组织匿名审查，编辑部有权对来稿进行修改，有关内容的修改意见将反馈作者。本刊编辑部如在收到稿件之后两个月之内未予答复，作者可另行处理。

（三）来稿请用电子文本 word 文档发送至编辑部电子邮箱：zgzlpl@163.com，《中国治理评论》热情欢迎您的赐稿！文稿一经采用，稿酬从优。

《中国治理评论》编辑部
电子邮件：zgzlpl@163.com
电话：010—52612339
传真：010—66515838

图书在版编目（CIP）数据

中国治理评论. 第7辑 / 俞可平主编. —北京：中央编译出版社，2016.11
ISBN 978-7-5117-2871-5

Ⅰ. ①中⋯
Ⅱ. ①俞⋯
Ⅲ. ①行政管理-政治体制改革-研究-中国
Ⅳ. ①D63

中国版本图书馆CIP数据核字（2016）第282367号

中国治理评论. 第7辑

出 版 人：	葛海彦
出版统筹：	贾宇琰
责任编辑：	侯天保
责任印制：	刘 慧
出版发行：	中央编译出版社
地 址：	北京西城区车公庄大街乙5号鸿儒大厦B座（100044）
电 话：	（010）52612345（总编室）　（010）52612339（编辑室）
	（010）52612316（发行部）　（010）52612346（馆配部）
传 真：	（010）66515838
经 销：	全国新华书店
印 刷：	北京时捷印刷有限公司
开 本：	787毫米×1092毫米　1/16
字 数：	247千字
印 张：	17.25
版 次：	2016年11月第1版
印 次：	2016年11月第1次印刷
定 价：	49.00元

网　　址：www.cctphome.com　　邮　　箱：cctp@cctphome.com
新浪微博：@中央编译出版社　　微　　信：中央编译出版社（ID: cctphome）
淘宝店铺：中央编译出版社直销店（http://shop108367160.taobao.com）　（010）55626985

本社常年法律顾问：北京市吴栾赵阎律师事务所律师　闫军　梁勤
凡有印装质量问题，本社负责调换，电话：（010）55626985